戦国大名・伊勢宗瑞

黒田基樹

角川選書
624

戦国大名・伊勢宗瑞

目次

伊勢宗瑞（北条早雲）肖像
（早雲寺所蔵、画像提供 箱根町立郷土資料館）

図版作成　村松明夫

はじめに

本書は、伊勢《いせ》早雲《そううん》庵宗瑞《そうずい》についての、最新の研究成果をもとにした、初めての本格的な評伝書としようとするものである。伊勢宗瑞は江戸時代からつい近年まで、「北条《ほうじょう》早雲」の名で知られてきた。そこでは「戦国大名の魁《さきがけ》」「下剋上《げこくじょう》の典型」「大器晩成の典型」などと評価されてきた。しかしながらここ三十年における研究は、そうした人物像を大きく書き換えてきている。

宗瑞に関する新たな史料が見いだされ、またその解釈についても深化がすすめられてきた。何よりも、宗瑞をとりまく、京都や東海、そして関東に関する政治状況についての解明が大きく進展し、それによって宗瑞の置かれていた状況や、行動の意味についての理解も著しく進展をみるものとなっている。

これまでにも宗瑞については、歴史研究の成果に基づいた評伝書がなかったわけではない。早くは杉山博『北条早雲』（名著出版、一九七六年）があるが、これは宗瑞に関する本格的な研究の進展をみる以前におけるものになる。最近では池上裕子《いけがみひろこ》『北条早雲』（山川出版社、二〇一七年）が出されてはいるものの、ブックレットという性格からか、最新の研究成果が十分に取り込まれたものにはなっていない。むしろ一定の分量を持った、近年の研究成果に基づいたものとしては、家永遵嗣《じゅんじ》「北条早雲研究の最前線」（『奔る雲のごとく』所収、二〇〇〇年）が代表的なものとしてあげられ、ほぼ単行本一冊分の分量が費やされたものとなっているが、それでも二十年近く前のものとなっている。

また書名における人名表記についても、池上氏は通念的な「北条早雲」を使用したままとなっているが、その一方で、二〇一三年に則竹雄一『古河《こが》公方と伊勢宗瑞』（吉川弘文館）、拙編『伊勢宗瑞』（戎光祥出版）、二〇一六年に湯山学『伊勢宗瑞と戦国関東の幕開け』（戎光祥出版）という具合に、ここ数年で、正しく「伊勢宗瑞」を使用するものが顕著にみられるようになっている。こうした状況は、真実の宗瑞像が世間にも受け容《い》れられつつあることを示すものであろう。

私はこれまでも、戦国大名北条家とそれに関連する研究をすすめ、その成果を概説書としてもまとめるようになっているが、伊勢宗瑞を本格的に取り上げたのは、今年初めに刊行した『今川氏親と伊勢宗瑞』（平凡社）が初めてのものになる。ただし同書は、駿河《するが》今川家における宗瑞、今川家との関係を中心に宗瑞を追究したものであった。そこであらためて、関東における動向を含めた、最新の研究成果をもとに、宗瑞の全体的な動向をまとめておくことが必要と感じるようになった。

あたかも今年は、宗瑞が死去してから五〇〇年という記念すべき年にあたっている。北条家の本拠であった神奈川県小田原市では、「北条早雲公顕彰五百年」として、宗瑞の事績を偲《しの》ぶ様々なイベントが企画されている。そのような節目となる年に、最新の研究成果をもとにした宗瑞についての本格的な評伝書を刊行することは、十分に意味のあることと思い、こうして本書を刊行することにした。

伊勢宗瑞は、「戦国大名の魁」あるいは「最初の戦国大名」と評されてきたように、初期の戦国大名の代表的存在である。またその戦国大名化も、「下剋上の典型」と評されてきたように、既存の政治秩序のなかから生まれたのではなく、それを克服するかたちで成長をみせた存在になる。

本書では、そうした事態がどのようにして成されたのか、当時の政治状況の流れのなかに位置づけていき、さらには新しい政治権力となる戦国大名としての在り方を、どのように構築していったのか、具体的に明らかにしていきたい。文字通りに「戦国大名」としての伊勢宗瑞の全体像について、取り上げていくものとしたい。

なお本文中において、以下の史料集については略号で表記した。

『戦国遺文　後北条氏編』　戦北〜
『戦国遺文　今川氏編』　戦今〜
『戦国遺文　古河公方編』　戦古〜
『小田原市史　史料編中世Ⅱ小田原北条1』　小〜
『小田原市史　史料編原始古代中世Ⅰ』　小Ⅰ〜

第一章　伊勢宗瑞の登場

伊勢盛時の系譜

伊勢早雲庵宗瑞の出家前の名前は、伊勢新九郎盛時《もりとき》という。江戸時代初めの時期から、宗瑞の出自については諸説がみられるようになっていたが、ここ数十年の研究の進展によって、その前身は盛時であったことが確定されるにいたっている。

盛時は、備中《びっちゅう》伊勢氏の庶流にあたる伊勢盛定《もりさだ》（八郎か、新左衛門尉《しんざえもんのじょう》・備中守・備前《びぜん》守、法名正鎮《しょうちん》）の次男で、兄に八郎貞興《さだおき》があったことが伝えられている。ただし貞興についての具体的な動向は確認されていないので、盛時が元服した頃には、死去していたと推測される。

備中伊勢氏は、備中国荏原《えばら》郷（岡山県井原《いばら》市）に本領を有する伊勢氏の一族で、伊勢氏の本宗家は代々、室町幕府政所頭人《まんどころとうにん》（長官）を務める幕府重臣であった。なお備中伊勢氏と称されてはいるものの、それはあくまでも家系を区別するための便宜上の呼称にすぎず、彼らは室町幕府の直臣《じきしん》であったから、すべて京都生活を送っていた存在になる。したがって盛時にしろ、父の盛定にしろ、京都生まれの京都育ちであった。

父の盛定は、備中伊勢氏の庶家ではあったが、伊勢氏本宗家当主の伊勢貞国の娘を妻に迎え

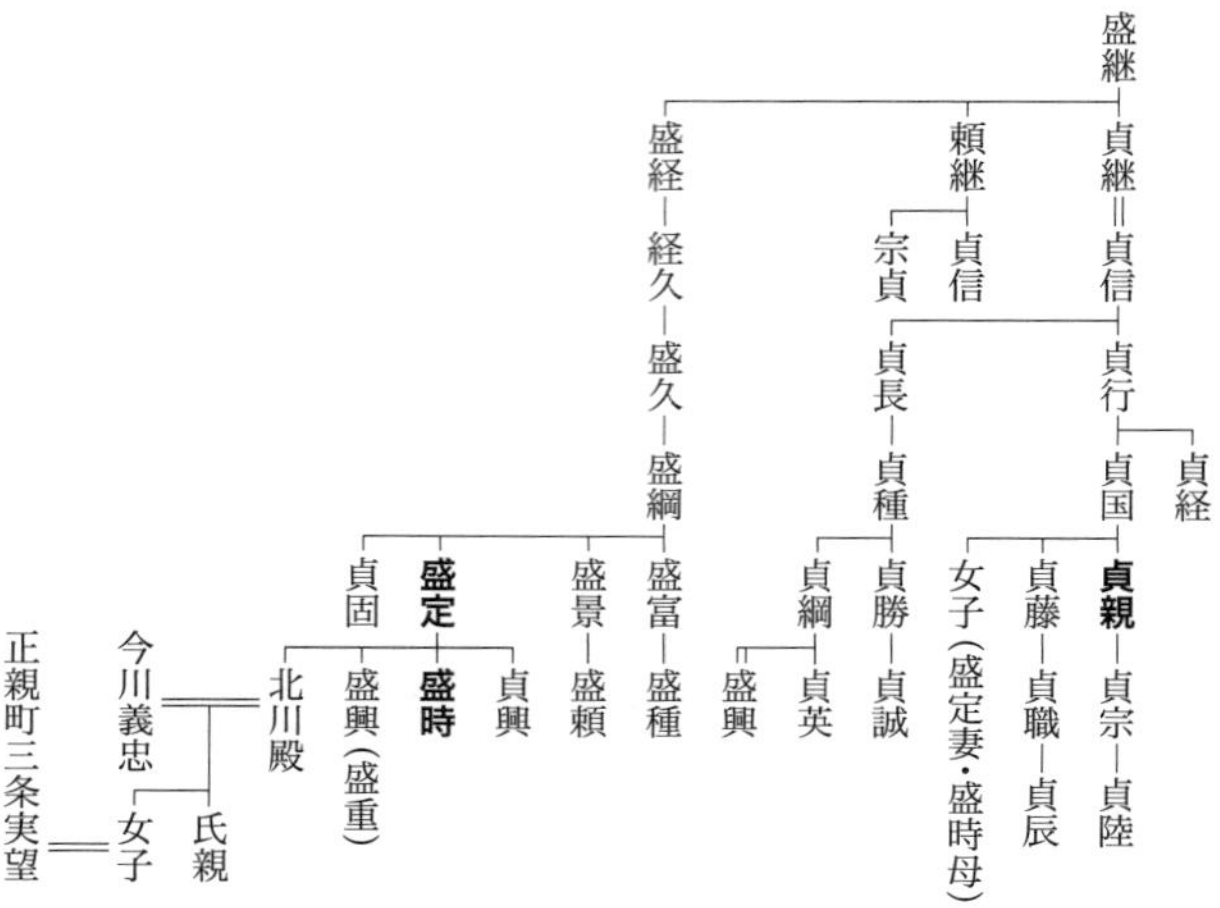

伊勢氏略系図

たことから、本宗家一族として存在するようになっていた。生年は不明だが、およそ応永二十年代後半（一四一八～二三）頃の生まれと推測され、享徳《きょうとく》元年（一四五二）頃には、貞国の娘、すなわち当時の当主であったその子貞親の妹と結婚して、嫡子貞興が誕生したものとみなされる。

その後、同三年頃に、長女で後に駿河今川義忠の正妻となる北川殿（得願寺殿）が生まれたと推測され、盛定はその頃から備中守を称して、本宗家一族としての活動が確認されるようになっている。伊勢氏において備中守の通称は、本宗家当主が称する伊勢守に次ぐ立場を示し、当主のすぐ下の弟か嫡子が称するものであった。この頃、貞親の弟である貞《さだ》藤《ふじ》はまだ若く、また嫡子貞宗はさらに若かったため、妹婿であった盛定がその役割を担ったとみなされている。そうして盛定は、本宗家の有力一族として、各地の有力大名への取次《とりつぎ》などの役割を務めていくのである。そうした大名のなかに駿河今川氏があり、長女が同家に嫁ぐのも、その関係に基づいたものであった。

盛時が生まれたのは、盛定がそのように室町幕府内で重要な役割を果たすようになっていた直後の時期となる、康正二年（一四五六）であった。盛時（宗瑞）の生年については、江戸時代中期以来、永享四年（一四三二）生まれとする説がみられていたが、同年は実は母方の叔父《おじ》にあたる貞藤の生年にあたるものであった。江戸時代のなかで、宗瑞の前身もしくは父として貞藤が伝えられるようになっていたから、それによる混同とみなされる。盛時の生年は、その後の動向、生まれの干支《えと》が子年《ねどし》と伝えられること（「異本小田原記」〈国史叢書本刊本〉など）、享年六十四とする所伝（「駿河大宅高橋家過去帳一切」拙編『伊勢宗瑞』所収）によって、康正二年と確定できるようになっている。

元服の時期は明確ではないが、十五歳にあたる文明二年（一四七〇）か、十六歳の時の翌同三年のことと推測される。その文明三年六月二日付で、所領荏原郷に所在し、父盛定が菩提寺《ぼだいじ》として建立した法泉寺に、禁制を与えており（小四〇）、これが盛時が当時の史料にみえる最初のものとなっている。この時はまだ父盛定は生存しているので、この禁制発給が、当主としてのものなのか、嫡子としてのものなのかは確定できないが、少なくとも元服をうけて菩提寺に禁制を発給していることから、盛定の嫡子の立場にあったことは間違いないとみなされる。

父盛定の活動が確認できるのは、それから三年後の文明六年までであり、その時には出家して法名正鎮を称している。盛定の死去した時期については不明であるが、少なくともそれからしばらくのうちに、盛時は、盛定の引退ないし死去をうけて、その家督を継いだと考えられるであろう。元服した時期にはすでに、室町幕府体制崩壊の契機となる応仁《おうにん》・文明《ぶんめい》の乱が勃発していた。盛時はそのような時期に、武家政界に参入することになったのであった。

京都時代の盛時

盛時の京都における活動が最初に確認されるのは、文明十年（一四七八）二月二十八日に、「室町殿」（足利将軍家の家長）足利義政《よしまさ》とその子で将軍足利義尚《よしひさ》父子が、幕府管領《かんれい》職を歴任する細川京兆《けいちょう》家当主の細川聡明丸《そうめいまる》（のちに政元《まさもと》）亭を訪問した際に、その御供衆《おともしゅう》のなかに「伊勢八郎盛時」とみえているものである（『後鑑《のちかがみ》』新訂増補国史大系本刊本）。ここでは仮名《けみょう》（元服後に名乗る通称）は「八郎」となっているが、おそらくは父盛定・兄貞興のそれとの混同によるものではないかと思われる。その後における盛時の仮名は、すべて新九郎となっている。

ここに盛時は、将軍家の直臣の立場になっていたことが確認できる。二十三歳であった。また興味深いのは、ここで細川政元との接点がみられることであろう。細川政元は、この時はまだ十三歳の少年にすぎなかったが、やがてその後の盛時の人生の転換に大きく関わってくることになる存在であった。

次いで同十三年九月十八日に、備中国守護代・庄《しょう》伊豆守元資《もとすけ》の被官・渡部帯刀丞《たてわきのじょう》への借銭一六貫文（現在の約一六〇万円）について、その五分の一を幕府に分一銭として納めて、徳政《とくせい》令《れい》を適用してもらっている。同時に、盛時の家臣であった小林山城《やましろ》守氏職《うじもと》も、同人への借銭三三貫文について、同様の手段によって徳政令を適用してもらっている（小I二九二）。注目すべきは家臣として小林氏職が確認されることであり、彼はおそらくは幕府奉公衆《ほうこうしゅう》家の一族とみられるが、残念ながらその後にはみえない。しかしこれによって盛時が、京都時代に他の幕府奉公衆家の一族を家臣にするようになっていたことがうかがわれる。その後の盛時の家臣のなかには、幕府奉公衆家の出身とみなされるものが多く存在していることからすると、そうした関係はこの頃から形成されていたことがうかがわれる。

そして二十八歳となった同十五年十一月十一日、将軍足利義尚の申次衆《もうしつぎしゅう》に任じられている（小I二九三）。申次衆とは、将軍への取次役で、いわば秘書官のようなものになる。二、三十代の幕府奉公衆家の子弟が務めるものであったとみられている。こうして盛時は、幕府の青年官僚の一員に位置するようになったのであった。ちなみに申次衆としての具体的な活動が確認できるのは、同十九年（長享《ちょうきょう》元年〈一四八七〉）四月十四日に、公家《くげ》の甘露寺《かんろじ》親長《ちかなが》が足利義尚に参向した際におけるものが（小I二九四）、唯一の事例になっている。

またその間の同十七年十一月には、荏原郷での所領をめぐる、従兄《いとこ》の伊勢掃部助《かもんのすけ》盛頼（盛定の兄盛景の子）と祥雲寺の相論について、祥雲寺側で証言を行っている（小I二九五）。ここからすると盛時は、荏原郷の所領をめぐっては、盛頼の一族とは対立関係にあったことをうかがうことができるかもしれない。そして同十八年頃には、幕府奉公衆・小笠原備前守政清の娘（南陽院殿）と結婚したと推測され、翌長享元年に嫡子氏綱《うじつな》の誕生をみることになる。こうした状況をみると、まさに幕府の青年官僚として、順調な歩みをとげていたように思われる。

盛時
新九郎・早雲庵宗瑞
永正16・8・15没（64）
早雲寺殿天岳宗瑞大禅定門

＝小笠原政清娘
永正3・7・18没
南陽院殿華渓宗智大禅定尼

・葛山氏娘

・善修寺殿
狩野氏娘カ
天正2・7・5没
善修寺殿梅嶺宗意大姉

氏綱
新九郎・左京大夫
母小笠原政清娘
天文10・7・17没（55）
春松院殿快翁宗活大居士

氏時
新六郎・左馬助
享禄4・8・18没
大虚院殿了翁宗達大禅定門

氏広
葛山氏養子
葛山八郎・中務少輔
天文7～8没
竜光院殿大円登雲大居士

三浦氏員妻
母善修寺殿
宗哲姉
天正13・6・14没
長松院殿月渓宗珊大姉

宗哲
菊寿丸・長綱・幻庵
箱根権現別当
母善修寺殿
天正17・11・1没カ
金竜院殿明岑宗哲大居士

青松院殿
母善修寺殿
宗哲妹
青松院殿天光貞修大姉

伊勢宗瑞とその妻子

なお南陽院殿は、宗瑞よりも早く、永正三年（一五〇六）七月十八日に死去して、法名を南陽院殿華渓宗智大禅定尼とおくられている。菩提寺として相模《さがみ》小田原（神奈川県小田原市）に伝心庵が建立され、同寺に葬られたと伝えられている。ただし彼女が死去した時点では、宗瑞の本拠は伊豆韮山《にらやま》城（静岡県伊豆の国市）であったから、その菩提寺が小田原に建立されているのは、嫡子氏綱が家督相続以前から小田原城を本拠とするようになっていたことにともなうものと推測されている。

また南陽院殿の子として確認されるのは、嫡子氏綱のみであるが、次男の氏時《うじとき》もその可能性があるかもしれない。氏時は、宗瑞の死後、氏綱を支えて、韮山城代や相模玉縄《たまなわ》城主という重要な役割を務めており、それは同母弟なればこそのことではなかったかと推測されるからである。嫡子の氏綱は、その後に宗瑞から家督を譲られて戦国大名北条家の二代当主になり、二十三年間の統治を担い、天文《てんぶん》十年（一五四一）七月十七日に五五歳で死去する。法名は春松院殿快翁宗活大居士といい、北条家の菩提寺であった箱根湯本の早雲寺（神奈川県箱根町）に葬られた。次男の氏時はそれよりも早く、享禄《きょうろく》四年（一五三一）八月十八日に死去し、法名は大虚院殿了翁宗達大禅定門とおくられ、玉縄城下の二伝寺に葬られた。氏時には子女がなかったらしく、その役割は氏綱の三男・為昌に継承されている。

今川家の内乱

そうしたなかで、その後の盛時の人生を大きく変えることになる最初の契機をなしたのが、長享元年（一四八七）十月頃からの駿河への下向であった。これは、姉北川殿の子で、前駿河国守護今川義忠の遺児となる今川竜王丸（のちに氏親《うじちか》）を駿河今川氏の家督につけるクーデターのためであった。その背景を理解するには、応仁・文明の乱以降における今川氏の動向をみなくてはならない。

応仁・文明の乱勃発後、駿河でも抗争が展開し、義忠は文明四（一四七二）、五年まで六、七年かけて、駿河のうち山西地域（西部）・山東地域（中央部）の制圧を果たしていた。ちなみにその間の文明元年頃に、義忠は北川殿と結婚し、同三年頃に長女（のち正親町三条実望《おおぎまちさんじょうさねもち》妻・竜津寺殿《りゅうしんじでん》）が生まれ、次いで同五年に嫡子竜王丸の誕生をみていた。そしてその同五年に、義忠は将軍足利義政から、東幕府方の三河《みかわ》国守護細川成之《しげゆき》支援のため、西幕府方の遠江《とおとうみ》国守護斯波《しば》

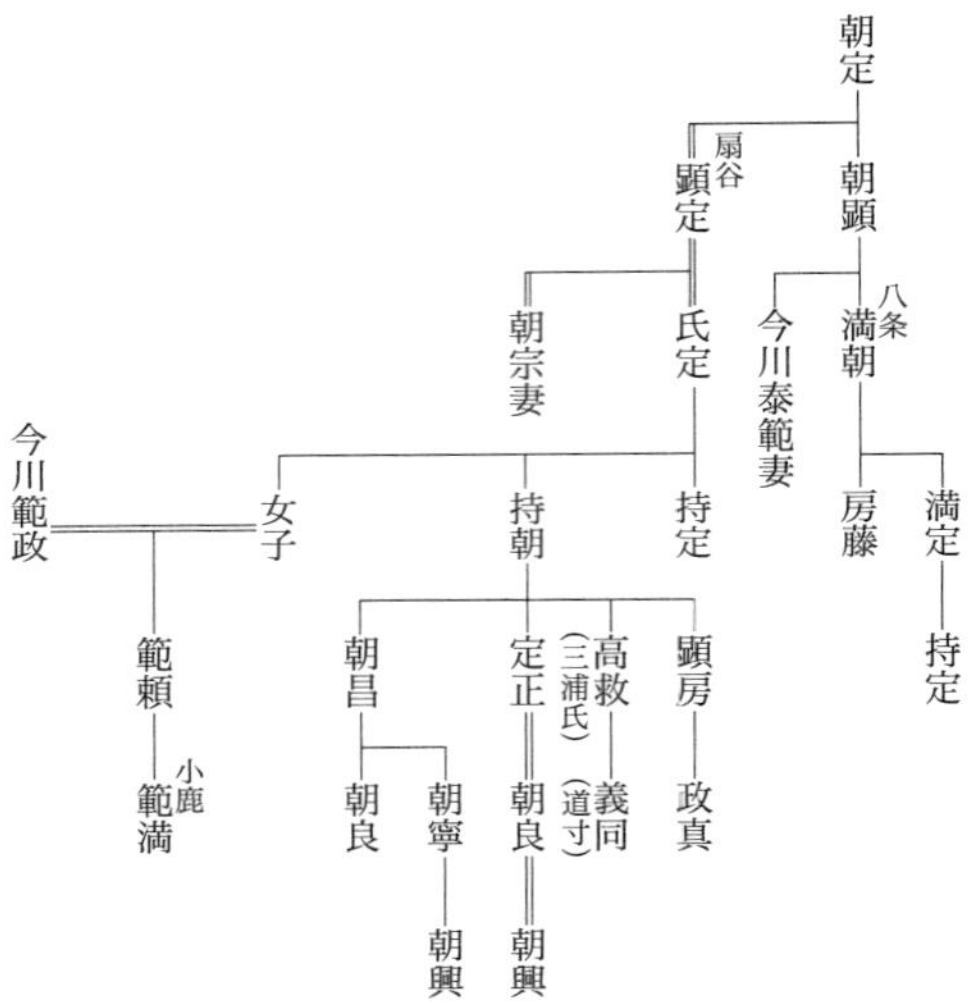

扇谷上杉氏略系図1

義廉《よしかど》への対抗のために、遠江で幕府直轄領の代官職を与えられ、同六年からそれら代官支配実現のために遠江への進軍を開始した。

ところが同七年、東幕府は、西幕府方の斯波義廉の家宰《かさい》（家臣の代表者にして当主の代行者）・甲斐《かい》敏光を東幕府方に寝返らせたうえで、遠江国守護代に任じて現地に派遣した。それが義忠への勢力に対して叛乱《はんらん》し、しかも東幕府はそれら斯波勢への支援を、遠江在国の奉公衆である勝田《かつまた》氏・横地《よこじ》氏に指示したのであった。そのため義忠は遠江での在陣を続けることになり、翌同八年二月までに、勝田氏・横地氏の討滅を果たしたものの、その帰路に、横地氏残党もしくは現地の一揆《いっき》勢力によって戦死してしまったのであった。

この時、嫡子の竜王丸はわずか四歳にすぎなかった。そのため今川家中では、義忠の従弟《いとこ》のなかで最年長であったとみられる今川小鹿範満《おしかのりみつ》を擁立する動きがみられ、三月には内乱状態が生じた。範満の父範頼の母は、関東の有力武家であった扇谷《おうぎがやつ》上杉氏定の娘であったため、この内乱に扇谷上杉定正（氏定の孫）が介入し、六月になるとその家宰の太田道灌《どうかん》が駿河に進軍してくることになった。その際に道灌は、幕府方の鎌倉公方《くぼう》で、伊豆北条御所（静岡県伊豆の国市）を本拠にしていた堀越《ほりごえ》公方足利政知《まさとも》（足利義政の庶兄）と連携し、政知からもその執事・上杉政憲を大将とする軍勢が派遣された。

関東ではこれより二十二年も前となる康正元年（一四五五）から、関東周辺における室町幕府体制の崩壊をもたらすことになる、享徳の乱という戦乱が展開されていた。ちょうど盛時が生まれる前年のことであった。関東ではその頃からすでに戦国争乱に突入していたのであった。そこでは鎌倉公方を継承する古河公方足利成氏《しげうじ》と、関東管領山内《やまのうち》上杉家とその有力一族の扇谷上杉家（当時、「両上杉」と称された）を中心とする幕府方勢力との抗争が展開していた。幕府はそれへの対処として、幕府方の鎌倉公方として、堀越公方足利政知を成立させて、二つの鎌倉公方家の抗争のかたちがとられていた。

駿河今川氏は、義忠前代の範忠の時に、幕府軍の一員として関東に進軍を続けていた。義忠の代になっても、同様に関東進軍が命じられていたが、義忠がそれを実現したのかは確認されていない。対してその有力一族であった範満は、同じように関東進軍を命じられていて、それに応えていたものとみられる。関東での戦乱にあたっていた足利政知は、扇谷上杉家からの要

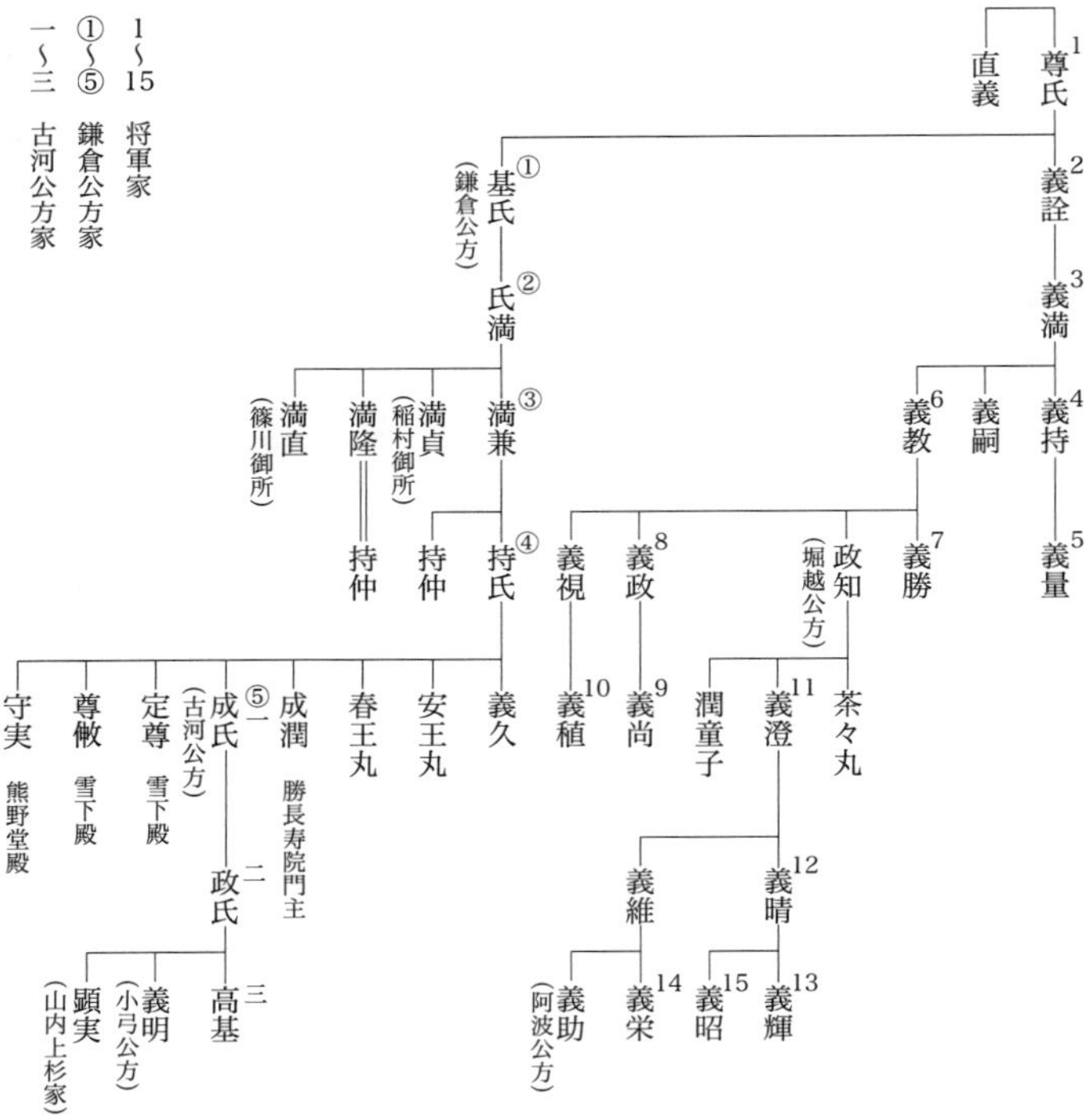
1〜15　将軍家
①〜⑤　鎌倉公方家
一〜三　古河公方家
尊氏 1
直義
義詮 2
基氏 ①（鎌倉公方）
義満 3
氏満 ②
義持 4
義嗣
義教 6
満兼 ③
満貞（稲村御所）
満隆
満直（篠川御所）
義量 5
義勝 7
政知（堀越公方）
義政 8
義視
持氏 ④
持仲
持仲
茶々丸
義澄 11
潤童子
義尚 9
義稙 10
義久
安王丸
春王丸
成潤 勝長寿院門主
成氏 ⑤一（古河公方）
定尊 雪下殿
尊敒 雪下殿
守実 熊野堂殿
義晴 12
義維
政氏 二
義輝 13
義昭 15
義栄 14
義助（阿波公方）
高基 三
義明（小弓公方）
顕実（山内上杉家）

足利氏略系図

請があったうえに、おそらくはそのような関係から、範満支援を実現したと思われる。

上杉政憲・太田道灌は、駿府《すんぷ》（静岡県静岡市）にまで進軍し、その軍事力をもって竜王丸方を屈服させ、範満の勝利をもたらし、範満を今川氏当主に据えたのであった。そしてそれをうけて九月に帰陣し、道灌は北条御所に参上してその報告を行っている（戦今二六六七）。しかしその在陣が、足かけ四ヶ月におよんでいるところからすると、範満勝利の確立にはかなりの困難もあったことがうかがわれる。

ちなみに江戸時代初期成立の今川家関係の軍記物では、この内乱に、盛時が介入して、太田道灌らと交渉して範満を引退させ、竜王丸を家督に据えたという内容になっているが、実際の事態の経緯とは整合せず、後世における混同ないし創作によるものである。なおまた、北条家関係の軍記物のなかで最も史料価値が高いとみなされている「異本小田原記」では、太田道灌らの介入については記さないで、ただ竜王丸方と範満方の抗争を和談させて、竜王丸を家督に据えたという内容を記すものとなっているが、これはおそらく後の長享元年の状況を記しているものとみなされる。

盛時の駿河下向の背景

ともかくも今川氏の家督は、範満が継ぐことになった。それにより北川殿・竜王丸親子は、山西地域小川《こがわ》（静岡県焼津市《やいづ》）に隠棲《いんせい》したと伝えられている。しかし北川殿は、竜王丸を今川氏当主とする希望を抱き続けたとみなされ、それから三年後の文明十一年十二月二十一日に、

「室町殿」足利義政から、義忠遺跡《ゆいせき》を竜王丸に安堵《あんど》するという御教書《みぎょうしょ》を獲得している（戦今五五）。これは北川殿からの働きかけによって獲得されたものであることは間違いないが、実際に足利義政にそれを働きかけたのは、従兄にあたる伊勢氏本宗家当主の伊勢貞宗であったと推測される。さらにその貞宗に働きかけたのは、盛時であった可能性は十分に考えられる。

　ここに盛時は、姉北川殿による、竜王丸を今川氏当主に擁立するという動向に大きく関与するようになっていたとみなされる。ちなみにこの頃、堀越公方足利政知は、実弟義政および幕府管領家の細川政元との政治的連携を強めていた。さらに前年には、関東では古河公方足利成氏と山内・扇谷両上杉家との間で、足利成氏と幕府の和睦を周旋することを条件に和睦が成立していた。そのため足利政知は関東勢力との連携に見切りをつけ、逆に京都政界との連携に傾注するようになっていたとみられている。その結果として、やがて次男（のち清晃《せいこう》、将軍足利義澄《よしずみ》）を将軍家後継に据えることを図っていくのであった。

　北川殿は、先の御教書を獲得したとはいえ、ただちにその実現に動いたわけではなかった。しかし竜王丸が十五歳を迎えた文明十九年（長享元年〈一四八七〉）になると、明確にその姿勢をみせた。その背景には、範満のもう一方の支援者であった太田道灌が、前年七月に主君の上杉定正によって誅殺《ちゆうさつ》され、それをもとに扇谷上杉家では内乱が展開されていたことがあった。これにより範満を支援する対外勢力は、すべて消滅したのである。北川殿はこうした事態をうけて、範満を打倒して竜王丸を今川氏当主に据えることの実現を、強く意識したものと思われる。

そしてその年（長享元年）の正月、長女を公家の正親町三条実望と結婚させるのである（米原正義『戦国武士と文芸の研究』）。三条実望の従弟公綱《きんつな》の娘はかつて将軍足利義尚の妾《めかけ》で、この時には伊勢氏本宗家・伊勢貞宗の嫡子貞陸《さだみち》の妻になっていたことから、この結婚は、足利義尚と伊勢貞宗の連携をもとに成立したものとみなされている（家永遵嗣『室町幕府将軍権力の研究』）。それは範満を打倒して、竜王丸を実際に今川氏当主に据える行動について、将軍から承認をうける前提となる事態であったとみなされる。

このようにして北川殿は、着実に竜王丸擁立の実現に向けての準備を重ねていたものとみなされる。そしてその機会は、ついにこの年の九月頃にやってくることになった。九月二十日、将軍足利義尚は、近江六角高頼《おうみろっかくたかより》討伐のために出陣するが、盛時はそれに供奉《ぐぶ》していないから、それとは別行動をとって、駿河に下向したとみなされる。下向にあたっては、盛時は足利義尚の申次衆であったから、当然ながらその許可を得たものとみて間違いないであろう。そして駿河での武力行使についても、容認されていたとみてよいであろう。そしてこの下向は、北川殿の強い要請をうけて、駿河で竜王丸派となる今川家臣を糾合し、武力によって範満を打倒し、竜王丸を今川氏当主に据えることを目的としたものとみなされる。

この時、盛時は三十二歳になっていた。結果として、ここでの駿河への下向が、その後における盛時の人生を大きく転換させる契機となっていくのである。盛時の人生は六十四年であったことからすると、それは奇《く》しくも人生の半分にあたり、折り返し点となっていた。これから盛時は、図らずも波瀾《はらん》の後半生を生きていくことになる。ちなみに江戸時代の北条家でも、宗瑞の駿河下向の年次については、この「長享年中」と記している（「北条系図」『続群書類従』所収）。その後の北条家においても、その時期が伝承され続けたことがうかがわれる。

竜王丸を今川家当主に据える

駿河における竜王丸の蜂起は、長享元年（一四八七）十月二十日に確認される。この日、竜王丸は山西地域大津庄の東光寺（静岡県島田市）に、寺領について諸公事《くじ》免除を認める黒印判《はん》物《もつ》を与えている（戦今六五）。これが竜王丸の発給文書の初見となるが、それが山西地域に出されていることは、すなわち竜王丸の蜂起が同地域から始まったことをうかがわせる。

またここで竜王丸は、まだ元服前で、成人後の保証能力を示す花押《かおう》を持っていなかったため、その代替として黒印を使用している。もっともこうした場合、これまでは単に幼名をそのまま署名するだけが基本であったといえるが、ここではあえてその下に黒印を捺《お》しているのであり、武家としては新しい文書スタイルとなっている。

ちなみにこの文書を、戦国大名の印判状《いんばんじょう》の初見とみる評価もみられるが、それはあたらない。戦国大名の印判状というのは、発給者の署名をともなわず印判だけで発給するものであり、ここでの印判使用は、署名をともない、花押の代わりに捺されたものであり、あくまでも花押の代用としての印判の使用となっているからである。戦国大名における印判状の最初は、それこそ盛時が、その晩年になって考案することになるのである。

それはともかくとしても、ここでの文書スタイルを、元服前の竜王丸が考案したとは考えがたいので、それは盛時による考案とみて間違いないであろう。では盛時は、何をもとにそのような文書スタイルを考案したのかというと、それについては明確にはならない。ただし署名の下に印判を捺すというスタイルは、これまでにも僧侶や文化人にはみられていたものであった。盛時は、後にも触れるように、京都生活のなかで室町文化の造詣を深めていたとみなされるので、そうしたところから発想したものかもしれない。

さて範満との抗争の具体的な経緯についてはほとんど不明であるものの、十一月九日には範満を滅ぼしていることが確認されている（足立鍬太郎「今川氏親と寿桂尼」拙編『今川氏親』所収）。しかし範満方との抗争はその後も継続していて、確実なところでも翌同二年正月に、山東地域入江庄（静岡県静岡市）での合戦の存在が知られる。おそらく抗争は、竜王丸方による山東地域経略のかたちで展開していたものと思われる。そして同年九月二十八日、盛時は紀伊《きい》熊野那智山社に対して、山東地域長田《おさだ》庄内（同静岡市）の社領を返付したことを証する「打渡《うちわたし》状《じょう》」を出している（小四一）。これは経略地域に対して、所領の領有関係を確定する作業に基づいたものとみなされるから、竜王丸方はこの頃をもって、範満方の抵抗を鎮圧し、山西地域・山東地域の制圧を遂げたものとみられる。

そして、それはいうまでもなく実力に基づくものであった。そうした支配地域を「領国」といい、それへの支配を「領国支配」と呼んでいる。範満の討滅については、あらかじめ将軍の承認を得たものであったとみられるものの、その実現は竜王丸方の実力によるものであった。そしてさらに重要なことは、その後におけるその支配展開も、全くの実力によって実現されるものであったことである。

そのように、実力によって領国を形成し維持する政治権力を、領域権力とみなすことができ、戦国時代におけるそれを、戦国大名あるいは国衆と定義している（拙著『戦国大名　政策・統治・戦争』）。享徳の乱や応仁・文明の乱を契機にした戦乱の恒常化のなかで、各地域でそれら戦国大名・国衆の成立がみられていくものとなる。竜王丸による、この駿河山西地域・山東地域の領国化も、そのような事態として把握されるのである。

下向後の盛時の立場

ところで、ここで盛時は「打渡状」を出しているのであるが、この前後の時期において、竜王丸による領国支配における文書は、すべて黒印判物の形式で出されている。すなわちこの打渡状だけ、異例なものとなっている。打渡状というのは、本来は、守護などによる所務遵行《じゅんぎょう》（所領支配を実現させること）命令をうけて、その代官である守護代などが、問題となっている所領を、支配を認められた領主が管轄できるように処置して、その領主に出されるものであった。このことからこの書式は、極めて室町幕府的なものであったといえる。

ここでの守護に相当するのは、いうまでもなく竜王丸である。そして盛時は、その命令をうけて所領支配の実現を処置しているから、守護の代行者である家宰、あるいは守護代に相当する立場にあったことになる。もっとも盛時は、竜王丸の家臣ではなく、その叔父という親類の立場にあったから、ここでの立場は、あくまでも家臣の立場となる家宰などとみるよりは、

「後見役」とみたほうが妥当と思われる。

そしてこれだけが打渡状の書式で出されていることについては、おそらくは対象者が国外の政治勢力であったからではないかと思われる。国内の勢力、すなわちそれは竜王丸の支配下に入った武士や寺社となるが、それらに対しては主人であることに基づいた黒印判物で出されているることになるが、ここで対象になっているのは国外の紀伊熊野那智山社であった。そのためにあえて室町幕府的な文書秩序に基づいた書式で出されたのではないかと考えられる。

その後の状況は明確ではないが、盛時はこの時、駿河河東《かとう》地域（東部）のうち富士郡南部の下方《しもかた》地域までの進出を果たしたとみられる。当時の史料では確認できていないが、北条家関係の軍記物のなかで最も史料価値が高いとみなされる「異本小田原記」や、「今川記」（加越能《かえつのう》文庫本）では、依田橋《よだばし》・原・柏原《かしわばら》・吉原《よしわら》、あるいは依田橋・せこ・比奈（いずれも静岡県富士市）など三〇〇貫文を、所領として竜王丸から与えられたことが伝えられている。駿河在国にあたってはその生活維持のために所領が必要であるから、ここで所領を獲得したことは確実とみてよいだろう。

なおそれらの記事には、同時に駿東《すんとう》郡阿野庄の興国寺城（同沼津市）を与えられたことがみえているが、それはただちには信用できない。所領を与えられた下方地域と興国寺城は、異なる地域に所在しているため、整合性がとれないからである。そのため、この時に与えられた城郭は、下方地域に所在する善得寺城と推測する見解も出されており、私もかつてはそれを採用していたことがある（拙著『戦国北条五代』）。しかしながら当時における同城の存在そのものが確認されないことからすると、その可能性も低いように思われる。

むしろ当時の史料において、駿河における盛時の本拠として確認されるのは、山西地域の石脇城（同焼津市）であった（戦北四一四五）。これによって駿河時代における本拠は石脇城であることが確実となる。同城への在城が何時《いつ》からのことなのかは明確ではないが、竜王丸は、範満方の討滅、それによる山東地域の領国化をうけて、同地域長田庄の丸子《まりこ》（同静岡市）に新館を構築して、本拠とした（拙著『今川氏親と伊勢宗瑞』）。対して石脇城は、竜王丸の蜂起が山西地域から始まったとみられること、そして山西地域の拠点に相応《ふさわ》しいことからすると、竜王丸の丸子館と対になるかたちで存在したものであったと推測される。なお興国寺城の問題については、後にあらためて取り上げることにしたい。

またこの時の範満方討滅にあたっては、堀越公方足利政知とも連携して行われたことが推測される。足利政知との具体的な関係については、これ以前には確認されないが、範満討滅が将軍の承認を得てのものであれば、当然ながら足利政知にも申し入れがなされていたに違いないとみられる。この時期の足利政知は、これより五、六年前の文明十四年（一四八二）に成立した、幕府と古河公方足利成氏の和睦（「都鄙《とひ》和睦」）にともなって、鎌倉公方の地位が足利成氏に認められた結果、将軍家の御連枝《ごれんし》として、伊豆一国の御料所などを支配する、事実上は伊豆国主の立場となっていた。

駿河東部の河東地域のうち、富士郡北部は在国奉公衆の富士家の領国化し、駿東郡北部の御厨《みくりや》地域は、堀越公方家と扇谷上杉家に従う大森家の領国化し、同郡南部は、在国奉公衆の葛《かつら》山家《やま》の領国化し、また堀越公方家も同地域に勢力をおよぼしていたのではないかと推測される。そうした状況をみても、盛時の軍事行動は、足利政知とも連携しながらすすめられたものと推測される。そしてそのことを裏付けるように、この時に盛時は、足利政知に対してもその直臣にあたる奉公衆となって、伊豆で田中郷（静岡県伊豆の国市）と桑原郷（同函南《かんなみ》町）を所領として与えられたことが伝えられている（前掲「今川記」）。実際にその後、盛時と両郷とは後に触れるように深い関係を持つことからすると、その所伝は信用できるものと思われる。

このようにして盛時は、駿河に下向し、国内の竜王丸方勢力を糾合して、範満とその勢力を打倒し、竜王丸を今川家当主に据え、山西地域から河東富士郡下方地域までの領国化を遂げて、戦国大名・今川竜王丸を成立させたといえる。そして盛時自身についても、そのもとで「後見役」を務め、富士下方地域で所領三〇〇貫文を与えられるとともに、さらには堀越公方足利政知の奉公衆にもなって、そこで伊豆においても所領を与えられたとみなされる。

しかしここでの盛時の目的は、竜王丸を今川家当主として確立を果たすことであった。したがってその目的が達成されたことをうけて、盛時は駿河を離れて、京都に帰還するのであった。

再度の駿河への下向

この時の駿河在国が確認できるのは、長享二年（一四八八）九月における打渡状の発給が最後になっている。駿河支配の確立には、その翌年の長享三年（延徳元年〈一四八九〉）頃までかかっているようにみられるので、もしかしたらその頃までは在国していたかもしれない。しかしその後は帰京しており、明確なところでは、延徳三年（一四九一）五月には、在京していて、将軍足利義稙《よしたね》（当時は義材《よしき》、義尚の従弟）の申次衆になっていることが確認されている（『北野社家日記』史料纂集本刊本）。

ちなみにこの時は、従兄の伊勢盛種（父盛定の兄盛富の子）の代理として、京都北野社への申次を務めていて、足利義稙から竜王丸に宛てて、駿河での北野社領返還を命じる奉行人奉書が出されている。もっとも、この時にその奉行人奉書は北野社に与えられたものの、すぐには竜王丸には送られなかったようであり、その送付は後日に行われている。

この間、将軍職をめぐっては堀越公方足利政知とそれと連携する細川政元の動きが活発化をみせていた。先に触れたように、両者は政知次男を将軍家後継に擁立することで連携していて、すでに長享元年（一四八七）には次男を上洛《じょうらく》させ、かつて政知がその地位にあった天竜寺塔頭《たっちゅう》香厳院《きょうごんいん》の院主《いんじゅ》に据えて法名清晃を名乗らせるところまできていて、足利義尚の有力な後継候補となっていた。延徳元年三月に将軍足利義尚が死去すると、清晃擁立の動きも顕在化していったが、翌同二年正月に「室町殿」足利義政が死去すると、御台所《みだいどころ》日野富子の主導により、義政弟の「今出川殿」足利義視《よしみ》の子義稙が将軍職を継承したのであった。盛時はその奉公衆となっていることからすると、帰京は義稙の将軍継承後のことであったかもしれない。

義稙の将軍継承によって清晃擁立の動きは頓挫したかにみえたが、その後見役であった実父の義視が、同三年正月に死去したことで、再び清晃擁立の動きがみられるようになったらしい。そうしたところ、同年四月三日に、清晃の父である堀越公方足利政知が死去してしまったのである。清晃はまだ十二歳であったから、これは連携してその擁立をすすめていた細川政元にとっては、大きな政治的打撃であったといえる。

清晃は政知の次男ではあったが、正妻・武者小路《むしやのこうじ》隆光の娘（円満院）の長男で、同母弟として潤童子《じゅんどうじ》があった。そして兄に茶々丸があり、その母については先妻とみられることが多いが、政知の妻としては円満院の他は確認されていないことからすると、あるいは庶出であったとも考えられる。いまだ幼名しか伝えられていないことからすると、政知死去時にはまだ元服前であった可能性が高いとみられる。

政知は生前、正妻生まれの長男となる清晃を将軍家後継にし、次男となる潤童子に堀越公方家の家督を譲ろうと考えていたとみられている。政知死後は、円満院がその後家として、同家の家政を主導したものと推測される。そうしたなかで七月一日、長男の茶々丸がクーデターを起こし、円満院と潤童子を殺害して、実力によって堀越公方家の家督を継承したのであった。その後の経緯については明確ではないが、「異本小田原記」や「北条記」（『北条史料集』所収）などの北条家関係の軍記物や、「今川記（富麓記《ふろくき》）」（『続群書類従』所収）などによれば、政知派と茶々丸派とで抗争が展開され、国内では内乱が展開されたことが伝えられている。その後に展開された戦乱状況をみれば、そのような事態は十分に首肯できるといえる。なお茶々丸は、これをうけて元服し、実名を名乗ったとみなされるものの、その実名については伝えられていない。そのため彼については、以下でも幼名の茶々丸で記さざるをえない。

そしてこの足利茶々丸のクーデターをうけて、盛時は再び駿河に下向してくることとなる。

すなわち八月十日には駿河での在国が確認され、京都の北野社が先に獲得した幕府奉行人奉書を、盛時のもとに送付する処置をとっているのである（小Ⅰ二九二）。盛時が駿河に下向したのは、足利茶々丸のクーデターとそれによる内乱の展開により、駿河情勢が不安定化したため、それへの対処のためであったとみられる。竜王丸はまだ元服前であったから、やはり盛時に軍事行動や領国支配の差配が求められたのであろう。そしてそれはおそらく、姉北川殿からの要請によるものと思われる。

それだけでなく、盛時は足利政知の奉公衆にもなっていて、伊豆で所領を与えられていたが、それは茶々丸方に没収されたに違いない。これによって茶々丸は、盛時自身にとっても敵対勢力として存在したといえるであろう。また下向にあたっては、足利義稙から了解を得ていたとみられる。この後において盛時は、明応元年（一四九二）、同二年には、申次衆ではなく、奉公衆に配属されているからである（小Ⅰ二九六）。無断で致仕していたとしたら、そのような配属転換は行われないと考えられる。下向によって申次衆としての活動ができなくなるために、奉公衆に転属され、しかも在国奉公衆のかたちがとられたものと思われる。

こうして盛時は、再び駿河に下向してくることになった。おそらくこれも当初は、駿河情勢の安定化が遂げられ次第、再び帰京すると考えられていたのかもしれない。ところがこの後における足利茶々丸との抗争の展開によって、図らずも二度と京都に戻ることはなくなってしまうのであった。

甲斐の内乱への介入開始

足利茶々丸をめぐる抗争状況について、伊豆での状況は不明であるが、その影響は隣接地域にもおよぶようになっていたとみなされる（家永遵嗣「甲斐・信濃における『戦国』状況の起点」）。

当時、関東では、長享元年（一四八七）から、山内上杉家と扇谷上杉家の抗争を中核とする長享の乱が展開されていた。それについては延徳二年（一四九〇）十二月に、一旦の和睦が成立していた。茶々丸の周辺では、駿河御厨・相模西郡を領国としていた大森家は、扇谷上杉家に従属する関係にあった。茶々丸が領国としていた伊豆は、かつては山内上杉家の守護分国であったため、同家と親しい勢力が多く、そのため茶々丸は山内上杉家と密接な関係を持ったとみられている。

そしてそれらの影響を最初にうけたとみなされるのが、駿河に北接する甲斐国であった。茶々丸によるクーデターの翌年にあたる明応元年（一四九二）六月、甲斐で内乱が展開された。甲斐国守護武田信縄《のぶつな》と、その父武田信昌・その次男信恵《のぶよし》の、父子兄弟の間で抗争が展開されたのであり、これは「甲州乱国に成り始めて候也」と評されて（「勝山記」『山梨県史資料編6上』所収）、まさに甲斐における戦国争乱の開始にあたるものであった。

甲斐のうち、東部の郡内《ぐんない》領は小山田《おやまだ》家の国衆化がすすめられていて、武田信昌・信恵方であった。西部の河内《かわち》領は、武田氏一族にあたる穴山武田家の国衆化がすすめられていて、これも信昌・信恵方であった。ともに駿河に接している地域であり、いずれも信昌・信恵方であったということになる。対して武田信縄は、山内上杉家と連携していくのであり、同時に足利茶々丸とも連携していくことになる。茶々丸からすると、伊豆に隣接する地域は、いずれも山内上杉家とは敵対関係にある勢力となっていたから、それらとの抗争を生じさせていったものと思われる。

そして甲斐の内乱には、今川家も関わっていくこととなる。武田信縄と穴山武田信懸《のぶとお》との抗争が展開されると、穴山武田家は今川家に支援を求めたとみなされ、それをうけて今川家では、九月九日に援軍を派遣するのである（「王代記」「塩山向嶽《こうがく》禅庵小年代記」前掲『山梨県史』所収）。軍勢はおそらく富士郡北部を進軍したであろうから、竜王丸はこの時には、同地域を領国としていた国衆の富士家を従属させていたとみてよいであろう。そしてここでの軍事行動についても、竜王丸はまだ元服前であったから、それまでと同じく、盛時が総大将を務めたものと推測される。盛時の下向が求められたのは、まさにこのような役割を果たすためであったといえよう。

伊豆侵攻の開始

そうしてその翌年の明応二年（一四九三）、盛時は、足利茶々丸と対戦するために伊豆に侵攻した。ここでも竜王丸がまだ元服前のため、盛時が今川軍の総大将となったものとみなされる。これについて「勝山記」は、「駿河より伊豆へ打ち入る也」と記すにとどまっていて、盛時の存在が明記されているわけではないが、北条家・今川家関係の軍記物には、一様に盛時の行動として記されていることから、そのようにみて間違いない。そしてこの行動こそが、盛時が戦国大名となっていく第一歩となるのであった。

もっともそれらの軍記物は、盛時の伊豆侵攻について、足利政知の死去後の茶々丸のクーデターへの対処として、延徳三年（一四九一）のことのように記すものとなっているが、「勝山記」の記載により、それはこの明応二年におけるものであることが確実である。そして「今川記（富麓記）」は、「伊勢新九郎と葛山を大将として千騎余」が派遣されたと記している。盛時が大将になって、竜王丸からは駿東郡南部の国衆・葛山備中守（「異本小田原記」による）が援軍につけられて、進軍したものとみられる。

ただし侵攻の具体的な時期は明らかではないが、この年四月、京都では細川政元が将軍足利義稙を廃し、足利政知の次男で天竜寺香厳院主の清晃を新将軍に据えたクーデター（明応の政変）が起きていることから、それと連動するかたちで行われたものとみなされている。細川政元と盛時は、それまで足利政知と結んで清晃を将軍につける立場にあったから、二つの動きが連動していたとみられている（家永前掲書）。

この時の盛時の軍事行動については、かつては「下剋上《げこくじょう》」の典型としてみられていた。ところがこれが明応の政変と連動していたものとみなされるようになって、その評価は大きく転換するものとなっている。実際には、新将軍の足利義澄（当時は義遐《よしとお》）から茶々丸討伐の命令が出された事実を確認することはできないが、その後に盛時が伊豆一国を領有した後に、盛時は幕府からも伊豆国主として認められていることからすると、伊豆への侵攻とその後の領国化については、足利義澄から承認を与えられていたとみてよいであろう。そもそも茶々丸は、義澄にとっては母と弟の仇《かたき》にあたるから、新政権発足にあたって、それを放置することは考えがたいであろう。したがってその侵攻は、足利義澄・細川政元の承認を得てのものであったとみてよいであろう。

また盛時と同時に派遣されているものに、葛山家があったが、同家は駿東郡南部の葛山郷（静岡県裾野市）を本拠とした国衆で、この時には南接する大岡庄（同沼津市）までを領国化していたとみなされる。室町時代では、富士郡北部の富士家と同じく国人であるとともに、幕府の在国奉公衆という立場にあった。ここで盛時とともに伊豆に侵攻していることから、この時には、今川家に従属する関係になっていたとみなされる。

それまで竜王丸の領国は、富士郡までで、駿東郡にはおよんでいなかったとみられる。駿東郡北部の御厨地域は、扇谷上杉家に従属していた国衆の大森家の領国となっていて、南部はこの葛山家の領国となっていたと推測される。さらに同地域には、堀越公方足利家の勢力もおよんでいたと思われ、おそらく盛時は、この伊豆への侵攻に際して、葛山家を服属させるとともに、駿東郡南部の経略を遂げたうえで、それを行ったとみなされる。

この駿東郡南部において盛時と関係深いものとして伝えられているものに、興国寺城がある。北条家・今川家関係の軍記物において、盛時が竜王丸から与えられたものとしてあげられている。しかし現在のところ、盛時が興国寺城に在城したことを示す史料は確認されていない。逆に盛時の駿河在国時の本拠として確認されるのは、先にも触れたように、山西地域の石脇城である（戦北四一四五）。そのため盛時の駿河での本拠は、この石脇城であったとみてよいだろう。

　そうすると興国寺城在城の所伝は、全く根拠のない誤伝であったのであろうか。同城は、駿東郡の南西部にあたる阿野庄（静岡県沼津市から富士市）のうちに位置し、同庄はまた富士郡下方と認識されることもあるような、まさに富士郡と駿東郡の境目に位置していた。それ以東への侵攻に際しては、ちょうど最前線にあたり、盛時が侵攻に際して拠点とした可能性はありうるとみられる。

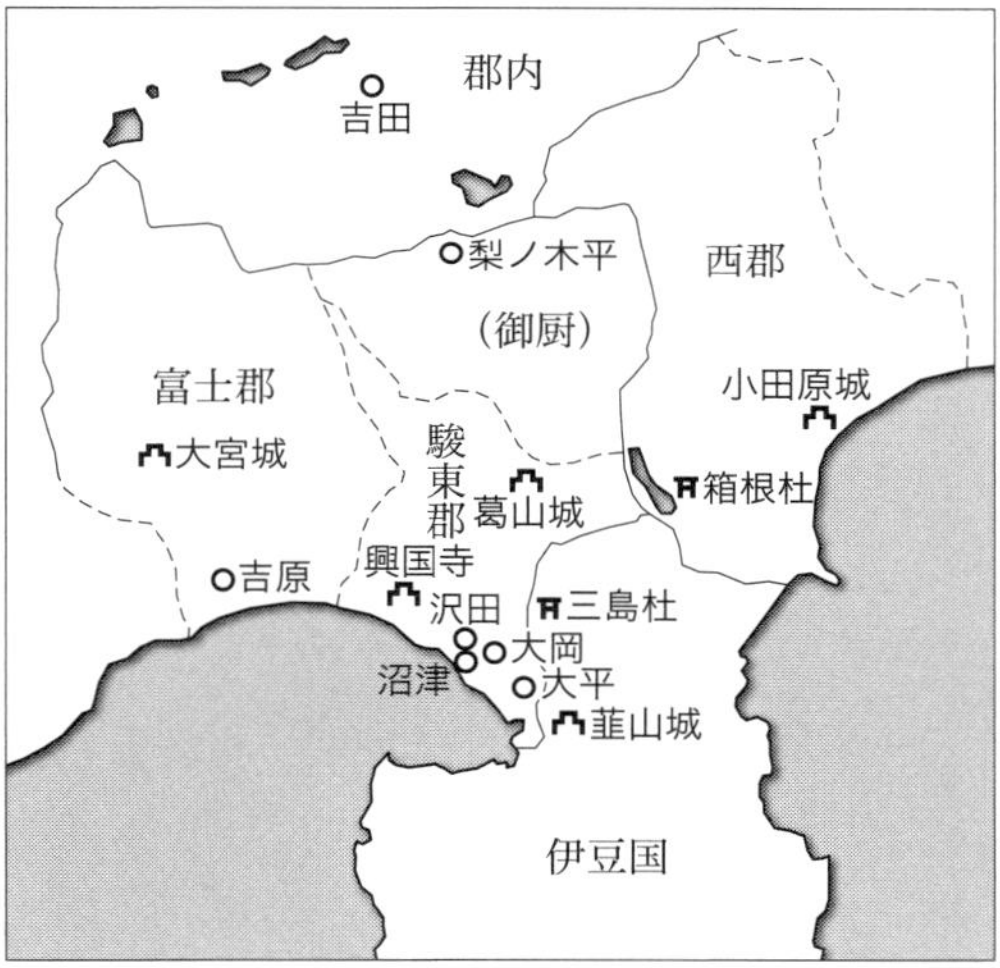

駿東郡と宗瑞の関係図

　興国寺城を与えられたことについて、「今川家譜」などは富士郡下方地域で所領を与えられたのと同時のこととして記しているが、それは同時のことではなく、この伊豆への侵攻に際してのこととすれば、内容に整合性をとることができるようになる。それまで竜王丸には、駿東郡に何らの拠点もなかったとすれば、富士郡と駿東郡の境目にあたる同地に、軍事拠点を構築して、それを前線拠点としたことは十分に想定できる。そしてそこから葛山家を味方にし、駿東郡南部を経略して、そのまま伊豆に侵攻したと推測できるかもしれない。

なおその後において、その駿東郡南部には、沼津郷・沢田郷・大平郷《おおひら》（いずれも同沼津市）と、北川殿の所領が集中して設定されていて、そのうちの沼津郷については盛時が代官として実質的な支配を展開していることが確認できる（戦北三一）。そのような北川殿の所領の設定には、何らかの事情があったとみなされ、それこそ同地域の経略が、実際には盛時によって果たされ、その後もしばらくは盛時によって支配が続けられることになったため、北川殿の所領とすることで、今川家領国としての体裁を整えたものとみることもできるかもしれない。

もう一つ、盛時の伊豆侵攻の実現にあたって重要なことは、扇谷上杉家と連携を成立させ、そのうえで侵攻していることである（小I三〇〇）。対戦相手となる足利茶々丸は、山内上杉家と連携していたとみなされるから、その山内上杉家と対抗関係にあった扇谷上杉家と結んだとみなされる。また駿東郡北部の御厨地域と相模西郡は、扇谷上杉家に従属する大森家の領国で、扇谷上杉家の勢力圏にあったから、実際に伊豆に侵攻するにあたって、背後に位置していたそれらの勢力との連携は必須のものであったに違いない。

先に触れたように、この時は両上杉家の抗争は和睦状態になっていたが、この盛時の伊豆侵攻を契機にするようにして、やがて抗争が再開されることになる。この時の扇谷上杉家は、武蔵《むさし》河越城（埼玉県川越市）を本拠に、駿河御厨地域から、相模、武蔵南東部、下総葛西《しもうさかさい》領（東京都葛飾《かつしか》区など）にかけての一帯を領国とした、大規模な戦国大名として存在していた。やがて盛時は、その扇谷上杉家と激しい抗争を展開していくことになるが、それはまだ先のことになる。ともかくもこれによって、盛時は否応《いやおう》なく、山内上杉家と扇谷上杉家との抗争という、関東の戦乱にも関わることになっていくのであった。

また盛時は、この時にともに伊豆侵攻した葛山備中守とは、その後に婚姻関係を結んでいる（「豆相記」『新編埼玉県史資料編8』所収）。そしてその間に生まれたと推定されるのが三男の氏広であり、しかもその氏広は、後にその養子に入って葛山家の家督を継承することになる。

宗瑞の妻となった葛山氏の動向についてはは全く史料にみることはできない。その間に生まれたとみなされる氏広についても、その生年は不明であるが、盛時と葛山家との婚姻がこの明応二年の伊豆侵攻後のことであるとすれば、およそそれから二、三年後の、明応四、五年頃の生まれと推測することができるかもしれない。氏広がその頃の生まれであれば、およそ永正六（一五〇九）、七年頃の元服と思われる。その後の同十年には、葛山家の当主となっており、それまでにその家督を継承している。同時に、宗瑞の子であることによって、国衆家の当主でありながらも、今川家の御一家衆《ごいっかしゅう》の地位を与えられて、今川家の本拠であった駿府に居住するものとなっている。そして天文七年（一五三八）九月から翌同八年四月までの間に死去し、法名を竜光院殿大円登雲大居士といった。その家督は養子の氏元に継承され、氏綱の娘がその妻になっている。

伊勢宗瑞の誕生

盛時は伊豆に侵攻したものの、それで足利茶々丸を打倒したわけではなかった。この時の侵攻の内容は明確ではなく、茶々丸の本拠の北条御所を、この時に経略することができたのかどうかも不明である。むしろその後の状況からすると、それは少し先のこととみられ、この時の侵攻は、駿東郡の経略が成果であったのかもしれない。

しかしこの伊豆への侵攻の開始により、京都への帰還は難しい状況になったことは間違いなかろう。そしてそのことと関わってみられたのが、出家である。盛時が仮名新九郎で確認されるのは、二度目の駿河下向を遂げた直後の延徳三年（一四九一）八月が最後になっている。その後、明応元年（一四九二）から同二年の成立とみられている「東山殿時代大名外様附」（小I二九六）で、奉公衆として「同（伊勢）新九郎」があげられており、これが盛時の在俗を示す最後の史料となっている。同時にこれが、幕府直臣としての立場での、最後の史料となっている。

そして同四年二月五日付で、伊豆武士の伊東伊賀《いが》入道宛に出した判物からは、出家して「早雲庵宗瑞」と称したことが確認される（戦北一）。すなわち盛時は、明応二年から同四年の間に、出家したことがわかる。さらにそれから時期を絞るとすると、その間の明応三年八月に、今川軍の総大将として遠江に進軍しているが、そのことを記録する史料には「平氏早雲」と記されている（小I三〇二）。これが当時の状況を記録したものだとすれば、その出家は、明応二年頃から同三年八月までの間とみることができるであろう。いずれにしてもこの後は、法名宗瑞の名で記していくことにしよう。

ちなみに宗瑞は、京都生活の時期に、臨済宗寺院の建仁寺《けんにんじ》で学問を学び、その後は同じく臨済宗寺院の大徳寺に参禅して、同寺四〇世春浦宗熙《しゅんぽそうき》に師事したことが知られている（小I三五〇）。同時期に同寺で学んでいた東渓宗牧《とうけいそうぼく》（同寺七二世）からは、禅の道に精進したと認識されていて、後の永正五年（一五〇八）に「天山」の号を与えられることになる。春浦宗熙は文明五年（一四七三）から大徳寺に再住しているので、宗瑞が参禅したのは、それから駿河に下向する長享元年（一四八七）までの間のことであったろうか。なお早雲庵の庵号は、自ら名乗ったものという（岩崎宗純「北条早雲と以天宗清」拙編『伊勢宗瑞』所収）。法名の宗瑞は、法師から授けられたものであろうが、明確に示す史料はみられていない。

それでは宗瑞は、なぜこの時に出家したと考えられるであろうか。そこで想起されるのは、立場の転換にともなう出家、具体的には幕府直臣をやめて、駿河今川家の一員となる、ということと思われる。ここに宗瑞は、幕府直臣の立場を捨てて、甥《おい》の今川竜王丸を全面的に補佐すべく、今川家の一員としての立場に転換することに決し、その表明のため、出家したのではなかったかと思われる。そしてそこでの地位は、竜王丸の叔父という関係から、一門衆にあたる「御一家」に位置したものと推測される。さらに実質的には、軍事行動や領国支配を補佐する「後見役」ととらえることができるものとなる。

家族や家臣の移住

こうして宗瑞は、今川家の一員としての立場をとることを決したとみなされる。おそらくこれにともなって、京都にいた妻小笠原氏や嫡子氏綱らを、駿河に引き取ったに違いない。さらにそれだけでなく、弟の弥次郎盛興や京都時代の家臣たちも、こぞって招き寄せたとみられる。

弥次郎の下向時期については明らかではないが、宗瑞が二度目に駿河に下向した延徳三年（一四九一）八月二十七日の時点では、まだ京都にあって将軍足利義植に従軍していたことが知られている。足利義植は近江に出陣するが、それに従軍したもののなかに、「同（伊勢）弥次郎〈貞綱相続〉」とあり（『後法興院記《ごほうこういんき》』増補続史料大成本刊本）、これが宗瑞弟の弥次郎にあたるとみられている。なお「貞綱相続」とあるのは、一族の伊勢貞綱の家督を継いでいたことを示している。貞綱は、伊勢氏本宗家の庶流の一族で、貞親の祖父貞行の弟貞長の孫にあたる人物になる。弥次郎はその家督を、養子に入って継承していたとみなされる。そしてこの弥次郎は、その後では明応五年には宗瑞のもとで活動していることが確認されるから、京都から下ってきたのはその間ということになる。時期として最も相応しいのは、この宗瑞の立場の転換の際といえよう。

また明応四年四月には、宗瑞の京都時代からの家臣とみられ、それに従って駿河に移住してきていたものとして、大道寺・山中・荒木氏の存在が確認される（小I二九〇）。彼らは山城国の出身でそこからの移住者とされているから、宗瑞の京都時代にその家臣となって、宗瑞の駿河下向にともなって移住してきて、この時点ですでに駿河に居住していたことになる。そうした京都時代の家臣たちも、おそらくはこぞって駿河に移住してきたものと思われる。

ところで北条家関係の軍記物では、宗瑞の駿河下向に従ってきた家臣として、例えば「異本小田原記」には「荒木・山中・多目・荒河・在竹・大道寺」があげられている。先に確認できる家臣に、大道寺・山中・荒木がみえていること、その他のうち多米（多目）・荒川（荒河）・有滝（在竹）についても、その後の北条家臣としても確認されることからすると、それらの六人が、京都時代からの家臣であったことは、おおよそ信用できるといえるであろう。ちなみに「北条五代記」（『北条史料集』所収）になると、「荒木兵庫頭・多目権兵衛・山中才四郎・荒川又次郎・大道寺太郎・在竹兵衛尉」という具合に、通称まで記されたものとなっており、一般的にはそれらの名が利用されている。しかし大道寺家については、家伝にも仮名太郎が伝えられているが、山中家については後の時期に確認されるもの（彦十郎）とは異なっている。「北条五代記」にみえる人名表記は、当時の史料と合致しないものが多いことから、それらは後世における創作とみておくのが妥当といえる。

なおこのうち大道寺家は、山城国宇治郡田原《たわら》郷大道寺村（京都府宇治田原町）の出身といい、仮名太郎・法名発専《ほっせん》を称した人物にあたるとみられ、宗瑞とはほぼ同世代で、その後の宗瑞にとっては片腕ともいうべき活動がみられる存在であり、永正七年（一五一〇）に相模小田原城（神奈川県小田原市）で戦死したとみなされる（『寛永諸家系図伝』）。その子は盛昌といった。実名のうちの「盛」字は、宗瑞の実名「盛時」からの偏諱《へんき》とみなされる。宗瑞から三代氏康《うじやす》の時期まで有力家老として存在し、相模鎌倉代官・武蔵河越城代などを務め、その子孫も引き続いて北条家の有力家老として存続していくものとなる。

山中家は、上野守《こうずけ》を歴代の通称とし、初代は「盛元」と伝えられる。その子は「盛高」といい、事実であれば、これらも盛時からの偏諱となる（『寛政重修諸家譜《かんせいちょうしゅうしょかふ》』）。「盛高」とその子孫は相模三崎城代を務める有力家臣となっている。荒木家については、現在のところその後の動向をみることはできないので、早い段階で没落してしまったのかもしれない。

多米家・荒川家・有滝家は、いずれも後の三代氏康の時の永禄《えいろく》二年（一五五九）成立の『北条家所領役帳』（『戦国遺文後北条氏編』別巻、以下「役帳」と略記）には、軍事専門軍団の諸足軽衆を構成するものとして、それぞれ多米新左衛門（時信）、荒川、有滝母がみえている。同衆に編成されていることからすると、彼らは当初からそうした軍事専門の役割を担っていたものと思われる。このうち多米時信は、三河国八名郡多米村（愛知県豊橋市）の出身とみられ、実名のうちの「時」字は、盛時からの偏諱の可能性がある。年齢的には妥当性はある。なお同じ三河出身の石巻《いしまき》氏の家臣であったと推測する見解も出されているが（下山治久「北条早雲と三河武士」拙編『伊勢宗瑞』所収）、それは史料解釈の誤りによる誤解である。

駿河移住の理由

ところで宗瑞は、なぜこの時に駿河在国の継続を選択したのであろうか。幕府では歴代将軍の申次衆を務め、この時には奉公衆になっていた。そのまま幕府直臣として過ごしていくという選択肢もあったはずであろう。これについては最近、所領支配が思わしくなくかなり窮乏していたとし、江戸時代前期成立の『太閤記《たいこうき》』にみえる、所領三〇〇貫文を売却して、関東に下向したという伝承をもとに、荏原郷での領主としての立場に見切りをつけて、新しい道を模索したとみるような見解が出されている（池上裕子『北条早雲』）。宗瑞の所領としては、現在、荏原郷しか確認されず、同所に菩提寺があるのでそれが本領であったことは間違いないが、所領がそれだけであったとは考えがたい。他の幕府直臣の場合をみれば、その他にも所領を有し、さらには幕府御領所の代官に任じられていたことは十分に想定される。必ずしも所領が少なく、そのため窮乏していたというのではなかったに違いない。

しかし、だからといって領主としての存立が確保されていたのかというと、それは別の話となる。享徳の乱や応仁・文明の乱以降、戦乱の恒常化によって、在所していない所領の支配はできなくなりつつあった。現に駿河国でも、それまでは多くの在京領主の所領が存在していたが、変わらず支配を行い得たものは、とくに竜王丸が保証したものに限られるようになっていた。実際にも宗瑞自身、そうしたかつての在京領主の所領を支配することで、駿河での存立を遂げていたのであろう。もはやそれらを元の領主に返還するなどということはできない状況になっていたとみなされる。

すでに戦乱の恒常化にともなって、各地では領国化の動向が進展していた。竜王丸も駿河の大半を領国とする戦国大名となっていたし、その配下にあった葛山家や富士家などは、国衆として存在するようになっていた。彼らの身分は、まだ室町時代の身分秩序である「守護」や「国人」として表現されていたが、実態はもはやそれらとは全くの別物に変化していた。領国の維持は、周辺勢力との抗争のうえで遂げられ、まさに実力によるものであった。それはもはや室町幕府を中心にした政治秩序とは異質の世界であり、だからこそ竜王丸による駿河大半の領国化、さらには甲斐・伊豆への侵攻という事態も生じ得たのであった。

もはや宗瑞の存立を支えていたのは、荏原郷など従来の所領や代官職などではなく、駿河国での所領などになっていた。その一方で、従来の所領の維持は、ますます戦国争乱の展開によってほとんど不可能な状態になりつつあったに違いない。宗瑞は京都にあってそこでの政争を潜《くぐ》り抜けながら、各地に散在していたであろう所領の回復やその維持を図るよりも、駿河での存立を維持することを決断したのであった。さらに竜王丸の存立の維持は、周辺諸国との抗争の展開を不可避にしていた。宗瑞は甥の竜王丸の存立に人生を捧《ささ》げ、そのもとで自身も存立することを決めたと思われる。そこにはおそらく、竜王丸の補佐を求める姉北川殿の要請もあったとみられ、宗瑞はそれを受け容《い》れたのであろう。

第二章　伊豆経略の展開

扇谷上杉家への援軍

宗瑞は明応二年（一四九三）に、今川軍の総大将として伊豆に侵攻したが、その後もそのまま侵攻を継続したのではなかった。翌同三年八月には、一転して遠江に、やはり今川軍の総大将として侵攻を展開している（小Ｉ三〇二）。そしてさらにその翌月からは、扇谷上杉定正の要請に応じて、武蔵に進軍するのである。もっともこの進軍は、今川家としてのものではなかったらしく、あくまでも宗瑞自身の行動としてなされたものであったとみなされる。したがってその軍勢は、宗瑞自身の家臣団からなるものであったと思われる。その意味ではこれこそが、宗瑞独自の軍事行動の最初であったといいうる。

宗瑞が扇谷上杉家への援軍をはたらいたのは、前年の伊豆侵攻にあたって、扇谷上杉家と盟約を結んだことに基づくものであった。具体的にどのような支援を得たのかは不明であるが、扇谷上杉定正からは、その返礼として、援軍を要請されたのであろうし、また宗瑞もそれゆえに応えたものと考えられる。この時、扇谷上杉定正は山内上杉顕定《あきさだ》との抗争である長享の乱を戦っており、援軍はそれに対してなされたものであった。

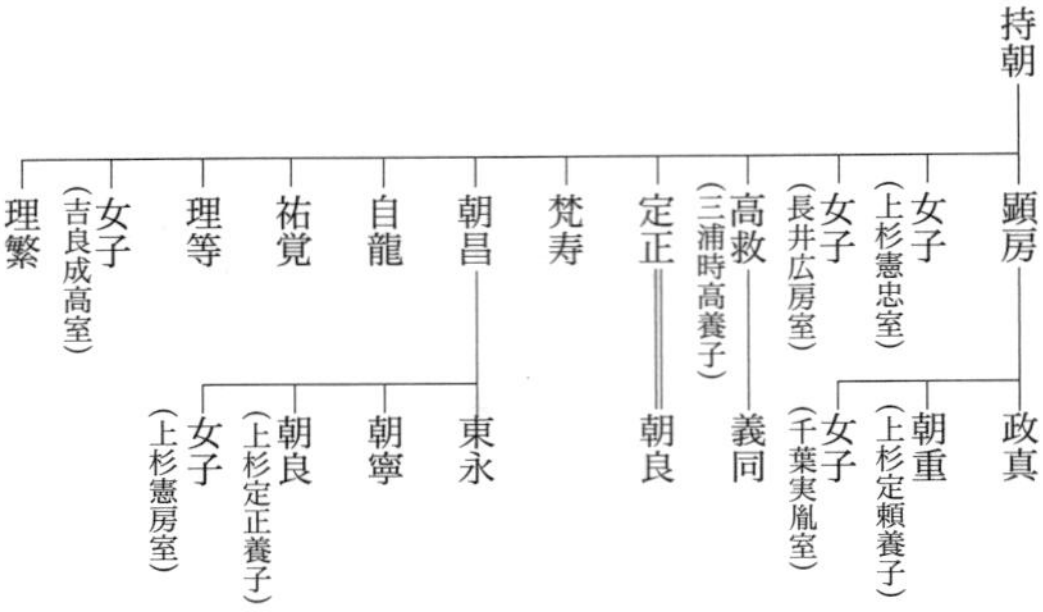

扇谷上杉氏略系図2

そもそもこの長享の乱は、扇谷上杉定正が、文明十八年（一四八六）七月二十六日に、家宰《かさい》であり、かつ上杉方全体においても中心的存在であった太田道灌を誅殺《ちゅうさつ》したことを契機として勃発したものであった。事件後、定正は道灌与党勢力の討伐をすすめるが、それらの勢力が山内上杉家を頼ったことで、翌長享元年（一四八七）から、山内上杉家と扇谷上杉家との全面抗争が展開されることになった。ちなみにここで扇谷上杉家から離叛《りはん》して、山内上杉家を頼ったものとして代表的なものに、上杉定正の実兄にあたる三浦道含（高救《たかひら》）や、道灌の嫡子資康《すけやす》や甥資家《すけいえ》（顕資か）などがある。

この戦乱を長享の乱と称していて、幾度かの和戦を繰り返しながら、最終的には永正二年（一五〇五）三月に、扇谷上杉家が山内上杉家に対して、事実上降伏することで終結するものとなる。

山内・扇谷の両上杉家は、鎌倉公方《くぼう》足利氏と室町幕府との抗争となる永享の乱（一四三八～三九）以来、幕府と連携する上杉方における中心勢力として存在してきたのであったが、享徳の乱の終結を遂げた文明十四年の「都鄙和睦」成立後の政治状況のなかで、深刻な政治対立を生むようになっていて、ここに全面的に武力抗争を展開することとなったのであった。そしてこの戦乱も享徳の乱と同じく、関東の武家勢力を二分して展開され、再び関東は大規模な戦乱に見舞われるのである。

　長享二年には、相模実蒔原《さねまきはら》合戦（神奈川県伊勢原市）・武蔵須賀谷原《すがやはら》合戦（埼玉県嵐山《らんざん》町）・同高見原合戦（同小川《おがわ》町）と、「関東三戦」（「松陰私語」『群馬県史資料編5』所収）と称されるほどの大規模な合戦が行われており、このうち十一月十五日に行われた高見原合戦には、古河公方足利成氏の嫡子政氏が、扇谷上杉定正に同陣し、合戦に参加している。古河公方足利家は、この戦乱にあたっては、当初は扇谷上杉家に与《くみ》したのであった。しかし両勢力の抗争は「未《いま》だ雌雄を決せざる」状態が続き（「松陰私語」）、延徳二年（一四九〇）十二月に、足利政氏が武蔵忍《おし》城（同行田市《ぎょうだし》）の成田家を服属させたことで、一応の和睦が成立した（「鎌倉大日記」『北区史資料編古代中世2』所収）。

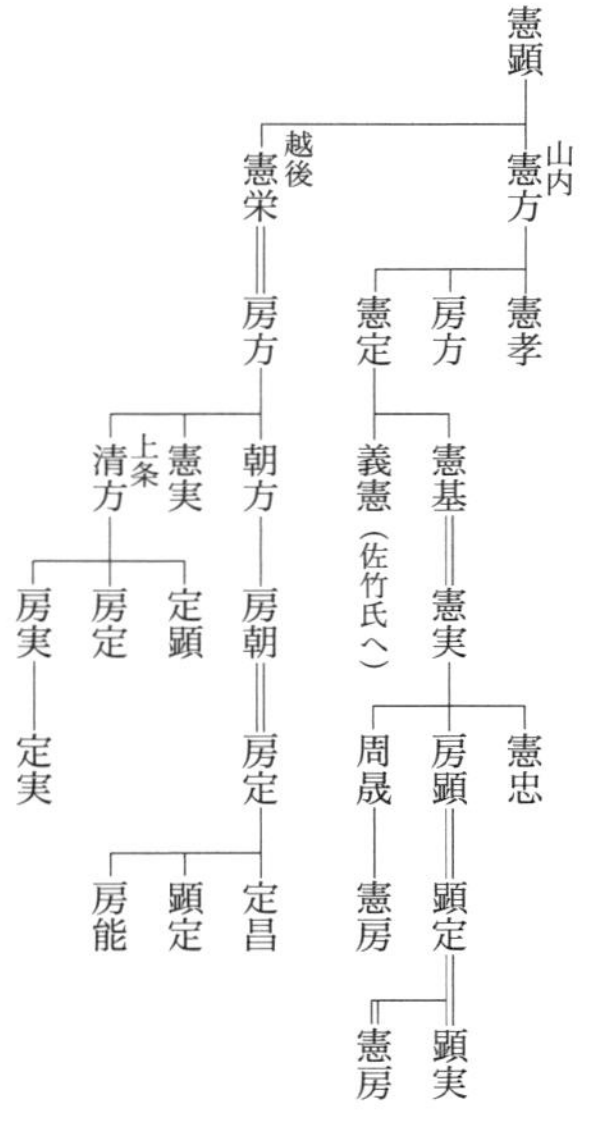

山内上杉氏略系図

　とはいえ両上杉家の支持勢力間での抗争はその後も続いたらしく、公方足利政氏（長享三年頃に家督を継承）も自身の支持勢力に対する支援を展開して、所々に在陣している状況が知られている。またこの時期、政氏は、元号が延徳から明応に改元されても、そのまま延徳年号を使用しているが、これは政氏が、依然として室町幕府と繫《つな》がっていた山内上杉家と明確に対立関係にあったことにともなうものとみなされる。

その後、明応三年七月になって、両上杉家の抗争は再開されるのであるが（「石川忠総留書」前掲『北区史』所収）、足利政氏は、今回は山内上杉家に味方するのである。またこの抗争再開の背景には、その前年における宗瑞の伊豆侵攻が大きく関わっていたように思われる。宗瑞が扇谷上杉家と結んで、山内上杉家と結んでいた堀越公方足利家との抗争を展開したことが、両上杉家そのものの抗争再発を誘発したことは十分に考えられよう。そうであれば宗瑞は、自らの行動が長享の乱の再開をもたらしてしまったといっていいかもしれない。

相模への初めての進軍

宗瑞ははじめ、相模に進軍して、同国における山内上杉方勢力の討滅にあたったとみなされる。具体的には九月二十三日に、扇谷上杉方の大森式部少輔《しきぶのしょう》とともに、山内上杉方であった相模三浦郡の国衆・三浦道含（高救）を攻撃して、扇谷上杉方に服属させたことが伝えられている。もっともこの内容については、現在のところいまだ当時の史料では確認されず、江戸時代成立の関東関係の軍記物類にみえているものとなる。しかもそれらにおいては、道含の先代にあたる三浦時高の滅亡という内容になっている。

例えば「鎌倉九代後記」（国史叢書本刊本）や「北条五代記」では、三浦時高の養子になっていた嫡孫の義同《よしあつ》（のち法名道寸《どうすん》）が、時高の晩年になって実子が誕生したため廃嫡、追放され、母方の実家にあたる大森家の本拠小田原に近い諏訪原《すわのはら》総世寺に逼塞《ひっそく》したが、大森家の援助を得て、時高をその本拠三崎新井城（神奈川県三浦市）に攻め、同城を攻略、時高を滅亡させ、自ら家督を継いだ、という話になっている。また「北条記」や「異本小田原記」は、その年代を明応九年のこととしている。

この話は、近年まで通説となっていたが、これには別の話もある。「鎌倉大日記」（小Ⅰ三〇〇）では、伊豆に進出していた伊勢宗瑞が新井城を攻略したとしており、「応仁後記」（『史籍集覧』所収）ではさらに、宗瑞によって伊豆から追放されていた堀越公方足利茶々丸を時高が庇護《ひご》しており、そのため宗瑞に攻められ、茶々丸とともに滅亡した、という話になっていて、事件の内容や経緯については大きく違っている。

これらは時高の滅亡ということでは共通しているものの、そもそも当時の当主は、その養子の道含（扇谷上杉持朝《もちとも》の次男、定正の兄）であった。すでに時高は史料にみられなくなっていて、この時期まで生存していたとみることは難しい。そのため時高が滅亡したという話自体、創作と考えざるをえない。そうすると時高滅亡を前提とした、義同が養祖父時高の養子になっていたことや、義同が時高と不和になって滅亡させたということも、創作の上塗りによるものであり、当然ながら事実とみることはできない。

それではこれらの話は全くの架空のことであったのかというと、事実の一端を伝えていると思われるのが、宗瑞による攻撃という点なのである。七月から山内・扇谷両上杉家の抗争が再開し始めていたが、それはどうやら扇谷上杉家による、相模における山内上杉方勢力への攻撃として展開されたとみなされる。そこで扇谷上杉家は、八月十五日に武蔵関戸要害（東京都多摩市）を、九月十九日に相模玉縄要害（神奈川県鎌倉市）を相次いで攻略して、そのまま鎌倉街道を北上している。そしてそこに宗瑞が援軍に加わって、九月二十八日に武蔵久目川（東京都東村山市）で両者は合流している。さらに山内上杉家の本拠となっていた鉢形城（埼玉県寄《より》居《い》町）を目指して北上し、十月二日に高見原に陣を取り、荒川を挟んで山内上杉方と対陣するのである（小Ｉ三〇一）。

宗瑞が三浦家を攻めたと伝えられている九月二十三日というのは、ちょうどそこに位置するものとなる。三浦家はこの時まで山内上杉方であったから、扇谷上杉方の宗瑞による攻撃という事態は、十分に想定することができる。また「鎌倉九代後記」などでは、大森家が義同に味方して新井城を攻めた、とあったが、この大森家も扇谷上杉方であったから、それによる攻撃も十分に考えられる。しかもその前後の状況は、扇谷上杉方が相模における山内上杉方を攻略して、山内上杉家の本拠に向けて進軍していくという、扇谷上杉家の優勢のかたちで展開されている。さらにこれから二年後の明応五年には、三浦家は義同（道寸）を当主として、明確に扇谷上杉方の存在になっていて、それまでの間に、山内上杉方から扇谷上杉方へと立場を転じているのである。

これらの状況をもとに考えると、明応三年九月二十三日における三浦家をめぐる事件という

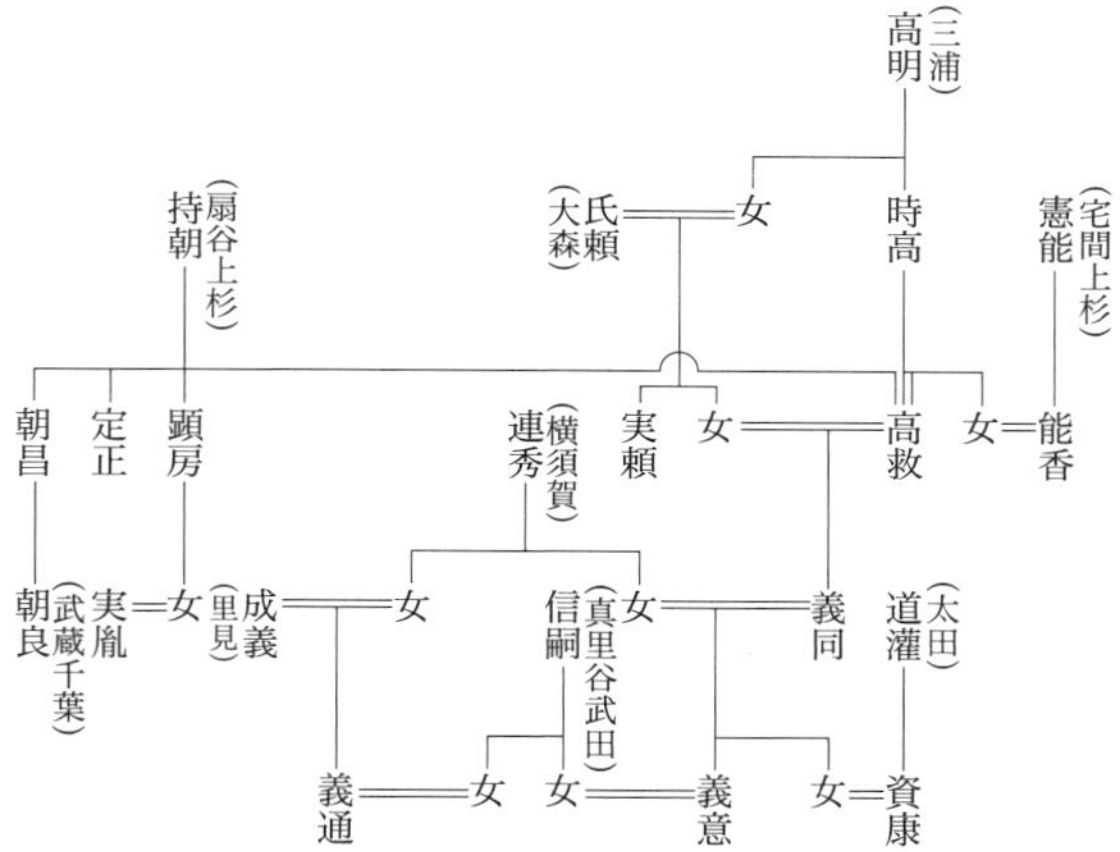

三浦氏・扇谷上杉氏関係系図

のは、扇谷上杉方の宗瑞が攻撃し、三浦道含はそれに屈して、以後は扇谷上杉家に従うようになった、という内容であったと考えられる。そしてその後から、嫡子道寸が当主としてみえるようになるのは、道含では扇谷上杉家から離叛した経緯を持つため、当主を替えることで扇谷上杉家との新たな関係の構築が図られて、道含は隠居し、替わって道寸が当主となったことによると思われる。ちなみに道含については、その後も同八年までの生存が確認されている。

これらのことから宗瑞は、扇谷上杉定正からの要請をうけて相模に進軍すると、まずは相模東部の三浦郡を領国とする国衆で山内上杉方となっていた三浦家の攻撃にあたり、これを屈服させて、同家を扇谷上杉方に帰参させたことがうかがわれる。そしてその結果として、三浦家の家督は、道含からその嫡子の道寸に交替されたものとみなされる。またこの行動は、大森式部少輔との協同によるものであったこともうかがわれる。

なお三浦道寸は、父道含が扇谷上杉定正の兄であるため、定正には甥にあたっていた。宝徳三年（一四五一）もしくは享徳二年（一四五三）生まれとみられるから、この時、四十四歳もしくは四十二歳であった。母は大森氏頼の娘で、その兄弟に実頼・藤頼があり、この時の大森家当主の式部少輔は、実頼の子（定頼と伝えられる）にあたる可能性が高いとみなされている。すなわち道寸と式部少輔は、従兄弟《いとこ》の関係にあったとみなされるものとなる。

そしてこの三浦道寸にしろ大森式部少輔にしろ、その後に展開される宗瑞の相模への進出、経略においては、抗争する関係となるのであった。しかしこの時の宗瑞には、思いもよらないことであったに違いない。

武蔵での転戦

宗瑞は、九月二十三日に三浦家を扇谷上杉方に服属させると、そのうえで同月二十八日に武蔵久目川に着陣して、扇谷上杉定正と合流した。この時、初めて定正と対面したという。定正は文安三年（一四四六）生まれの四十九歳であり、宗瑞よりも十歳年長だった。

扇谷上杉・伊勢両軍はそのまま北上を続けて、十月二日、三日には武蔵北部の高見原まで進軍し、荒川を挟んで山内上杉顕定と対陣した。そして五日、川を越えようとしたところ、定正は落馬して急死してしまった。そのため扇谷上杉軍は本拠の河越城に帰還するにいたり、宗瑞も入西《にっさい》郡高坂《たかさか》（同東松山市）まで後退したものの（小Ⅰ三〇〇）、すぐには帰陣しないで、その後しばらく関東に在陣し続けるのである。

これに対して山内上杉顕定は、古河公方足利政氏の軍勢を招き寄せて、高倉山（埼玉県鶴ヶ島市か）まで出陣してきたらしい。両者は対陣したが、宗瑞はそこから転進して、今度は足立郡を廻《まわ》って、崎西郡南端に位置し、古河公方足利家の拠点となっていた岩付城（埼玉県さいたま市）を攻撃する姿勢をみせるのであった。それに対して足利政氏が宿老の簗田《やなだ》成助《しげすけ》を同城への援軍として派遣してくると、宗瑞はようやくそれへの攻撃を諦めて、十一月十四日に退陣した。

これらの動向については、十一月十七日付で足利政氏が宿老簗田成助に宛てた書状から詳しく知ることができる（戦古三四九）。そこには、政氏は宗瑞追討のために進軍しようとしていたが、顕定の意見によって延期したこと、しかし十四日に宗瑞が退散し、それは簗田成助が岩付城に加勢したためであること、宗瑞が高坂に在陣している時には攻撃しなかったことの理由については承知したこと、などが述べられている。これによって宗瑞は、高坂に在陣して、顕定・政氏方と対陣し、その後、古河公方足利方の岩付城をうかがうものの、同城の防備が固められたため退陣したことが知られる。

そして岩付城攻めの陣から後退した翌日にあたる十五日に、荏原《えばら》郡馬込《まごめ》（東京都大田区）で敗北したという。馬込は扇谷上杉家の勢力下にあったことからすると、敗北したというからには、山内上杉方が進軍してきてここで攻撃をうけたのであろうか（拙著『扇谷上杉氏と太田道灌』)。

ちなみにこの時が、足利政氏が山内上杉顕定と同陣した最初にあたり、ここで政氏は顕定から初めて出仕をうけたことになる。それにあたって政氏は、顕定を足利氏「御一家」に準じる待遇を与えて、他の関東諸領主より卓越する地位を認めている。具体的には、足利氏御一家と同じく、文書の宛名には名字を省略するとともに、御一家のうち吉良・渋川・石橋家に次ぎ、その他の御一家よりも優遇したのであった。そしてこの格式は、以後における関東管領に対する格式として確立されていき、後年に宗瑞の子氏綱が、古河公方足利家から関東管領職に任じられてからは、以後の歴代も同様の家格を認められていくことになる。

それはともかく、ここでの足利政氏と山内上杉顕定両者の連携は、名分的には上杉顕定から足利政氏への出仕という体裁になっているが、それまで政氏は顕定と抗争する関係にあったことからすると、実態としては、政氏の顕定への屈服といえ、そのため政氏は顕定に自己に次ぐ政治的地位を認めることとなったとみなされる。古河公方足利家は、依然として鎌倉公方として関東政界の頂点に位置したものの、政治権力としての性格は、山内・扇谷両上杉家に大きく規定されつつあったことがうかがわれる。ここに鎌倉公方・関東管領という政治地位が存続しつつも、室町時代とは異なる、戦国時代への転換の状況をみることができるであろう。

ともかくも宗瑞は、このように扇谷上杉家への援軍として、およそ二ヶ月にわたって関東に在陣したのであった。扇谷上杉家と宗瑞との関係は、前者が上位に位置したから、扇谷上杉家からみれば、宗瑞は自身に服属するものの一人という認識であったとみなされる。定正急死後も、宗瑞が扇谷上杉方として一ヶ月以上におよんで行動したのも、それに基づいたものであろう。

伊豆に進出し韮山城を構築

伊豆への侵攻はその後も続けられていたと思われるものの、具体的な動きが確認されるのは、侵攻から二年後の明応四年（一四九五）二月のことになる。この時、宗瑞は二月五日付で、東伊豆伊東郷（静岡県伊東市）の有力領主であった伊東伊賀入道に宛てて、伊豆中央部の狩野《かのう》庄（同伊豆市）の有力領主の狩野道一《どういち》に対抗していることを忠節と評価し、本領の伊東郷のうち本郷村を所領として与えることを示した、判物《はんもつ》を出している（戦北一）。

そしてこの判物こそ、宗瑞が、宗瑞の署名で出した文書として、現在のところ確認される最初のものであるとともに、同時に伊豆に出した文書としても、最初に確認されるものとなる。このことはすなわち、この文書こそが、戦国大名北条家の発給文書として、初見に位置する極めて記念碑的なものということになる。ちなみに、宗瑞はこの文書を初見にして、この後において、四七点の発給文書を残している。

この文書によって、宗瑞はこの時点までに伊豆北部への進出を果たし、中部の狩野氏との抗争を展開するようになっていたことがわかる。ちょうどこの年、「御所」すなわち足利茶々丸が、「島」すなわち伊豆大島に没落している（「勝山記」）。それはその後に八月の記事があるので、それ以前のことであったとみなされ、そうするとここで伊東氏を服属させているのは、

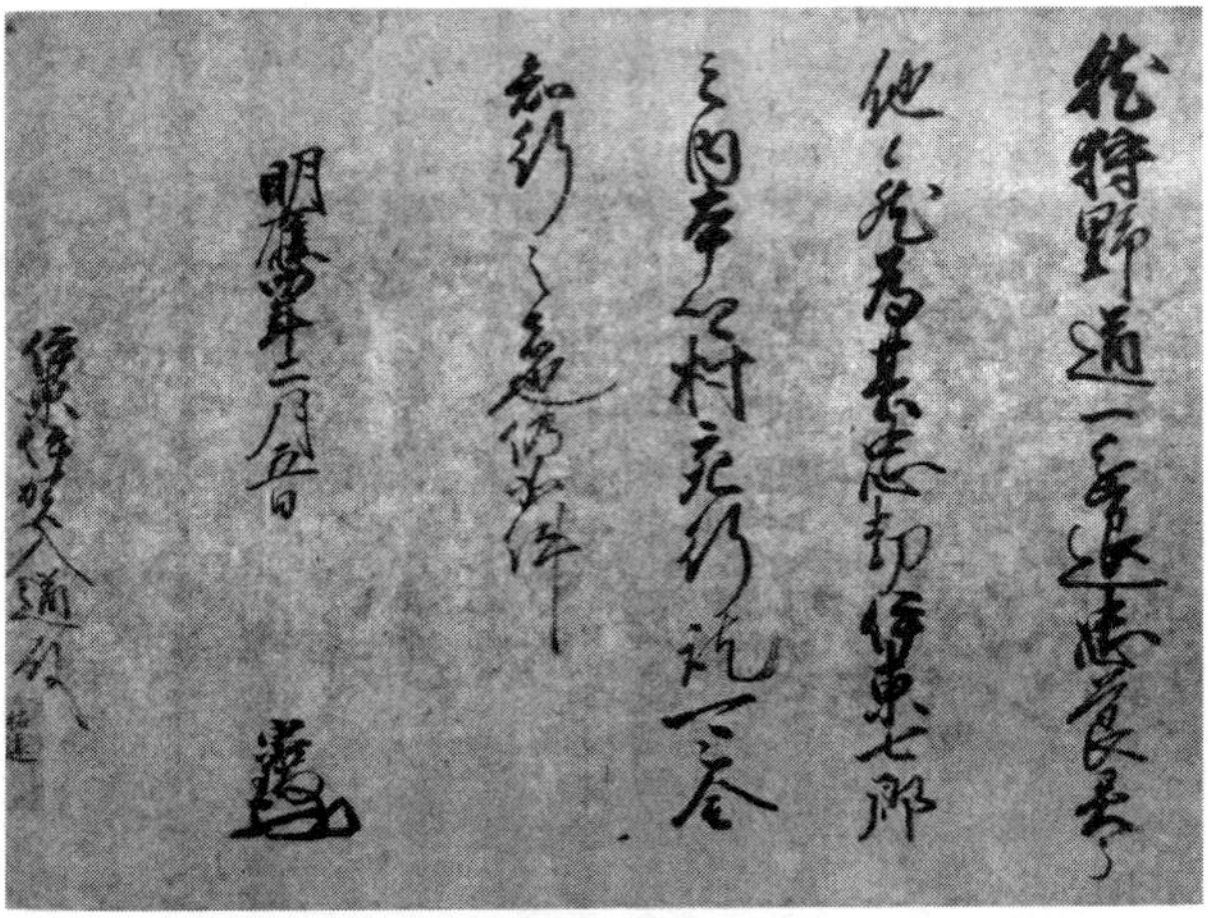

明応４年２月５日付　伊勢宗瑞判物（伊東家文書　東京大学史料編纂所所蔵）

茶々丸を伊豆大島に没落させたことにともなってのことと思われる。そうであれば宗瑞は、この年の二月には、茶々丸をついに北条御所から退去させた可能性が高いとみなされる。

そして宗瑞は、この事態をうけて、北条御所に近い、韮山城を取り立て、これを本拠としたと考えられる。これにより宗瑞は、以後においては、「韮山殿」とか「豆州」と称されるものとなっている。ちなみに宗瑞の韮山城取り立ての時期については、正確なことはいまだ判明していない。現在のところでは、茶々丸の北条御所からの没落がこの時のことと思われるので、それをうけてのこととみるのが妥当である。これにより宗瑞は、侵攻から二年近く経ってから、ようやく伊豆中央部への進出を果たし、北部の領国化を遂げたということになろう。

伊豆・駿河の城郭分布図

またここで抵抗勢力として存在していたのが、狩野氏であったことが知られる。この狩野氏は、伊豆中部の柿木郷《かきぎ》（同伊豆市）を本拠にしていた有力領主で、その惣領《そうりよう》家は、代々「狩野介」を称したとみられている。先にみえていた狩野道一は、その狩野介の系統にあたる存在と推測されている。そしてこの道一は、足利茶々丸の有力家臣として存在していたとみなされている。狩野氏はそれこそ平安時代末期以来の同地域の有力領主であったから、おそらくは堀越公方として足利政知が伊豆に入部してきて、事実上の伊豆国主となるにともなって、狩野氏はそれに家臣化したものであったろう。

ともあれ宗瑞は、ここにきてようやくに、足利茶々丸を伊豆から没落させることに成功するとともに、伊豆中央部の制圧を遂げたのであった。そのうえで韮山城を取り立て、同城を本拠とすることで、堀越公方足利家に代わって、伊豆一国の制圧を図ったものとみなされる。おそらくはこれにともなって、それまで駿河において本拠となっていた石脇城は引き払い、同城は今川家に返還したものと思われる。またそれまで今川家から駿河で与えられていた所領についても、返還したものと思われる。というのは、この後において、宗瑞が駿河において所領を有した形跡がみられないからである。

本拠移転の影響

また本拠の移転にともなって、石脇城に在所していたであろう、妻小笠原氏や嫡子氏綱、さらには家臣たちも、こぞって韮山城に移住してきたものとみなされる。このことは宗瑞の立場の変化をみるうえで、実は極めて大きな問題となる。すなわち宗瑞は、依然として今川竜王丸の「後見役」の立場にありながらも、以後は領主としての存立という側面においては、今川家に依拠するのではなく、伊豆において獲得した自らの領国をもとに存立を果たしていくという、自立的な存在へと転換していくことを意味するのであった。

この後において宗瑞は、室町幕府や周囲の政治勢力から、今川家の配下的な存在とみられる一方で、独立した政治権力としての扱いもうけていくのであるが、それは政治権力としての存立が、自立的であったことに基づくものであったことによるとみられる。このことはいわば、宗瑞は自立した領域権力として、すなわち国衆として存立していくようになった、ということになる。

そしてこのような宗瑞の政治的立場の転換にともなって、この明応四年の九月までの間に、今川竜王丸は、ついに元服して今川氏親となり、本拠も丸子から、国府の旧在地であるとともに、室町時代には守護所が置かれていた、駿府の地に移したと考えられる（拙著『今川氏親と伊勢宗瑞』）。氏親はこの時、すでに二十三歳になっていて、当時の習慣からみると極めて遅い元服となる。その理由は判然としないものの、この元服は、宗瑞の韮山城移住が背景にあった可能性が極めて高いと考えられる。宗瑞が駿河を離れて伊豆に移ったために、氏親は元服し、名実ともに駿河国主の立場を確立して、自ら今川軍の総大将を果たす必要に迫られたとみられる。実際に氏親は、翌年からは自ら今川軍を率いて、遠江への侵攻をすすめていくのであった。

二月以降における伊豆での動向は明らかではないが、宗瑞は八月に、伊豆から駿河御厨を通り、籠坂峠《かごさか》を越えて甲斐郡内に侵攻している。しかし成果をあげられなかったのか、籠坂峠を越えただけで、すぐに和睦して帰陣している（小Ⅰ三〇三）。ここでの行動について、これを記録する「勝山記」には、「伊豆より」と記されているので、韮山城を取り立てて以降は、同城を本拠にしたことが、ここからも明らかになる。ちなみに進軍経路にあたった御厨地域は、扇谷上杉家に従属する国衆の大森式部少輔の領国であったから、ここで宗瑞が同地域を通行しているのは、大森家から承認を得られていたことになる。それはまた、扇谷上杉家から大森家に対して要請もあったと推測され、両勢力の連携があって実現することができたものとみなされるであろう。

もっとも、この時の甲斐への侵攻の理由は明らかではない。和睦の相手についても明記されていないので、その抗争相手も特定できない。郡内であることからすると、同地域の国衆の小山田家の可能性が高いといえるが、宗瑞は武田信昌らと連携する関係にあり、小山田家はそれらと連携関係にあったから、両者の抗争はやや考えがたい。むしろ伊豆大島に茶々丸が没落した後のことであることからすると、茶々丸に対するものであった可能性が高いように思われる。

茶々丸はこの後においては、山内上杉家と武田信縄の支援をうけて、武蔵から甲斐郡内に進出してくるのであるが、あるいはすでにそのような情勢がみられていたのかもしれない。そのため茶々丸を支援する立場にあった武田信縄を攻撃しようとしたか、そうした状況をうけて小山田家の態度に変化が生じていてそれに対抗しようとしたのか、いろいろと想定はできるが、確かなことは明らかではない。とはいえこれによって宗瑞は、足利茶々丸との抗争にともなって、甲斐武田家との間にも明確に抗争を展開することになったといえるであろう。

山内上杉軍の相模西郡への侵攻

明応三年（一四九四）における山内・扇谷両上杉家の抗争は、扇谷上杉家が相模における勢力を確保し、さらには山内上杉家の本拠まで進軍するというように、扇谷上杉家の優勢で展開された。しかしそこで当主定正が急死したことにより、その進攻は停止されることとなった。

扇谷上杉家では、養嗣子であった朝良《ともよし》（定正の弟朝昌《ともまさ》の次男）が家督を継承した。朝良の生年は明確ではないが、およそ文明七年（一四七五）頃と推測され、この時はまだ元服して日が浅い、二十歳くらいにすぎなかったとみなされる。対する山内上杉顕定は、享徳三年（一四五四）生まれの四十一歳であった。定正亡き後、関東政界の有力者としては最年長クラスになっていた。

上杉顕定は明応四年の冬に、扇谷上杉家への反撃として、相模への進攻を図るようになっていたらしい。その状況については、翌同五年の二月二十三日付で、顕定の家臣になっていた太田美濃《みの》守顕資から古河公方足利政氏の側近の印東《いんとう》氏（式部少輔か）に宛てた書状からうかがうことができる。それによれば、明応四年の冬に、足利政氏が相模に進軍することが予定されていたものの、同五年二月になっても実現されない状態にあった。山内上杉方の先陣としてすでに相模に進軍していたとみられる太田顕資は、政氏の出陣を要請するとともに、二月二十二日には、扇谷上杉方の相模中郡における軍事拠点であった七沢《ななさわ》要害（神奈川県厚木市）攻略のための陣城を構築するために、「岩常山」の占拠を果たしている（拙稿「岩付衆『松野文書』の検討」）。

ちなみにここに出てくる太田顕資というのは、太田道灌の弟六郎（資常か）の子で、江戸時代の系図史料などでは、美濃守資家と伝えられる人物にあたると推定される。太田道灌が上杉定正に誅殺された後、嫡子資康（源六）は、扇谷上杉方から離叛して山内上杉顕定を頼るが、それらの動きが長享の乱の勃発をもたらす一因ともなっていた。扇谷上杉家は、道灌誅殺後に、その家督として、さらには扇谷上杉家の家宰として、太田六郎右衛門尉という人物を取り立てたが、その系譜は確定はできないものの、六郎（資常）の長男にあたる可能性が高いとみている。

そうすると顕資はその弟ということになるが、ここで山内上杉方であること、実名の「顕」は上杉顕定からの偏諱《へんき》とみられるので、この顕資は、道灌誅殺後に、資康と同じく山内上杉方に転じて、実名に偏諱を得て改名したものと推測される。そうであれば兄弟は異なる立場を選択したということになろう。なお顕資にはすでに道灌が死去する二年前の文明十六年（一四八四）に嫡子資頼が生まれているので、顕資はその頃に二十歳くらいとすると、この時には三十歳前後になっていたとみられる。

その後の状況については明確ではないが、やがて山内上杉軍は七沢要害を攻略したとみられ、明応五年の七月初めには相模西郡にまで進軍した。そこで山内・扇谷両上杉軍の抗争が展開されるが、その様子については、同年の七月二十四日付で上杉顕定が、越後《えちご》国守護上杉房能《ふさよし》（顕定の弟）の家宰で同国守護代の長尾能景《よしかげ》に宛てた書状からうかがうことができる（小Ⅰ三〇八）。さらに同時に、上杉顕定を頼っていた足利茶々丸も、武蔵から甲斐郡内を経て、扇谷上杉方の大森式部少輔の領国であった駿河御厨に侵攻したとみなされる（「勝山記」）。このことからすると、この山内上杉家による相模への侵攻は、古河公方足利政氏を擁立するだけでなく、堀越公方足利茶々丸とも連携しての、極めて大規模なものであったと認識される。また偶然にも、かつて享徳の乱において鎌倉公方の地位をめぐって対抗関係にあった古河公方足利家と堀越公方足利家とが、ここでは共闘する関係となっていることは興味深いともいえる。

弟弥次郎を相模西郡に派遣

山内上杉軍は西郡に進軍すると、その先陣を務めていたとみなされる重臣長尾右衛門尉（長尾景春《かげはる》の子景英《かげひで》か）は、陣城を構築した。おそらくは西郡における軍事拠点で、扇谷上杉家に従属する国衆の大森式部少輔の本拠である、小田原城攻略のためとみなされる。そこに七月四日、扇谷上杉朝良方の長尾伊玄《いげん》（景春）・伊勢弥次郎（盛興）が攻め寄せ、それに対して長尾右衛門尉が城内から打って出たことによって合戦となった。

ここで何よりも注目されるのは、宗瑞の弟である弥次郎の動向が確認されることであろう。弥次郎が宗瑞のもとにあったことが確認されるのは、これが最初のものとなるが、先に述べたように、おそらくは明応二年頃に、宗瑞が幕府直臣《じきしん》の立場を捨てて、駿河今川家の一員になることを決したのにともなって、京都から下向して、宗瑞のもとに来ていたものと思われる。

ここで扇谷上杉方の軍勢として、その名があげられているのは、この時に、宗瑞から援軍として派遣されたからととらえられる。この時の山内上杉方の相模への侵攻に際して、扇谷上杉朝良は、盟約関係にあった宗瑞に援軍を要請したとみなされ、宗瑞はそれをうけて、弟弥次郎を大将にした軍勢を派遣したのであろう。宗瑞自身がどのような動向にあったのかは、残念ながら明らかにならないが、弥次郎の派遣はあくまでも先陣であったとみなされるから、本拠韮山城にあって、さらなる軍事行動に向けて準備していたか、あるいは伊豆における茶々丸方との抗争を展開していたのではないか、と思われる。

ここに宗瑞は、二年前の明応三年に続いて、二度目の扇谷上杉家への援軍をはたらいたのであった。しかも山内上杉軍の進軍は相模西郡に、さらには足利茶々丸の軍勢は駿河御厨というように、宗瑞と今川氏親の領国に隣接する地域が対象になっていたことからすると、宗瑞としてもそれへの対応は避けられないものであったと思われる。ちなみにこの直後から、今川氏親の初陣ともなる遠江侵攻が行われるが、宗瑞はそれに参加していない。本来であれば、後見役であり、かつそれまでの今川軍の軍事行動において総大将を務めてきた経緯からすれば、当然ながら参加することになっていたであろうが、おそらくはこの山内上杉軍の進軍により不可能となり、そのため氏親自ら、初陣にして総大将として出陣することになったと想定される。氏親の軍事行動は、そうした事情によって開始されたのであった。

またここで伊勢弥次郎とともに扇谷上杉方として出てくる長尾伊玄は、かつて山内上杉家の宿老の一人で、享徳の乱最中の文明九年（一四七七）に、山内上杉家の家政をめぐる権力闘争の結果として叛乱《はんらん》をおこした人物である。その叛乱は、長尾景春の乱と称され、当時の上杉方を二分する大反乱であった。しかも景春は、上杉方と抗争関係にあった古河公方足利成氏を頼ったため、それは享徳の乱の展開とも連動するものとなった。そのため上杉方は翌年に足利成氏と和睦するのであるが、それが堀越公方足利政知が上杉方勢力に見切りをつける理由でもあったことについては、先にも触れている。

景春は同十二年に、拠点としていた武蔵北部から没落するが、その後も上野で抵抗を続けたものの、同十四年の「都鄙和睦」によって抵抗を諦め、古河公方足利家を頼ることとなった。その頃に出家して法名伊玄を称したとみなされる。そして長享元年（一四八七）からの長享の乱では、当初、古河公方足利家は扇谷上杉家に味方し、その際に伊玄が援軍として派遣され、扇谷上杉軍における先陣を務めている。ところが明応三年七月の抗争再開にあたって、足利政氏が山内上杉家に味方すると、伊玄は古河公方足利家を離れて、扇谷上杉家を頼ったのであった。伊玄はあくまでも山内上杉家との抗争に拘《こだわ》っていたといえる。伊玄の生年は嘉吉《かきつ》三年（一四四三）と伝えられていて、確実とはいえないが、それによればこの時には五十四歳ということになる。あるいはもう少し若かったとしても、五十歳近い存在であったことは確実のように思われる。

ところが伊玄の嫡子にあたる景英は、何時《いつ》の時点からかは明らかでないものの、父伊玄とは異なって、山内上杉家に復帰する途《みち》を選んだのであった。景英は文明十一年生まれと伝えられているので、それによればこの時は十八歳であったことになる。ただし官途名（朝廷の官職による通称）右衛門尉を称していることからすると、実際の年齢はもう少し上だった可能性もある。いずれにしろ景英は、父とは異なって、山内上杉家における重臣として存続することを選択したのであった。山内上杉家重臣としての活動は、この時が確認される最初のものであり、しかも侵攻軍の先陣を務めていることからすると、まだ帰参して間もない時期であったことがうかがわれる。そうであればおそらくは、抗争再開にともなって、山内上杉家に帰参したのかもしれない。

伊勢弥次郎の敗北

その長尾右衛門尉が在陣していた陣城に対して、七月四日に、長尾伊玄と伊勢弥次郎が攻撃をかけた。長尾伊玄と右衛門尉は親子であったから、ここでは敵味方に分かれただけでなく、最前線で衝突したということになる。長尾右衛門尉は城から打って出て合戦となり、山内上杉方が勝利した。そこでは伊勢弥次郎の軍勢が大敗を喫したものらしく、上杉顕定もその書状に、「伊勢弥次郎を始めとして宗の者数多《あまた》討ち捕り」と記しており、またこれを伝える「勝山記」にも、「伊勢入道（宗瑞）の弟弥二郎、七月、郎党はなはだしく共に打ち死に」と記されている。

これらのことから、この時の合戦は、大将の伊勢弥次郎が戦死したと伝えられるほどの大敗北であったとみられる。ちなみに以前においては、これらの記載をもとに、弥次郎はこの時に戦死したとみられていたが、その後に、翌年の生存が確認されたことによって、この時には戦死していなかったことが明らかになっている。そうした戦果は、誇張されたものであったとみなされる。

そしてこの敗北をうけて、小田原城主の大森式部少輔をはじめ、扇谷上杉家から援軍として派遣されてきていた上杉朝昌、三浦道寸、太田六郎右衛門尉、上田氏一族、そして伊勢弥次郎が在城していた小田原城は「自落」して、「西郡一変」という状況が生じたのである。「自落」というのは、自ら城を開城して降伏することであるから、ここに大森式部少輔は、小田原城を開城して、山内上杉方に服属したとみなされる。それにともなって援軍として派遣されてきていた上杉朝昌らは、同城から退陣したものとみなされる。そしてこれをうけて、西郡の政治情勢は「一変」したといい、具体的には大森家が山内上杉方に属したことによって、その領国であった西郡が、山内上杉方に属したことを意味するとみなされる。

なおここで扇谷上杉朝良から大森家に援軍として派遣されたものとしてみえている上杉朝昌は、一門衆であるとともに朝良には実父にあたり、三浦道寸は、扇谷上杉家の血縁者で朝良には従兄《いとこ》にあたるとともに、相模三浦郡を領国とする国衆、太田六郎右衛門尉は、道灌の後継者で、道灌弟六郎（資常か）の長男と推測され、道灌後の扇谷上杉家の家宰の地位にあり、上田氏一族というのは、太田家に次ぐ宿老の上田正忠の一族たちであった。彼らは扇谷上杉家の一門・親類・家宰、宿老一族というように、まさに同家を代表する人々となるので、この援軍は、同家の主力に匹敵するものであったとみなしてよい。上杉朝良は、それだけ小田原城の維持を重視していたことがうかがわれる。しかし結果は、長尾伊玄・伊勢弥次郎の敗北により、大森家自体が山内上杉方に属してしまうという、最悪の結果となってしまった。

両軍の抗争はそれで終わったわけではなく、山内上杉軍はその後は東郡に向けて進軍して、七沢要害に代わる、中郡における扇谷上杉方の拠点として取り立てられていた実田《さなだ》城（神奈川県平塚市）を攻撃している。この実田城に在城していたのが、扇谷上杉家臣のなかで家宰の太田六郎右衛門尉に次ぎ、相模国守護代の地位にあった上田正忠であった。この実田城が攻撃されそうになって、当主の上杉朝良が救援のため出陣してくるとともに、また先に敗北した長尾伊玄の軍勢も再び参陣してきたことが知られている。もっとも相模の戦況がわかるのはここまでであり、その後の展開については明らかではない。実田城はその後も扇谷上杉方として存続していることからすると、上杉朝良の出陣により、山内上杉方は最終的には後退したものと思われる。

このように山内上杉軍による相模侵攻の結果、扇谷上杉家においては、中郡の軍事拠点であった七沢要害を攻略され、西郡を領国とする大森家そのものが山内上杉方に属してしまうことで、西郡が領国から離脱してしまうという、大きな損害をうけるものとなった。宗瑞も援軍として弟弥次郎を派遣したものの、それとの合戦で大敗北を喫してしまい、家臣の多くを失うという、これまた大損害を被るものとなってしまった。

そして山内上杉方の攻勢は相模に対してだけではなかった。同時に足利茶々丸が、武蔵から甲斐郡内を経由して、駿河御厨に進出してきたのである（「勝山記」）。御厨は大森家の領国であったが、おそらくこの時に、茶々丸が経略したものと推測される。大森家が山内上杉方に転じたのも、それが理由であったかもしれない。こうして御厨地域は、茶々丸の勢力下に置かれたとみなされる。これにより宗瑞は、駿河御厨と相模西郡が敵方となったことで、伊豆北部の領国は、その南部の茶々丸方勢力との間に挟まれる恰好《かっこう》に陥ってしまうのであった。

伊豆での茶々丸方との抗争

宗瑞による二度目となる扇谷上杉家への援軍派遣は、大きな損失を出すものとなった。その

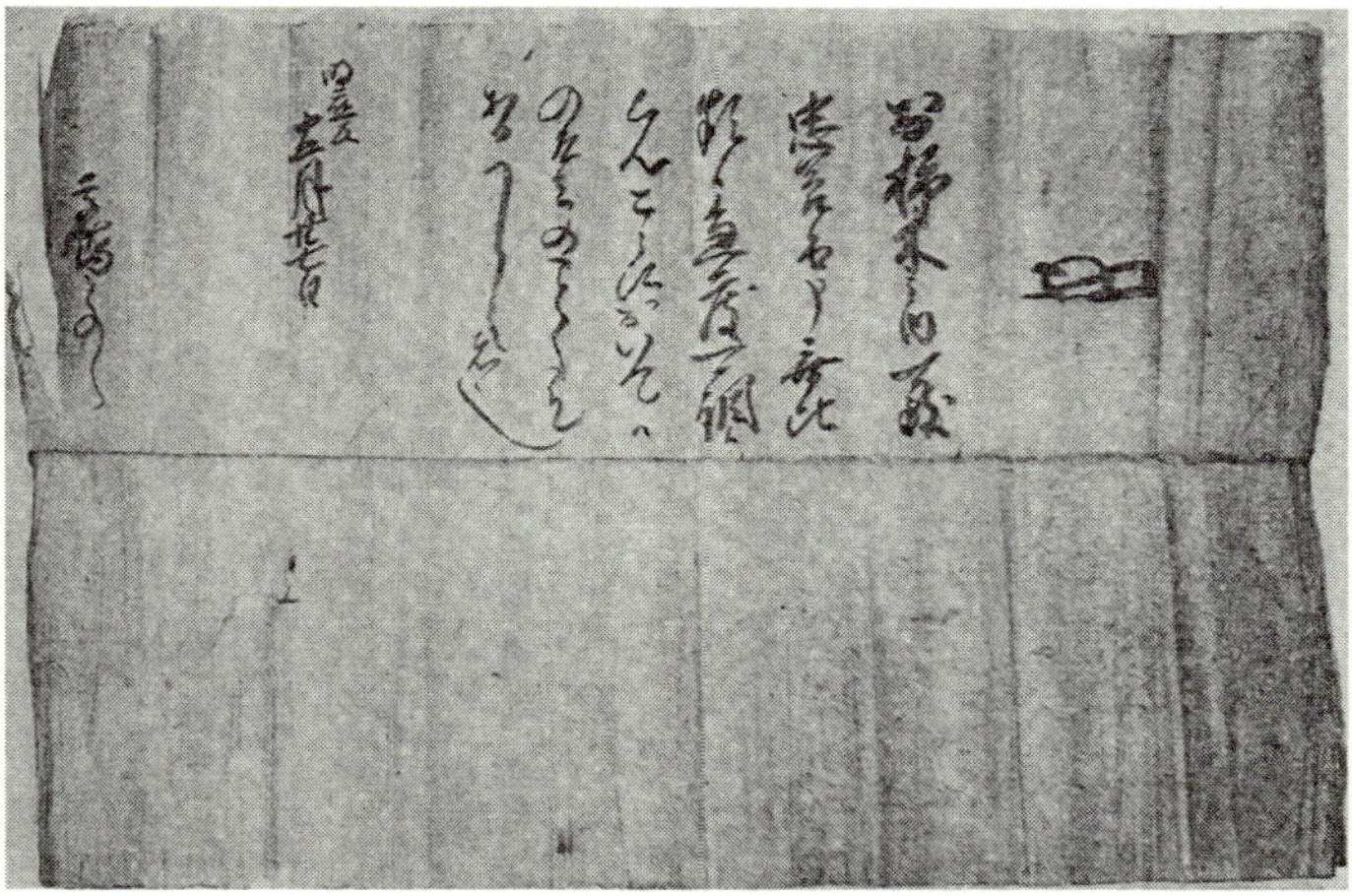

明応5年12月27日付 伊勢宗瑞判物（高橋家文書 高橋清英氏所蔵）

後も伊豆においては、足利茶々丸方勢力との抗争が続いていたとみられるものの、その状況はあまり明確ではない。ただ明応五年（一四九六）も年末の十二月二十七日付で、西海岸の雲見郷（静岡県松崎町）を本領とする高橋氏に対して、柿木郷において戦功をあげたと報告してきたことをうけて、それへの恩賞を希望の通りに与えることを約束する、感状を出している（戦北二）。

この文書は、宗瑞の発給文書としては、知られる限りで二通目のものとなる。この文書では、袖に宗瑞の花押《かおう》が据えられた、いわゆる袖判の形式になっていて、宛名は「高橋とのへ」というように、名字を記すのみとなっている。このような書式は、相手との身分差がかなりある場合にとられるものであったから、この時点での高橋氏は、基本的には百姓身分に位置する土豪であったと思われ、いまだ宗瑞の家臣になっていなかった存在とみなされる。おそらくはこの時の恩賞によって、年貢負担地を所領として認められて、宗瑞の家臣に取り立てられたのであろう。そうであるとすれば、高橋氏はそれまでは宗瑞の家臣ではなく、ある種、自主的に宗瑞の軍事行動に参加していた存在とみられ、またそうした状況が生じたのは、それよりあまり遡らない時期のことであったように思われる。

ところで北条家関係の軍記物には、宗瑞が伊豆に侵攻し、足利茶々丸を討滅して、韮山城を本拠にした際に、宗瑞に従ってきた伊豆の武士があげられている。ただしそれらの軍記物は、宗瑞は伊豆に侵攻するとすぐに足利茶々丸を滅ぼして、韮山城を取り立てたとしているのであるが、すでに述べているようにそれは正確ではない。したがってそれらの武士の家臣化が、どの時点でのものであったのか、ただちには判断できない状況にある。ともあれ、「北条記」には、「三津《みと》の松下、江梨の鈴木、大見の梅原・佐藤・上村、土肥《とい》の富永、田子の山本、雲見の高橋、めら（妻良）の村田」があげられている。しかしそれよりも史料価値が高いとみなされる「異本小田原記」では、「松下は三津の住人、江梨よりは鈴木、井田、富永、田子の山本」があげられているにすぎない。

ちなみに「北条五代記」にはそれらの人名について、より詳しい記述となっている。例えば大見郷（静岡県伊豆市）の佐藤氏を四郎兵衛、梅原氏を木工右衛門という具合である。しかしながら当時の史料から確認されるのは、佐藤藤左衛門尉・同七郎左衛門尉、梅原六郎右衛門尉というように（戦北四五九七）、全く異なっている。したがって「北条五代記」にみえるそれらの人名は、後世の状況などを記したもので、当時のものではないことがわかり、そのままに利用することはできないものとなる。

そしてそれらのうち、家臣化の時期を推定できるのが、江梨郷（静岡県沼津市）の鈴木氏であり、宗瑞がいまだ石脇城に在城していた時期のことであった（戦北四一四五）。これはすなわち、宗瑞が伊豆に侵攻してから、韮山城を取り立てるまでの間のこととみられ、江梨郷は駿河の対岸に位置することからすると、おそらくは伊豆に侵攻した直後のことではなかったかと思われる。またその東側に所在したのが、西浦七か村で、その中心が三津村（同沼津市）となるから、松下氏の家臣化も、同時期のことであった可能性が想定される。

江梨郷から西海岸を南に下っていくと、井田郷（同沼津市）があり、その有力住人に高田氏があった。単に「井田」とあるが、高田氏のことであろう。その南に、土肥庄（同伊豆市）があり、その領主は富永氏であったが、これは土豪ではなく、堀越公方足利家の奉公衆であった。さらにその南に田子郷（同西伊豆町）、雲見郷、妻良郷（同南伊豆町）と続き、それぞれにおける有力土豪が山本氏、高橋氏、村田氏となる。このうち「異本小田原記」にみえていたのは、田子郷の山本氏までとなる。また「北条記」には、伊豆中部の大見郷の梅原・佐藤・上村氏がみえているが、同地は狩野庄と伊東郷の中間に位置するものとなる。狩野庄は、先に触れたように、足利茶々丸方の中心勢力とみなされる狩野氏の本拠であったから、それと伊東郷との間に位置した大見郷の佐藤氏らの家臣化は、足利茶々丸の没落後のこととみなされる。

このようにみてくると、宗瑞の伊豆侵攻後に、比較的早い段階で家臣化してきたのは、三津の松下氏、江梨の鈴木氏、井田の高田氏、土肥の富永氏、田子の山本氏までとみられ、その他の大見郷の梅原・佐藤・上村氏、雲見の高橋氏、妻良の村田氏の家臣化は、早くても足利茶々丸の没落後のこととみることができるように思う。そして高橋氏については、先にみたように、明応五年十二月からそれほど遡らない時期のことと推測され、それより南に位置した妻良の村田氏についても、同様にみることができるであろう。

そうであれば宗瑞は、明応五年の末までには、西海岸一帯の制圧に成功していたことがうかがわれる。そして高橋氏は、狩野道一の本拠であった柿木郷で戦功をあげたといい、それを宗瑞に報告しているということからすると、宗瑞方は狩野氏攻撃をすすめていたことがわかるとともに、宗瑞は直接にはそれを指揮してはいなかったことがうかがわれる。そうであれば宗瑞は、山内上杉軍が相模に侵攻してきた際に、弟弥次郎を相模に派遣する一方で、狩野道一への攻撃を展開していたように思われる。そしてそこに宗瑞は在陣していなかったらしいことからすると、情勢変化への対応のために、本拠の韮山城などにあって、それに備えていたのかもしれない。

狩野道一からの反撃

ところが明応六年（一四九七）になると、情勢は一変したといってよく、宗瑞は伊豆での抗争において、一転して守勢にまわるようになるのであった。

まずは四月二十五日付で、大見郷の佐藤藤左衛門尉・梅原六郎右衛門尉・佐藤七郎左衛門尉に宛てて、柏窪《かしわくぼ》（静岡県伊豆市）での戦功を賞し、それへの功賞として、大見郷に賦課する陣《じん》夫役《ぶやく》・細工役を免除することを認め、伊豆奥・中地域を経略したら、新たに扶持《ふち》を与える判物を出している（戦北四五九七）。ここでは大見郷の土豪であった両佐藤・梅原の戦功に対し、同郷に賦課していた諸役の免除を認めているものとなる。

この文書では、日付下に宗瑞の花押が据えられたものとなっていて、宛名には「殿」付けされていることからすると、佐藤氏らは、先の高橋氏とは異なって、すでに家臣化していた存在ととらえられる。おそらくはその時点で、それぞれの年貢負担地を所領として認められていたものと思われる。それに関わる史料とみなされるものとして、正月二十七日付で同じ三人に宛てられた判物があり、「今度忠節」に対しての功賞として、大見郷の年貢半分を彼らの給分として充行《あてが》っている（戦北四六〇九）。同文書の年代は明確ではないが、このことからすると、おそらくは明応六年の可能性が高いように思われる。

そしてこの時の柏窪での戦功によって、さらに居住村に賦課されていた租税の一部を免除するものとなっている。土豪は戦功をあげると、そのように居住村への免税を求めていたことがわかるとともに、このことから彼ら土豪が、居住村の存立に腐心する存在であったことがうかがえよう。

この柏窪における戦功というのは、同地が狩野氏の勢力下にあったとみられる修禅寺《しゅぜんじ》（同伊豆市）の近所にあたっていて、その狩野氏との間における合戦でのものであった。これについては後の永正十六年（一五一九）に宗瑞から両佐藤・梅原に出された判物と書状において、

「柏窪合戦」と表現されている（戦北四六〇七・四六一一）。

そこにおいて大見郷の両佐藤・梅原は、「本屋」を構築して、「敵之後詰」を行い、「狩野之一党」を撃退したとあるので、宗瑞方は柏窪に、おそらくは狩野氏攻めのために在陣していたところ、逆に狩野氏から攻撃をうけるようになってしまい、そこに大見郷の両佐藤・梅原が、救援のために軍事拠点を構築して、狩野勢を攻撃し、これを撃退したものであったととらえられる。柏窪への在陣は、もしかしたら前年からの狩野氏攻めから続いていたのかもしれない。しかしながらこの時に、同陣は狩野氏から攻撃されるという、反撃をうけるようになっていたとみなされる。おそらくそれは、前年における大森家の山内上杉方への服属が契機になっていたに違いない。

そうした状況に対して、両佐藤・梅原は救援をはたらき、狩野勢の撃退を遂げたのであった。この功賞として、先にみたような大見郷への賦課役の免除が行われたとみることができるであろう。しかしこの戦功への功賞は、それにとどまらなかったことが知られる。大見郷については、四〇貫文余を宗瑞の直轄領として残した以外は、三人に所領として与えられたことが記されている。

なお先の正月二十七日付の判物では、年貢半分を充行うとあったことからすると、残り半分のうち四〇貫文を除いた分についてだが、三人に所領として充行われたものであったことがうかがわれる。ちなみに後の「役帳」では、三人の大見郷での所領は一〇〇貫文とされているので、同郷の惣貫高《そうかんだか》は一四〇貫文ほどであったことが推測される。そうであれば、当初半分を与えられたというから、それは七〇貫文のことで、この戦功によってさらに三〇貫文が与えられたということになろうか。

続けて同年七月二日付で、同じく大見郷の両佐藤・梅原に宛てた判物では（戦北四五九八）、「敵」が伊東郷を攻撃してきたことを、すぐに連絡してきたことについて賞したうえで、何か変化があればすぐの連絡を求めるとともに、仮に敵勢が進軍してきたとしても、迎撃の一戦は容易であることを伝えている。ここにおける「敵」は明確ではないが、狩野氏の可能性が高いであろう。そしてそれらの敵勢は、宗瑞のもとにも迫る情勢にあったことがうかがわれるので、宗瑞は韮山城にあってそれに備えていたものと思われる。ここでも狩野方の反撃の展開をみることができる。

さらに同年十二月五日付で、大見郷の両佐藤・梅原の大見三人衆に宛てた判物では（戦北四五九九）、長年にわたる大見郷での籠城《ろうじょう》について賞したうえで、同郷を堅固に維持することを求めており、詳細については弥次郎と大道寺から伝達することを伝えている。これによれば両佐藤氏・梅原氏は、「大見三人衆」と称されるようになっていたことが知られるとともに、彼らは数年にわたって在所に在城して、狩野道一からの攻撃に備えて、同城の維持にあたっていたことがわかる。「長年」とあるので、少なくとも前年から継続されていたことは間違いないであろう。ここで宗瑞は、彼らの籠城そのものを賞していることからすると、同城の維持が極めて重要な事態になっていて、それだけ狩野氏の反撃が強まっていたこと、宗瑞はそれに対して有効な対応をとれない状況にあったことがうかがわれ、かなり劣勢に立たされていたとみなされる。

またそこでは、彼らに軍事的な指示を与えるものとして、弟の弥次郎と、京都時代以来の家臣である大道寺がみえている。この大道寺は、具体的には大道寺発専のこととみなされる。ここで宗瑞の一門衆となる弥次郎とならんでみえていることからすると、大道寺発専は、譜代家臣のなかでも代表的な存在となっていて、すなわち家老の地位にあったことがうかがわれる。ここで大見三人衆に軍事的な指示を与えるものとしてみえていることからすると、両者は韮山城とは別の地に在所して、狩野道一との抗争を中心的にすすめていたものとみなされる。あるいは柏窪に在陣していたのは彼らであった可能性も考えられる。

ちなみに弥次郎盛興の動向が当時の史料で確認できるのは、これが最後になる。弥次郎はこの伊豆侵攻のなかで負傷し、武将として活動できる状態ではなくなってしまったらしい。そのため「常在寺」（静岡県松崎町）に入って出家して、「天岩庵宗祐」を称したという。そしてその後の大永二年（一五二二）七月十八日に、五十九歳で死去したことが伝えられている（拙稿「伊勢宗瑞論」拙編『伊勢宗瑞』所収）。

宗瑞にとって弥次郎は、唯一の弟であった。前年には相模に派遣された援軍の大将を務め、この年には伊豆侵攻において一軍の大将を務めているように、まさに宗瑞の片腕として、一方の軍勢の大将を務めることができた存在であった。それが負傷により、失われることになったのである。宗瑞にとっては、軍事行動の展開において大きな痛手であったことはいうまでもない。

この後、宗瑞に代わって一軍の大将を務めることができるものがみられるようになるのは、これから十五年以上も後の永正九年（一五一二）、嫡子氏綱の成長まで待たねばならないのであった。

第三章　伊豆国主になる

足利茶々丸の討滅

宗瑞の伊豆侵攻は、明応二年（一四九三）からすすめられていたが、同六年には、逆に足利茶々丸方から反撃をうけるという具合に、その道のりは決して順調というものではなかった。しかしそれも、明応七年になってようやくに決着がつけられることになる。ただし残念ながら、具体的な経緯は明らかではなく、わずかにこの年八月のこととして、「伊豆の御所（足利茶々丸）腹切り玉へり、伊勢早雲（宗瑞）御敵にて」と記されているにすぎない（「王代記」）。しかしともかくもこれによって、宗瑞はこの明応七年八月に、足利茶々丸を攻撃し、切腹させたことが知られる。

ここに宗瑞は、ついに足利茶々丸を自害に追い込んだことがわかる。そしてこの後においては、伊豆における合戦はみられなくなっているので、この茶々丸討滅をもって、堀越公方《くぼう》足利家を滅亡させ、伊豆一国の経略を遂げたとみなされる。ただし茶々丸をどこで自害させたのか、肝心な事実がいまだに不明である。茶々丸は二年前の明応五年に、駿河御厨に進出していたこと、その事実が、ここまでにおける茶々丸の動向としては最後のものになっていることからすると、素直に考えればその御厨で、ということになろう。その場合には宗瑞は、御厨に進軍して茶々丸を討滅したということになる。

ちなみに茶々丸自害の場所については、これまでにも、伊豆においてとか、あるいは甲斐においてとか、様々に推測されてきているが、ともに確証があるわけではない。伊豆におけるとするのは、江戸時代成立の軍記物などに、一様にそのように記されており、また茶々丸自害後もその家臣による抵抗がみられたことが記されていることによろう。甲斐におけるとするのは、それを記録する「王代記」が甲斐の年代記であるうえ、それまで茶々丸は甲斐武田信縄の支援を得ていたことからの推測である。この問題については、今後も引き続いて検討していく必要があるが、残されている史料から判断する限りでは、御厨とみるのが最も自然と思われる。

その御厨地域について、この頃の動向は明確ではないが、ここまで茶々丸方として存在していたとすれば、この足利茶々丸滅亡の前後に、氏親・宗瑞方に帰属したものとみなされる。その際に注目されるのは、その後は、同地域には垪和《はが》氏が国衆として存在したとみられることである。しかしその垪和氏は、美作《みまさか》出身の幕府奉公衆であり、この地域に存在した一族ではなかった。

それらの状況からすると、堀越公方足利政知の成立にともなって、幕府奉公衆垪和氏の一族が、その奉公衆として存在し、それが茶々丸の御厨経略後に、同地域の支配を担い、茶々丸滅亡後に自立して、同地域を独自に支配する国衆となって、今川氏親に従属した、という経緯が想定できるものとなる（拙稿「小田原北条家の相模経略」拙著『戦国北条五代』所収）。そうであったとするならば、宗瑞が御厨に侵攻した時に、垪和氏が茶々丸方から転じてきたことによって、茶々丸は滅亡するにいたり、垪和氏はその戦功によって御厨地域を領国として認められた、という想定も可能なように思われる。

とはいえ垪和氏が服属したのは、あくまでも氏親に対してであった。それは御厨地域が駿河国内に位置したため、駿河国主の地位にあった氏親の支配下に置かれるものとされたからとみなされる。ここに氏親は、駿河御厨の領国化を遂げるとともに、ようやく駿河一国の領国化を果たしたとみることができるであろう。

またこの茶々丸討滅に関わるとみなされているのが、八月二十五日に起きた明応七年地震である。これは静岡県南方沖を震源とするマグニチュード推定八・二～八・四という大規模な地震で、房総半島から紀伊半島にいたる太平洋岸一帯に大津波が襲来したものであった。駿河湾周辺でも大きな被害が伝えられていて、「勝山記」には、「大海辺りは皆々打ち浪に引かれて、伊豆浦へ悉《ことごと》く死失す、小川悉く損失す」とあって、かつて氏親が隠棲《いんせい》していたと伝えられる山西地域の小川は、町場のすべてが跡形もなく流されて、完全に破壊されたと伝えられている。さらにその三日後の二十八日には、「大雨大風無限」と、台風の襲来が伝えられている。

これまで私は、宗瑞の茶々丸討滅は、どちらかというとこの地震後の混乱によるものとみていたが、すでに家永遵嗣氏が注意しているように、地震により伊豆沿岸部は大津波に襲われたうえに、その直後に台風が襲来していて、そこでは軍事行動は行えなかったとみなされることから、それは地震前のこととみたほうが妥当と考えられる（家永遵嗣「北条早雲研究の最前線」

など）。また宗瑞は、茶々丸討滅にともなって、伊豆諸島支配も成立させるが、そこでは伊豆下田（静岡県下田市）の有力者で、同地に近い長津呂（同南伊豆町）を拠点にしていたとみなされる「長戸路（御簾《みす》）七郎左衛門尉真敷《さねしき》」を、八丈島代官に任命していて、それが同島に入部した時に、「新島ナカクラにて津波上り」と伝えられていることから（「八丈島年代記」『八丈実記』所収）、ここからも茶々丸討滅後に地震・津波があったとみなされるものとなる。

ちなみに伊豆諸島については、その直前の八月十三日まで、武蔵神奈川郷（神奈川県横浜市）の有力住人の奥山宗麟《そうりん》の被官とみられる奥山忠督《ただまさ》が代官を務めていた。神奈川郷は、享徳の乱の時期まで、山内上杉家の家宰《かさい》長尾忠景の所領であったことから、家永氏はこの時まで伊豆諸島支配も山内上杉家が行っていて、その後に宗瑞の支配に転換したとみている。そうであれば宗瑞による足利茶々丸討滅は、十三日から二十五日までの間であったとみられるものとなる。

ただこの時点で、神奈川郷が山内上杉家の所領のままであったのかは明確にはならない。その後、同郷は扇谷上杉家の支配下に入っており、その転換は長享の乱のなかでのこととみられるが、時期は明確にはならない。ちなみにこれより四年前の明応三年に、先述したように、それまで山内上杉方であった三浦郡の国衆・三浦道寸が、扇谷上杉方に転じており、また山内上杉方の相模東郡玉縄要害が扇谷上杉方に攻略されるなど、相模東部の山内上杉方勢力が相次いで扇谷上杉家の勢力下に置かれるようになっている。

この状況からすると、それに隣接する位置にあった神奈川郷も、その頃に扇谷上杉方の支配下に入った可能性も想定される。神奈川郷が山内上杉方から扇谷上杉方に転じたのが、この明応七年の前後いずれにあたるのかは、それをめぐる理解を大きく左右するものとなるが、確定するためにはさらなる検討が必要とみなされる。ちなみにこの伊豆諸島支配をめぐる問題は、その後に宗瑞が関東に進出していくことになる、大きな要因となるものであった。

もう一つ、宗瑞の足利茶々丸討滅に関連しているかもしれないという事柄を取り上げておきたい。この明応七年に、山内上杉方であった太田源六資康が自害しているという事実が知られている（「赤城神社年代記録」『北区史資料編古代中世2』所収）。状況は全く不明であるが、この太田資康は、先に少し触れたように、太田道灌の嫡子で、父道灌が扇谷上杉定正に誅殺《ちゅうさつ》されたことをうけて、扇谷上杉家から離叛《りはん》し、山内上杉家を頼ったことが、長享の乱の勃発をもたらした要因の一つともなっていた。その太田資康が何らかの事情により自害したということは、おそらくは扇谷上杉朝良との合戦があり、それに敗北したためではないかと思われる。そうであればこの年に、両上杉家の間でも合戦が行われていたことになる。その場合、宗瑞による足利茶々丸討滅のための行動も、それと連動して展開されたもので、そうであるからこそ成功したということも考えられるかもしれない。

なお時期は不明ではあるが、この年に武田信縄と信昌・信恵との抗争が終結をみて、和睦が成立している（「勝山記」）。この抗争は、甲斐における戦国争乱の開始をもたらすものであったとともに、堀越公方足利茶々丸や両上杉家、さらには氏親・宗瑞の動向とも密接に関わるものとなっていた。氏親と宗瑞は、何度となく甲斐に侵攻していたが、それもこの抗争への介入にともなうものであった。この和睦によって武田家では、当主信縄の主導権の確立をみることとなった。しかもこれが宗瑞の足利茶々丸討滅、あるいは明応七年地震と同年であることからすると、いずれかと連動してのものであった可能性が想定される。その場合、いずれと連動したのかで、その評価は大きく異なるものとなるが、現段階では判断できない。今後におけるさらなる検討の進展を期待しておく。

伊豆経略の達成

宗瑞が茶々丸の討滅を果たしたことについては、今みたように、当時の史料で確認できるのであるが、それにともなう茶々丸方勢力を討滅し、伊豆経略を遂げた過程については、必ずしも明確ではない。その状況について伝えるものは、当時の史料にはなく、江戸時代成立の軍記物にみられているにすぎない。

これまでにおいてよく利用されているのは、「北条記」「北条五代記」の記載となる。それらの軍記物は、宗瑞による茶々丸討滅を、伊豆に侵攻してすぐのこととしているが、実際には明応二年の伊豆侵攻開始から足かけ六年にもわたったのであった。これについて「北条記」では、御所に攻め入り、茶々丸家臣の「関戸播磨《はりま》守」を討ち取ると、茶々丸も自害したとしている。「北条五代記」は少し異なって、茶々丸を討滅した後、二十日近く経ってから、南伊豆の深根城（静岡県下田市）を本拠にした「関戸播磨守吉信」が、従うことなく敵対したのでそれを討滅し、これによって伊豆一国の経略を遂げたと記している。

このようにみると「北条五代記」の内容は、「北条記」の内容よりも、より脚色が加えられたもののように思われる。関戸播磨守の実名を吉信とすることや、それが深根城主であったとすることについては、「北条五代記」になってみられるものであることからすると、それらのことを歴史事実とうけとめるには、慎重になる必要があると考えられる。

それらに対して、北条家関係の軍記物としては最も史料価値が高いとみなされている「異本小田原記」にみえる内容は、それらとは大きく異るものとなっている。これについてはこれまでほとんど注目されてこなかっただけに、その内容は重要と考えられる。

そこではおよそ次のように記している。茶々丸は御所から願成就院に入って自害すると、伊豆の武士はすべて宗瑞に従った。茶々丸家臣の「戸山」（富山に同じか）が宗瑞の陣所に夜襲をしたが、家臣「笠原」が救出した。やがて「狩野介」を攻撃するが、狩野介の舅《しゅうと》にあたる伊東氏が、弟の法華宗《ほっけしゅう》の円覚を援軍の大将として派遣してきた。宗瑞には竜王丸（氏親）から「葛山備中守」を大将に援軍が派遣され、「岩本」らが駆け付けた。狩野介は敗北し、名越《なご え》の国清《こくしょう》寺《じ》（同伊豆の国市）で自害した結果、伊豆の武士が参向してきた、というものである。

この内容は、「北条記」「北条五代記」にみえるものとは大きく異なっている。ここには関戸播磨守はみえない。代わりに狩野介の討滅が、茶々丸方の滅亡を決定付けるものとしてあげられている。この狩野介こそは、これまで宗瑞に対抗していたものとしてみえていた、狩野道一にあたるとみなされる。先にみてきたように、狩野道一との抗争は、少なくとも前年十二月まで続いていたのであった。そうした経緯を踏まえるならば、この狩野氏の滅亡が、伊豆における茶々丸方勢力の滅亡を意味するという状況は、極めて妥当とみなされる。

「狩野介」、すなわち狩野道一の滅亡が、茶々丸自害の前後いずれの時期のことかは判断できないが、その滅亡が同時に、堀越公方足利家勢力の滅亡に一致したであろうことは、十分に想定できる。茶々丸の滅亡は、関戸播磨守の滅亡にともなうのではなく、この狩野氏の滅亡にともなうものであったとみなされる。そしてそれをうけるように、その翌年の明応八年三月二十八日付で、宗瑞は、柿木郷に近い修禅寺東陽院に、存立を保証する文書を出している（戦北三・四）。これが宗瑞による伊豆に対する領国支配の展開を示す最初の史料となっている。このことから、宗瑞の伊豆領国化は、まさに狩野氏の討滅、それによる堀越公方足利家の滅亡によって遂げられたものであると認識される。

こうして宗瑞は、明応二年の伊豆への侵攻から足かけ六年の歳月を要した末に、ついに堀越公方足利家を滅亡させることに成功したのであり、それにともなって伊豆一国の経略を遂げたのであった。そしてこの伊豆は、宗瑞の領国とされた。これは氏親の配慮によるものであろう。伊豆経略は、氏親からの援軍があったにしても、基本的には宗瑞のほぼ独力によって遂げられたことが評価されたのであろう。

ここに宗瑞は、今川氏親の叔父《おじ》としてその「後見役」にあった一方で、伊豆一国を領国とする戦国大名となった。そしてこの後において宗瑞は、周囲の政治勢力からも「豆州」と称されて、伊豆国主として扱われるのであった。しかもそれは、将軍足利義澄からもそのように扱われている（小I三二五）。このことは宗瑞の伊豆侵攻、さらにはその領国化そのものが、幕府から承認を得てのものであったことを示している。

そもそも伊豆侵攻自体が、新将軍となった足利義澄の母・弟の敵討ちの性格にあったことからすると、宗瑞のそれらの行為は幕府公認のものであり、さらに茶々丸を滅亡させたことは、それを果たしたことを意味しているとみなされるから、伊豆の領国化もそれへの功賞として認められたのではなかったか、と考えられる。もっともそのことを明示する史料は、現在のところはみられていない。今後において新たな関係史料が出現することを期待したい。

狩野氏（善修寺殿）とその子たち

ちなみに宗瑞は、狩野氏を滅ぼした後、その娘を別妻に迎えたらしく、その間に生まれたのが四男宗哲《そうてつ》と伝えられている（拙稿「伊勢宗瑞論」拙編『伊勢宗瑞』所収）。この後、狩野氏一族には、宗瑞の家臣になっているものがみられているので、一族を滅亡させたわけではなかったことがわかる。宗瑞は狩野氏一族の娘を妻に迎えることによって、残った狩野氏一族との融和を図ったものかもしれない。なお宗哲は、「北条五代記」によれば明応二年生まれとされているが、その後の動向から、むしろ永正年間（一五〇四～一一）初め頃の生まれではないかと推測したことがある（拙著『戦国大名北条氏の領国支配』）。狩野介の滅亡後に、その一族の娘を妻にし、その間に宗哲が生まれたとするならば、さらには宗哲よりも前に一女（長松院殿）が生まれていることからすると、右の推測はおおよそ妥当といえるであろう。

宗瑞とこの狩野氏娘との間には、長女長松院殿、四男宗哲、次女青松院殿が生まれている。いずれについても生年は明確ではないが、いまみたように、文亀年間（一五〇一～〇四）から永正年間初めにかけての生まれであったのではないかと推測される。狩野氏娘については、後に少し触れるように、大平郷《おおだいら》（伊豆市）を所領として、天正二年（一五七四）七月五日に死去し、法名を善修寺殿梅嶺宗意大姉といい、大平郷に菩提寺《ぼだいじ》として金竜院が建立され、同寺に葬られるものとなる。

長女の長松院殿はその後、今川家の家老筆頭の三浦氏員《うじかず》の妻になったが、永禄十二年（一五六九）の今川家滅亡後は、北条家に戻って、天正十三年（一五八五）六月十四日に死去し、法名を長松院殿月渓宗珊大姉といった。四男の宗哲は、年少時に箱根権現社に入寺して、出家後に同社別当職を継承して、有力な宗教権門を統括する役割を担うとともに、独自の軍団を構成して軍事・行政的にも大きな役割を果たして、兄氏綱、その子の三代氏康を支えていくものとなる。その後も北条家における長老として存在し続け、天正十三年を最後に史料にみられなくなり、正確な忌日は明確ではないが同十七年十一月一日に死去したと伝えられ（「北条五代記」）、法名を金竜院殿明岑宗哲大居士といった。北条家五代の盛衰を経験した唯一の存在となっている。次女については詳しいことは不明で、宗哲の妹であること、法名を青松院殿天光貞修大姉といったことが知られるにすぎない。

伊豆の領国化

宗瑞の伊豆侵攻は明応二年（一四九三）から開始されたものであったが、伊豆への支配を示す発給文書は、それから二年後となる同四年二月に、先にも宗瑞署名の発給文書として初見のものとして触れた、伊東伊賀入道宛の判物《はんもつ》が、確認される最初のものになる（戦北一）。そこでは伊東伊賀入道に、忠節への功賞として、本領にあたる伊東七郷のうちの本郷村を所領として与えている。

その頃には、宗瑞は伊豆中央部の制圧を遂げて、韮山城を本拠とするようになっていたとみなされる。そうするとその頃までには、それよりも北部に位置していた、伊豆一宮である三島社（静岡県三島市）とその周辺地域についても、すでに領国化していたとみなされるであろう。さらにはこれも先に触れたが、伊豆西海岸北部の西浦・江梨などについても領国化していたとみなされる。

次いで同五年十二月に、西海岸南部の雲見郷の高橋氏を家臣化していることから（戦北二）、その頃には西海岸一帯の領国化を遂げていたと推測される。そしてまた、伊豆中央部に勢力を有していた狩野氏への侵攻を展開するようになっていて、修禅寺と伊東郷の中間に位置する大見郷についても、支配下におさめていたことがうかがわれた。そしてその大見郷の大見三人衆に対して、翌同六年四月に出した判物では、同郷に賦課される諸役のうち、陣夫役・細工役が免除されていたが（戦北四五九七）、これが宗瑞が、領国化した地域に、諸役を賦課していたことを示す最初の史料となっている。それはまた、宗瑞による在地に対する領国支配の展開を示す最初の史料でもあり、極めて貴重な文書といえる。

そこで陣夫役・細工役が免除されているということは、それまでは同郷にはそれらの役が賦課されていたということであり、したがって宗瑞は、領国化した村落に対して、ただちにそのような役を賦課していたことをうかがいうる。陣夫役というのは、戦陣への兵糧《ひょうろう》や武具などの物資運送を百姓に負担させるものである。その後の北条家の領国支配においては、直轄領（年貢を北条家に納入する所領）・給人領《きゅうにん》（年貢を北条家の家臣に納入する所領）・寺社領（年貢を寺社に納入する所領）問わず、領国内のすべての村落に負担させる「国役」となっている。おそらくはこの時点から、そのような性格にあったものと推定される。もう一つの細工役について、ここでの内容は明確にならないが、何らかの製品（おそらくは武具類）を納入させるものであろうか。

また同文書には、免除されない役について記されている。これは陣夫役などについて免除するものの、そのことがその他の役も免除と認識されかねないことを想定して、わざわざ今後も負担すべきものとして示したものとみなされる。そこであげられているのが、「当要害普請年中三箇度」と「定夫《じょうふ》」である。

前者は、「当要害普請」とあるので、城郭の普請役であり、かつ「年中三箇度」とあることから、一年間に三回務めるものであったことがうかがわれる。これは城郭普請役の負担について定数が決められていたこと、これが大見郷に賦課されていたことがわかる。ここで普請の対象となっている「当要害」については明記されていないが、大見三人衆の本拠となっていた大見郷での城郭とは考えられないので、これは発給した宗瑞の側のもので、すなわち韮山城のこととみるのが適切と考えられる。そうするとそれはすなわち、その後における「大普請役」にあたるとみなされる。後における大普請役は、これもすべての村落に賦課される「国役」であるとともに、村落に対する課税基準数値である「村高」をもとに賦課されるものとなっている。ただしここでは年間における負担回数が決められていたとみなされるので、課税方法に違いが見受けられる。このことからすると、大普請役は、当初は年間における回数で決められていたが、後になって村高を基準に負担量が決められるようになったことが想定される。

後者の「定夫」は、夫役（労働力の負担）の一つであるが、陣夫役・大普請役とは区別されているので、それ以外の夫役にあたるものと理解される。「定夫」とあることからすると、これについても年間における負担量が決められていた可能性が想定される。そして大普請役と同じ扱いとされていることから、同様に「国役」であったと推測される。ただしその後において、「定夫」という名称の夫役はみることはできず、陣夫役・大普請役以外の「国役」としての夫役については、郡代夫《ぐんだい》がみられるにすぎないから、これはそうしたものの前身にあたるものであろうか。

なおその後の永正十六年（一五一九）に、宗瑞が大見三人衆に宛てた判物・書状によれば（戦北四六〇七・四六一二）、先の柏窪合戦での戦功への功賞として、大見郷について、直轄領分四〇貫文余を除いた分を、所領として充行《あてが》うにともなって、それらの所領分に対しては「郡代不入」を認めたことが記されている。「郡代」というのは、国役の賦課・徴収を担当する広域行政官、すなわち領域支配者にあたり、伊豆については、後に取り上げる家老の笠原家・清水家が務めるものとなっている。同文書は、北条家の領域支配者としての「郡代」の存在を示す初見の史料となるものであり、またそれによって、郡代の制度が、すでに伊豆領国化の時点で構築されていたことがわかる。

「国役」であった大普請役は、この郡代が賦課するものであった。そしてその郡代は、自身が使役する郡代夫や、その他の夫役などの賦課も認められていたのであるが、ここで「郡代不入」とあるのは、それらの賦課を免除することを示している。ただしそこでも、「一国に定まる公事《くじ》」、すなわち「国役」については負担すること、軍事動員の際に、直轄領の代官が賦課する「公方公役」については負担することを明記している。これは「国役」と、直轄領分における軍事行動にともなう代官による役賦課は、決して免除されないことを示すものとなっている。

これらによって宗瑞は、すでに領国化した時点で、村落を対象にして、陣夫・大普請・定夫などの夫役、あるいは細工役という諸役の賦課を行っていたことが確認できる。このように村落に直接に諸役を賦課する体制を村請《むらうけ》といい、これこそが、領域権力である戦国大名・国衆の特徴であることからすると（拙著『戦国大名　政策・統治・戦争』など）、それそのものが領国支配の当初からみられたものであったことが、この事例から認識することができることになる。そしてここにみえる夫役、さらには細工役などは、いずれも戦争遂行に不可欠のものとみなされるから、こうした諸役賦課の体制は、まさに戦国時代という戦争の恒常化にともなって生み出されたことが理解されるのである。

そしてそのような状況は、領国化の進展にともなって、領国下に入った村落に対して次々に適用されていったものと思われ、伊豆一国の経略にともなって、それは伊豆一国におよぼされるものとなったとみなされる。宗瑞の戦国大名化、というのは、具体的にはそのような状況の展開を意味するものであったと理解できる。しかもそれらの「国役」は、郡代という領域支配者が賦課・徴収を管轄しており、そしてその制度は、当初からみられていたものであった。この郡代を基本にした領域支配の在り方は、その後の北条家の領域支配制度における特徴となっているが（拙著『戦国大名　政策・統治・戦争』など）、これもすでにこの段階から構築されていたことが認識される。

「百姓憐愍」の伝承

ところで江戸時代に成立した軍記物には、宗瑞の伊豆経略が成功した背景の一つとして、「百姓憐愍《れんびん》（慈しむこと）」があったことが記されていて、それによって宗瑞が、稀代《きたい》まれなる民政家であったとうけとめられている。宗瑞が、民政に注力したことは事実であったものの、そのことが確認できるようになるのは、晩年のことであった。そのため軍記物が伝えるように、この伊豆侵攻において具体的な内容が確認できるわけではない。

しかも軍記物の記述としても、「異本小田原記」では、「天性福者にておわしければ、土民百姓まで恵み給えば、諸人万民おしなべて、此の人をと馳走《ちそう》申す事限りなし」とか、「土民百姓、皆以《もっ》て早雲を願いける間、残らず御所（足利茶々丸）の跡（遺領）を押領す」とあるにすぎず、具体的な内容が記されているわけではないのである。

そうした「百姓憐愍」の状況を詳しく記しているのは、「北条五代記」になる。そのため現在でも、宗瑞の伊豆経略における民衆統治の内容として認識されている事柄というのは、すべて同史料に基づいたものとなる。例えば宗瑞が伊豆に侵攻した際のこととして、海路から伊豆西海岸中部に上陸すると、「風病」の流行によって「千人」を超える病人がいたのに対して、「生くべき者をばいかし、殺すべき者をば殺すをもって、仁政の道とせり」といって、医師を招き良薬を調合し、五〇〇人を看病し、一人も死者は出なかったといい、これをうけて周囲の人々はことごとく出仕してきたことが記されている。海岸部での風病の流行ということから、あるいは明応七年地震にともなう津波災害の状況に由来する逸話とみることはできるかもしれない。

また足利茶々丸を滅ぼして伊豆一国の経略を遂げた際のこととして、「前々の侍年貢過分の故、百姓つかるる由聞き及びぬ。以来は年貢五つ取る所をば二つゆるし、四つ地頭おさむべし、此の外一銭にあたる義なり共、公役かけべからず。若《も》し法度《はっと》を背くともがらあらば、百姓等申し出《い》でべし。地頭職を取りはなさるべき也」という高札を立てて、施政方針を示したことが記されている。

しかしながらその内容は、戦国時代の状況とは異なるものといわざるをえない。そもそものような施政方針を高札として出すことはなく、個々の領主や村落に宛てて出されるものであった。こうした方法は、江戸時代前期にならないとみられない。また年貢率について、ここには五公五民であったところを、四公六民にしたとなっているが、そのような年貢徴収方法は、石高制《こくだか》のもと、やはり江戸時代前期になってからみられるものになる。当時は貫高制であるとともに、年貢額は年貢賦課基準高である村高から控除分を差し引いて決められるものであった。またそこでは地頭（給人、所領の領主）の年貢率を規定するものとなっているが、そうしたことも戦国時代にはなく、江戸時代前期からみられるようになるものであった。

もっとも最後の部分にある、法度に背いて百姓に諸役を賦課する地頭がいたら、百姓はそのことを訴訟するようにといい、地頭から所領を収公する、という部分は、一定の妥当性を認めることができる内容といえる。百姓が地頭による過度な租税徴収があった場合に、北条家に直接に訴訟することができるものとして、「目安制」が存在するようになるからである。しかしそれが実現されるのは、三代氏康の時期の天文十九年（一五五〇）のことであり、これから五十年以上も後のことであった（拙著『戦国大名の危機管理』）。宗瑞によるものとして確認されるのは、後にあらためて取り上げるが、晩年において、直轄領に対して目安制を導入するものとなっている。

このようにみてくると、宗瑞が民衆統治において「百姓憐愍」の姿勢をとっていたことは事実であったとはいえようが、それらの記述が事実を伝えるものであったことにはならない。とはいえ確かにその後の北条家は、「百姓憐愍」の姿勢をとり、民衆統治に注力したものとして認識されていくのであり、おそらくはそれが江戸時代前期にも強く記憶されていたのであろう。それがこのような、始祖伝承のような記述としてあらわされたものとみなされる。

寺社支配の開始

さて宗瑞はその後、伊豆一国の経略を遂げてから半年後となる明応八年（一四九九）三月二十八日付で、領国内の寺社に対して初めて支配文書を出している。具体的には、修禅寺東陽院に宛てた二通の判物・書状である（戦北三・四）。

判物のものは、三箇条の条文からなり、寺家・門前屋敷（寺家を構成する住人）への不入（諸役免除）、温泉では身分を問わずに狼藉《ろうぜき》を禁じること、寺家の山林の範囲について、前後左右に民家があればその四壁までとし、奥山については人馬が通行できる範囲とし、それらを永代（無期限）にわたって寺領として認め（「寄進」）、もしそれらの山林を伐採するものがあれば厳しく処罰することを保証したものである。いずれも修禅寺東陽院からの要請をうけた特権について保証したものとみなされる。

書状のものは、同所から宗瑞方が収取していた年貢三五石について、東陽院に寄進すること、本寺については無縁所《むえんじょ》として認めることを伝えたものである。そして詳細については、宗瑞の家臣とみられる大塚近江守から伝達すること、その内容を「披露」するように依頼している。「披露」の相手は文脈からすると、修禅寺本寺とみなされるであろう。

これらによって修禅寺が、宗瑞の支配下に入ったことがわかる。同寺は、伊豆中部における古来の有力寺院であり、そのため同寺が宗瑞の支配下に入ったということは、まさに伊豆中部が宗瑞の領国に編成されたことを象徴する事態といえる。またそれに際しては支院の東陽院が交渉を担当したものと思われ、それに対して宗瑞は、本寺を無縁所として承認するとともに、

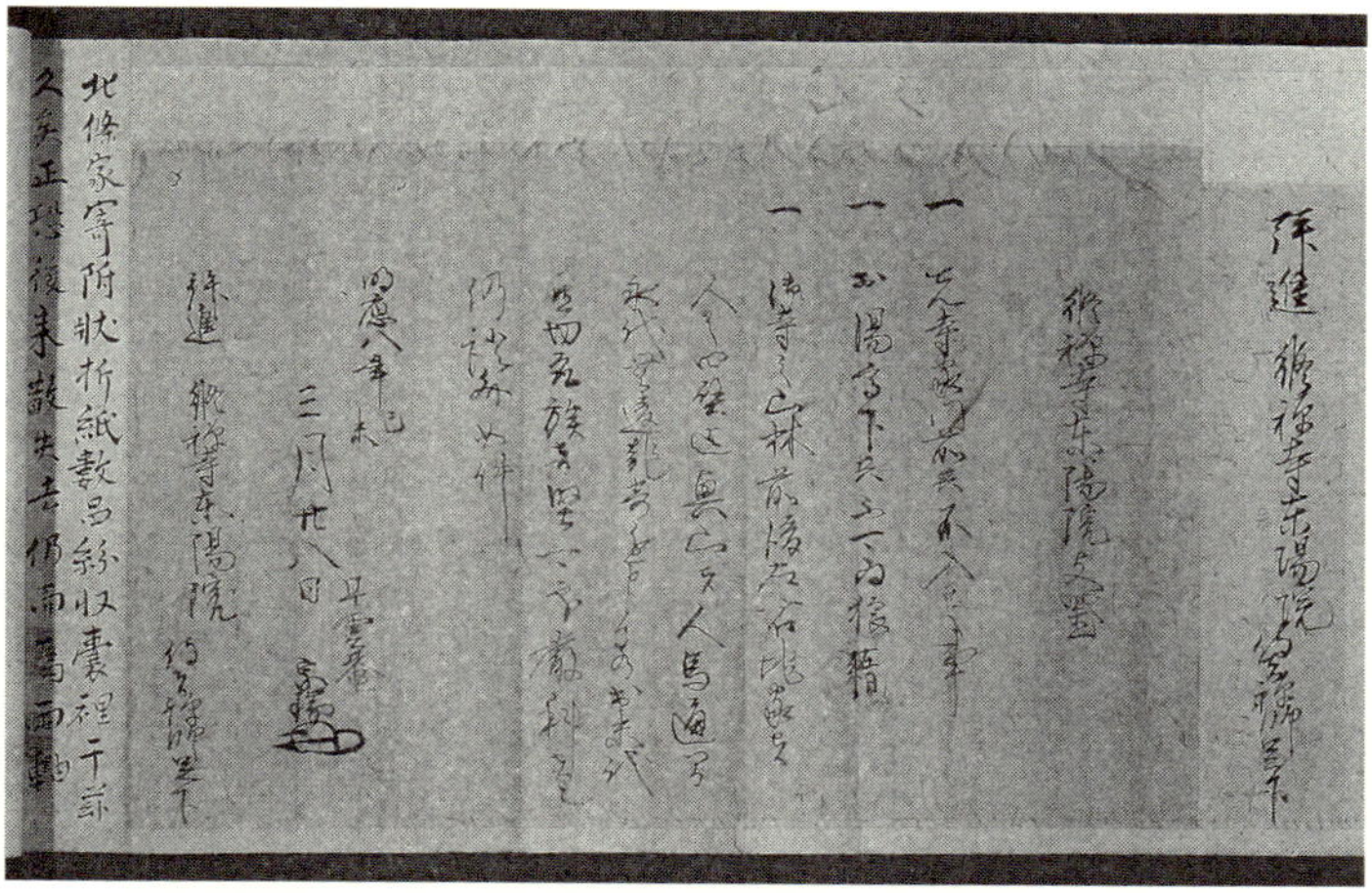

明応8年3月28日付 伊勢宗瑞寄進状（修禅寺文書 修禅寺所蔵）

東陽院に対しては、年貢寄進、諸役不入、温泉支配権の承認、山林寄進などの諸特権を、要請の通りに認めたものととらえられる。また逆にいえば、宗瑞は、領国下の寺社に対して、諸役などを賦課していたことがうかがわれる。

次いで三月日付で、韮山城近所に位置する北条寺に対して禁制を与えて、同寺への諸役免除、竹木伐採の禁止を保証している（戦北五）。すでに韮山城周辺は、これ以前から領国下に入っていたとみられるが、実際に同地域に所在する寺院に出された文書としては、これが初めて確認されるものになる。もっとも寺領の安堵《あんど》（保証すること）などはすでに行われていたに違いないので、ここでは北条寺からそれらの要請があり、宗瑞はここでそれらについて承認したものとみられる。

ただし出された時期が、宗瑞が伊豆一国を

経略してから半年以上経過していること、修禅寺東陽院宛と北条寺宛のものがほぼ同時期であることからすると、これらは宗瑞による伊豆一国の経略を遂げたことをうけて、出されたものとみなされる。そしてこの三月という時期は、所領支配を開始する時期（勧農の時期）にあたっていることからすると、新たな所領支配の開始にあたって、それら寺領や特権の確認が行われたものとみなされるであろう。まさに宗瑞による伊豆一国の領有にともなう、領国支配の開始を示すものととらえられる。

伊豆における家臣団編成

宗瑞はまた、伊豆の武士や土豪を新たな家臣に加えていったことが推測される。すでに侵攻当初、韮山城を取り立てた頃には、東伊豆の伊東氏や、西海岸北部の江梨郷の鈴木氏の家臣化を確認することができ、先にも述べた通り、その頃には、江梨郷の周辺に位置した、三津村の松下氏、土肥庄の富永氏、田子村の山本氏らも家臣化していたことが推測された。さらにその後では、大見郷の両佐藤氏・梅原氏、雲見郷の高橋氏の家臣化が確認され、同じ頃には妻良郷の村田氏の家臣化も想定されたところである。

それらの家臣たちのうち、従来の領主層は、伊東氏と富永氏のみであり、その他の江梨郷の鈴木氏などは、いずれも本来は領主に年貢を納入する百姓の立場にありつつ、地域における武力の担い手として存在する、土豪にあたっていた。戦国大名・国衆という戦国時代の領域権力には、戦争の展開にともなって、そうした土豪を動員し、戦功への見返りとして、年貢負担地を所領として与えるなどによって、直臣《じきしん》化していくという事態がみられるのであるが（拙著『戦国大名　政策・統治・戦争』）、これらの事例はまさにそれに該当するものとなる。

そしてこのことから、宗瑞は、伊豆の領国化をすすめていく当初から、そのような方法をとっていたとみなされる。同時に、まさにそうした戦国大名による土豪の直臣化という事態が、戦国時代における戦争の展開にともなって生み出されたものであったことを、はっきりと認識することができるのである。

従来の領主であったもののうち、伊東氏は、それこそ平安時代末期から続いてきた武士であり、本領の伊東郷において所領を与えられたものであった。ただしこの家系は、室町時代には駿河に在所して、それこそ宗瑞が打倒した今川小鹿範満の家臣として存在していたものになる。詳しい経緯は明らかではないが、今川小鹿範満の滅亡後に、堀越公方足利政知を頼って、伊豆に移住したのかもしれない。

長享二年（一四八八）には、伊東九郎が、伊豆の狩野大膳亮《だいぜんのすけ》為茂に従って、山内上杉家に味方していた越後上杉軍の相模侵攻に参陣していることから（小I一二三）、この時の越後上杉軍には堀越公方足利家から援軍が派遣されていて、その大将が狩野為茂で、伊東氏はそれに従軍していたものと考えられる。そうであれば伊東氏は、狩野氏の指揮下にあった可能性があろう。ここで宗瑞から本領の伊東郷のうち本郷村を所領として与えられていることからすると、同所の領主は別に存在していて、伊東伊賀入道は宗瑞に味方したことにともなって、同所を所領として獲得したものとみることができる。あるいはこの時に、狩野氏から自立して宗瑞に従ったのかもしれない。

もう一つの富永氏は、「異本小田原記」などの軍記物は、一様に伊豆の武士ととらえているが、実は堀越公方足利家の奉公衆であった。堀越公方足利家は、享徳の乱のなかで室町幕府方の鎌倉公方家として創出された存在であるため、当然ながら元来の家臣はいなかった。そのため足利政知は、伊豆下向にあたって、室町幕府の奉公衆家の一族を組織するかたちで、自らの奉公衆を編成したとみなされている。

堀越公方足利家の奉公衆の構成員について多くは明らかにならないものの、富永氏の存在は確認されていて、駿河守や四郎左衛門尉・大和守《やまと》を称した種秀と、その子と推定される彦四郎がみられている。そしてその彦四郎が、宗瑞に家臣化した存在とみなされる（拙著『北条氏康の家臣団』）。この富永家は、「役帳」では、土肥庄一〇〇〇貫文を所領としており、それは堀越公方足利家奉公衆段階からのものであったとみられ、宗瑞はそれをほぼそのまま安堵したものとみなされる。

そのように堀越公方足利家の奉公衆から宗瑞家臣に転じたとみられるものとして、その他にも、松田家・遠山家・布施家・蔭山家・大草《おおぐさ》家などの存在が推定されている（家永遵嗣「北条早雲研究の最前線」）。それらの一族について、北条家臣としての動向が確認されるのは、次代の氏綱の時代まで下るものとなるが、実際には宗瑞が足利茶々丸を伊豆から追放した頃か、あるいは滅亡させた頃に、宗瑞に従うなどして、宗瑞はそれらを家臣としたものと思われる。

しかもそれらのうちでも松田家・遠山家は、この後において、北条家の家老として位置し、一門衆である御一家衆に次ぐ家格である、「一族」の地位に位置づけられるものとなっている。さらにこの後の時期になると、宗瑞の重臣の一人として、伊奈弾正忠《だんじようのじよう》盛泰という人物の活動がみられるようになるが、この伊奈氏も幕府奉公衆家であることから（和氣俊行「伊勢宗瑞家臣伊奈弾正忠盛泰の出自に関する一考察」拙編『伊勢宗瑞』所収）、それらと同様に堀越公方足利家の奉公衆を経て、宗瑞家臣になったとみることができる。そのような状況からみると、宗瑞は、堀越公方足利家の奉公衆出身の家臣を、相当に重用したことがうかがわれるであろう。

そもそも宗瑞自身が、幕府奉公衆家の出身であり、さらには駿河下向後には、堀越公方足利家の奉公衆にもなっていた。すなわち彼らは、そもそも宗瑞とは同僚の立場にあったものたちであった。そしていうまでもなく、奉公衆家出身として、高い行政能力を身に付けていた人々であったとみなされる。宗瑞が、伊豆という新たな領国を獲得し、それへの領国支配の展開や、自立的な戦国大名として存立していくにあたって、彼らの行政経験や外交経験を活用しない手はないといえるであろう。宗瑞が彼らを重用するのは、いわば当然のことであったといえる。

宗瑞の駿河時代からの家臣として確認されるのは、先にもみたように、京都時代以来の家臣であった、大道寺・荒木・山中・多米・荒川・有滝氏らであった。さらに山城国宇治郡出身と伝えられる山角《やまかど》氏も加えることができるであろう。その他、伊豆侵攻時には家臣であったと推測できるものに、笠原氏と岩本氏がある。両者については、先に取り上げた「異本小田原記」における狩野氏討滅に関する記載のなかで、宗瑞が夜襲をうけた際にそれを救出したものとして笠原氏がみえ、今川家からの援軍として派遣されて、そこに駆けつけたものとして岩本氏がみえていた。

このうち笠原氏は、どうも備中国荏原郷出身であったらしく、備中伊勢氏以来の家臣であったとみられている。ただし「異本小田原記」は異なる内容を伝えていて、遠江国の出身とし、大道寺発専ら京都時代の六人の家臣に加わって、宗瑞の家臣となったことが記されている。その解明は今後の課題であるが、この笠原氏も、その後においては北条家の家老の一人に位置している。宗瑞の伊豆侵攻の時点では、笠原越前《えちぜん》守信為が存在していたことが確認されている。またその本家筋にあたる系統は、代々、美作守を通称としたが、その系統は伊豆郡代を務めるとともに、韮山城に配属された軍事集団となる伊豆衆の寄親《よりおや》を務めていくのである。

岩本氏は、当初は今川家の家臣であったものが、伊豆侵攻を機に宗瑞の配下に入り、そのまま家臣化したことが推測される。その後の氏綱・氏康時代には、岩本摂津《せっつ》守・隼人・太郎左衛門尉定次などの存在が知られており、とりわけ定次は氏康の有力側近として活躍をみせるものとなっている。

それらだけでなく、伊豆の経略にともなって、他にも多くの武士や土豪を家臣化したことは、後の北条家臣の構成からもうかがうことができるが、最も代表的なものとしてあげられるのは、伊豆南部の加納郷（静岡県南伊豆町）を本領としていた清水氏である。同氏については、宗瑞が伊豆侵攻を開始した直後となる明応三年（一四九四）に、伊豆における在地勢力として存在していたことが確認されている。同氏が宗瑞の家臣になった時期は不明である。遅くても伊豆における堀越公方足利家の勢力が滅亡した頃となろうが、後において北条家の家老の一人とされていること、「役帳」にみえる伊豆での所領高が、一族合わせて八七四貫文にものぼるものとなっていることからすると、むしろ足利茶々丸が滅亡する以前に、積極的に従ってきたものであったように思われる。それゆえの重用とみなされる。そしてこの清水家は、後には笠原家とともに、伊豆郡代と伊豆衆における寄親を務めるものとなっている。

家臣団統制の在り方

このように宗瑞は、伊豆侵攻をすすめるなかで在地の武士や土豪を家臣化していったのであったが、それらを軍団として編成していくにあたって採られた方法が、寄親・寄子《よりこ》制といわれるものになる。これはまた戦国大名・国衆による家臣団統制としては基本となる方式であり、ここからも宗瑞が、伊豆の領国化にともなって、戦国大名としての在り方を確立していったことをうかがうことができる。

この寄親・寄子制というのは、戦国大名が、直臣たちを軍団編成するにあたって、有力家臣を物主（軍団長）とし、その配下にその他の中小家臣を、寄子・同心として配属させて、一つの軍団を構成させるというものである。そうした軍団を「一手《いって》」と称していた。そしてたいていの場合、寄子となる直臣は、その大名家に家臣化するにあたっては、後に寄親となる有力家臣の取りなしによっていたのであり、その関係がその後も寄親・寄子関係として展開されるものであった（拙著『戦国大名　政策・統治・戦争』）。

宗瑞の伊豆侵攻においても、その事例を確認することができる。それは家老の大道寺家と江梨郷の鈴木氏の場合である。鈴木氏が宗瑞に家臣化したのは、大道寺発専の取りなしによるものであったとみなされ、以後において鈴木氏は、大道寺家の寄子として存在している。大道寺発専は、伊豆侵攻において一軍の大将的な存在であったとみなされたから、鈴木氏はその過程で、その取りなしによって宗瑞の家臣になったものと思われる。しかも寄親・寄子関係は、軍事行動の場合だけのものではなく、大名家当主に対して何らかの要請を行う場合においても、寄親の取りなしをうけるというように、大名家直臣として存在していくうえでのあらゆる側面において、寄親の統制・指南をうけるものとなる。

後の氏綱・氏康の時期のことではあるが、鈴木氏の所領の江梨郷に、夫役が賦課されたことに関して、寄親の大道寺盛昌（発専の子）に連絡していて、大道寺盛昌はそれをうけて、江梨郷は宗瑞の時に不入を認められて、そのような夫役は免除されていることを確認したうえで、夫役を賦課してきた伊豆郡代の笠原綱信（信為の本家筋か）に申し入れるとともに、北条家当主にも、家老の遠山綱景を通じて申し入れることとしている。このように寄子の要求をうけて、当主や他の家老への申し入れを行って、寄子の身上の保証にあたっているのであった（戦北四一四五）。

ちなみにここで鈴木氏が、宗瑞から江梨郷について夫役負担を免除されたのは、数回におよぶ戦功をあげ、それについて数通の感状を与えられ、それへの功賞として、「富永殿万同前」として認められたものであったことが記されている。これによって富永家は、当初からそのような特権を認められていたことがわかる。富永家はそもそも一〇〇〇貫文を超える大規模な所領を有していたから、それが家臣化すること自体が、多大な忠功であったとみなされ、そのような特権を認められたものとみられる。そして富永家は、その後においては一手を構成する物主として、一軍団を統率する家老の一人となっている。

大道寺家と鈴木氏との関係に戻ると、「役帳」の時点で、大道寺家は武蔵河越城代の地位にあり、その軍団は河越衆を構成していたのであるが、その大道寺家の軍団の寄子の一人として、江梨郷の鈴木次郎三郎があげられている。北条家においては、寄親・寄子関係は、このように軍団編成によって示されていたのである。ちなみに鈴木氏以外にも、大道寺家の寄子のうちで伊豆に本領があったものに、古尾谷周防《すおう》・菊池掃部丞・渡辺次郎三郎・吉田又三郎（吉長）がある。おそらくは彼らの先祖も、大道寺発専の軍事行動に際して、その取りなしによって宗瑞に家臣化したものであったと推測される。

同様の状況は、伊豆の武士として最も有力な存在であったとみられる清水家についてもみることができる。清水家も、後において独自の一手を構成する家老の一人となっており、その寄子は八人がみられているが、すべて伊豆に本領を有したものに限られ、村田・西川藤四郎・小針・高橋・矢野・大谷・西島藤次郎・池田となっている。このうち村田氏は妻良郷の、高橋氏は雲見郷のそれである。このことからすると、高橋氏らは、清水氏を通じて宗瑞に家臣化したものであった可能性も想定できる。またそうではなかったとしても、その後に清水家の寄子に編入されたということになろう。

「役帳」をみると、伊豆に本領を有していた家臣が他にも多くみられている。「役帳」が作成された永禄二年（一五五九）段階で所属する軍団、という条件のもとではあるが、相模小田原城配属の小田原衆には蔭山氏・大草氏・西原氏・渡辺氏・蜷川《にながわ》氏・矢部氏が、北条家当主の側近集団である御馬廻衆《おうままわりしゅう》には山角氏・後藤氏・西原氏・笠原氏・宮川氏・伊東氏・松下氏・仁杉氏・狩野氏・朝倉氏・岡崎氏・勝部氏・斎藤氏・左近士氏・久保氏・今井氏・石川氏・岡本氏・戸田氏が、相模玉縄城配属の玉縄衆には朝比奈氏が、武蔵江戸城（東京都千代田区）配属の江戸衆には富永家の寄子として朝倉氏が、武蔵松山城（埼玉県吉見《よしみ》町）配属の松山衆には狩野氏が、伊豆韮山城配属の伊豆衆のうち笠原美作守の寄子として藤崎氏が、笠原家・清水家の同心とみられるものとして大見三人衆・西原氏・三宅氏・倉地氏・伊東氏・江川氏・多米氏・渡部氏・大屋氏・山中氏・相良氏が、当主直属の軍事集団である諸足軽衆には磯氏が、御一家衆のうち北条為昌（氏綱の三男）の旧臣団で相模三崎城（神奈川県三浦市）配属の三浦衆には山本氏・杉山氏・佐野氏が、北条三郎（宗哲の子）の家臣団で武蔵小机《こづくえ》城（同横浜市）配属の小机衆には神田氏が、という具合である。

もちろんこれらの人々すべてが伊豆出身の武士であったというわけではなく、小田原衆の蜷川氏は、京都伊勢氏の家臣の一族とみられるし、御馬廻衆の山角氏・笠原氏は駿河下向以前からの家臣とその一族、左近士氏は京都商人の出身、伊豆衆の多米氏・山中氏も駿河下向以前からの家臣の一族とみなされるので、彼らについては、伊豆で与えられた所領がその後も本領として続いていたものたちということになろう。

しかしその他の人々は、元堀越公方足利家の奉公衆であったとみなされる小田原衆の蔭山氏・大草氏も含めて、ほとんどが宗瑞の伊豆侵攻の過程で、家臣化したものであったとみてよい。しかもその多くは御馬廻衆と伊豆衆に編成されていることがわかる。さらにそれらをみてみると、そのほとんどは伊豆にしか所領を持たない中小規模の家臣となっている。彼らこそが、まさに宗瑞が伊豆侵攻を展開していくなかで、宗瑞に家臣化してきた土豪たちとみなすことができるであろう。彼らはその後も、御馬廻衆として当主を支えたり、伊豆衆として伊豆における軍事力として存在し続けたことがうかがわれる。

「北条殿」の伝説

ところで宗瑞が韮山に進出する背景として、「異本小田原記」などには、韮山の「北条殿」の名跡を継承したことによるとし、それが子の氏綱から北条名字を称することになったとすることを記している。もっとも江戸時代における狭山《さやま》藩北条家の家伝では、そもそもを鎌倉北条氏の末裔《まつえい》と位置づけるようになっているし、北条家に関する軍記物として詳しい記述をみせる「北条五代記」には、鎌倉北条氏の旧跡を再興したことによって北条名字を称したとしていて、必ずしも北条家関係の所伝のなかで一致しているわけではない。

そのため「北条殿」の名跡を継承したという所伝は、あくまでも宗瑞の子孫が北条名字を称することの正当性を、系譜継承という側面から説明しようとする伝承と理解するのが適切と考えられる。とはいえ、その伝承のなかには、ただちに全くの虚構として切り捨てるには躊躇《ちゅうちょ》される内容も含まれていて、それらの持つ意味を考える必要も感じられるのである。所伝の内容

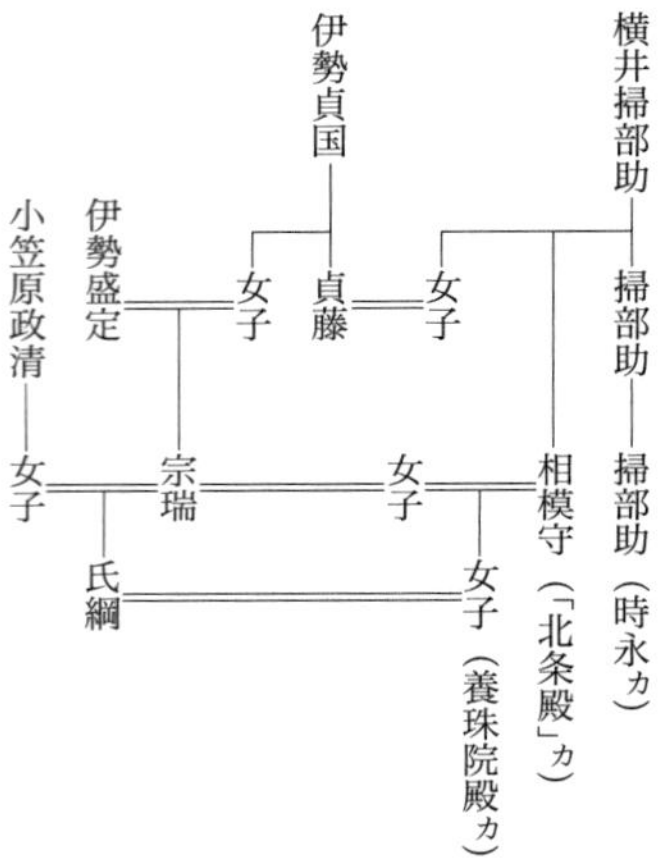

「北条殿」・養珠院殿推定関係系図

は、次のようなものである。

伊豆国の北条には、宗瑞の「母方の伯父《おじ》」にあたる「北条殿」があり、病死して子もいなかったため、その一門の「桑原平内左衛門・田中内膳」は、堀越公方足利政知に、宗瑞に「北条殿」の遺跡《ゆいせき》を継承させたいと申上して、それが許可されたことで、宗瑞は長享二年（一四八八）十月に韮山城に移って、「北条殿」の遺跡を継承した。宗瑞は京都小笠原備前守（政清）の婿であったが、妻は早世していて、「北条殿」の後家に娘一人がいた。そのため「北条殿」の後家に婿入りし、その娘を嫡子氏綱の妻とし、これによって氏綱は伊勢を改称して「北条氏綱」を名乗った、というものである。

この内容をそのままに信じることはできないことはいうまでもない。氏綱は長享元年生まれであったように、いまだ母の小笠原氏は生存していたし、氏綱の結婚はこれから十五年以上後のことであったであろうし、氏綱が伊勢名字から北条名字に改称するのも、結婚にともなうものではなく、大永三年（一五二三）に政治的理由によるものであった。しかしながらこの内容のうち、「北条殿」が宗瑞の「母方の伯父」というように何らかの姻戚関係があったらしいこと、その家臣に桑原氏・田中氏が存在していたこと、氏綱の妻がその「北条殿」の娘であったらしいというのは、内容も具体的であり、何らかの事実に基づいていた可能性も否定しきれないように思われる。

「北条殿」が宗瑞の「母方の伯父」であったとした場合、この「異本小田原記」では、宗瑞は伊勢貞藤の子とされているから、この場合ではその妻の兄弟ということになる。ただし実際には、貞藤が母方の叔父にあたる存在であるから、そこから考えれば、その兄弟か、姉妹の婿か、妻の兄弟か、といったところに位置したことが想定される。これに関わって、「横井系図」(「百家系図」所収)では、「横井時永」の娘を貞藤の妻と伝えていて、その横井氏というのは、鎌倉北条氏の末流で尾張《おわり》国に在所していたものとされている。しかも氏綱の妻・養珠院殿の出自について、「横井相模守」の娘とする所伝があり(「駿河大宅高橋家過去帳一切」)、さらには氏綱と横井氏との関係については、「異本小田原記」にも、「北条家に所縁ありて、一方の大将を承る」と記していて、氏綱との姻戚関係をうかがわせるものとなっている。

これらの内容を総合して考えると、「北条殿」というのは、母方叔父の伊勢貞藤の妻の兄弟で、「横井相模守」といった人物であり、氏綱の妻・養珠院殿はその娘であったということが想定できることになる(拙稿「北条氏綱論」拙編『北条氏綱』所収)。とはいえ、それらの所伝は確実性に乏しいことは否定できないうえ、すべては状況証拠にすぎないといえる。しかしながら、それぞれの史料相互には明確な関係性はみられないことからすると、それに近いような事実が存在していたことは確かなように思われる。今後そのことを明示するような史料が出現することを期待しておきたい。

桑原氏と田中氏のこと

また桑原氏・田中氏に関しては、加越能文庫本「今川記」に、宗瑞が堀越公方足利政知の奉公衆になったことにともなって、桑原郷・田中郷を所領として与えられた、と記されていたことの関連性が見いだせる。両郷が「北条殿」＝横井相模守の所領で、同郷出身の家臣が桑原氏・田中氏であったとみることができるように思われる。そうであれば「横井越前守」は、堀越公方足利家の奉公衆であり、宗瑞はその遺領を継承したことで、同様に奉公衆となり、さらには桑原氏・田中氏も家臣として継承したことが想定できるように思う。

この桑原氏・田中氏は、実は初期の北条家臣として、極めて有力な存在であったとみなされるものになる。桑原氏については、偽文書ではあるが、宗瑞の副状《そえじょう》を発給した人物として、桑原九郎右衛門尉政次がみられている（戦北一四）。宗瑞に家臣化したのは、この政次とみてよいであろう。その子は、弥九郎・九郎右衛門尉を称した盛正とみなされ、実名は宗瑞から実名盛時の一字を偏諱《へんき》として与えられたものとみられ、氏綱・氏康の側近家臣として活躍をみせている。

「役帳」の時点では、盛正の家系は断絶していたらしいが、その一族が御馬廻衆二名と江戸衆二名の四名、合計の所領高は五三〇貫文余、桑原氏の旧領についても四〇貫文がみえている。ここから桑原氏は、初期の北条家臣のなかでもかなりの有力者であったことがうかがわれる。

ちなみに本領であったとみられる桑原郷は、「役帳」では北条宗哲の所領となっている。

田中氏については、「役帳」の時点では本家は断絶していたらしく、その一族の可能性のあるものとして、御馬廻衆田中甚五郎が三一貫文余、江戸衆田中助八郎が五〇貫文、三浦衆田中弥四郎が三六貫文余、小机衆田中が三〇貫文余、の所領を有しており、さらに田中氏の旧領について四九七貫文余があげられている。そしてそこでの本領であったとみなされるのが小坂郷（静岡県伊豆の国市）で、その所領高は二四〇貫文があげられている。ここから田中氏も、初期の北条家臣ではかなりの有力者であったことがうかがわれる。

なお後に四代氏政《うじまさ》（氏康の子）・五代氏直《うじなお》（氏政の子）の代に北条家の家老となる板部岡江雪《いたべおかこうせつ》斎融成《さいゆうせい》は、田中越中《えっちゅう》守泰行の子で、実家の没落にともなって伊豆下田の寺院に入っていたものと伝えられている。田中泰行は文明十二年（一四八〇）生まれと伝えられているので、宗瑞に家臣化したのは、この泰行であったろうか。また彼は、「岩本摂津守」の弟であったというから（『南紀徳川史』）、田中氏と岩本氏は姻戚関係にあったこともうかがわれる。ちなみに本領であった田中郷については、「役帳」には記載されていないことから、北条家の直轄領となっていたとみなされる。

このように宗瑞が「北条殿」から継承したとみられる桑原郷・田中郷を本領としていた、その一門であったという桑原氏・田中氏は、その後に宗瑞の家臣となって、ともに初期の北条家臣として有力な存在であったとみなされるものとなる。この桑原氏・田中氏に関わる所伝も、一定の事実をもとにしたものであった可能性が高い。これらの所伝は、宗瑞の伊豆における所領や家臣の獲得の背景には、そのような堀越公方足利家やその奉公衆、さらには実家伊勢氏の関係者などが存在していたことを、微《かす》かに伝えるものとみなすことができるかもしれない。

第四章　相模への進出

宗瑞の相模小田原城攻略

宗瑞が、伊豆の領国化に続いて、関東での軍事行動をみせたのは、伊豆領国化の達成から二年後にあたる、明応九年（一五〇〇）のことであった。すなわち、山内上杉方であった相模西郡の国衆・大森家の本拠で、相模西郡の軍事拠点であった小田原城を攻略し、それにともなって相模西郡を領国化したのであった。ここに宗瑞は、大森家の本拠小田原城を攻略し、それにともなって同家の領国であった西郡そのものを、そのまま領国に編成したのであった。

ここから戦国時代における領国の拡大というのが、既存の戦国大名・国衆によって形成されていた領国を、そのまま編成するかたちで展開されるものであったことがわかる。そしてこの相模西郡の領国化は、宗瑞にとって、その領国を相模にも展開していく契機をなすものであったし、その後における宗瑞の相模侵攻の展開という観点からすると、その出発点ともなる、宗瑞の人生のうえでも一大画期をなすものであったといえる。

しかしながら実は、宗瑞による小田原城攻略の時期を示す当時の明確な史料は、いまだ発見されていない。攻略時期についての所伝は、いずれも江戸時代成立の軍記物や記録にみられるにすぎない。これまでの通説では、明応四年九月とするのが多かったが、これは「鎌倉大日記」(小I三〇四)にみえているもので、これが他の史料と比べて比較的、史料的価値が高いとみなされてきたことによろう。しかし実はその他にも、明応三年、同四年二月、さらには同九年など、様々な説が存在しているのである。しかも史料的価値が高いとみなされている「鎌倉大日記」の該当部分における記事も、後世における記事であることに変わりはないのである。

そしてその通説が成立しないことを決定付けたのが、先に山内上杉家が扇谷上杉家の領国である相模に大攻勢をかけた時のものになる、明応五年に比定される七月二十四日付の山内上杉顕定書状(小I三〇八)であり、そこに扇谷上杉方の西郡在陣の武将の筆頭に、大森式部少輔の名が記されていることであった。これによって大森家がその時点でいまだ扇谷上杉方であったことが確認される。しかも扇谷上杉家はその時、一門衆の上杉朝昌らを援軍として派遣していて、それよりも上位に大森式部少輔の名が記されていることから、援軍をうけた主体がその大森家であったとみなされ、したがって大森家はいまだ小田原城主として存在していたと理解されるのである。

この史料が正確に解釈されたことによって、明応五年七月の時点で、大森家が小田原城主として、かつ扇谷上杉方として存在していたことになり、したがってそれ以前に、宗瑞が小田原城を攻略したとする所伝が、誤りであったことが確実となったのであった。ちなみにその後においても、考古遺跡や、「鎌倉大日記」についての検討から、明応四年九月攻略説を維持しようとする見解が出されてはいるが、いずれも十分な論拠を備えているとは言い難く、先の上杉顕定書状を否定するにはいたっていないといわざるをえない。

一方、宗瑞の小田原領有を示す確実な史料の初見は、文亀元年（一五〇一）三月二十八日に、伊豆走湯山《そうとう》（静岡県熱海《あたみ》市）に、小田原城近辺の上千葉の所領について、伊豆田牛《とうじ》村（同下田市）に知行《ちぎょう》変えしているものとなる（戦北七）。これは小田原城攻略にともない、同城近辺の千葉に所在していた走湯山所領を伊豆に配置換えしているものとなるから、小田原における知行関係を改変したことにともなうものとみなすことができる。したがってこれにより、宗瑞はそれ以前には小田原城を攻略していたとみなされる。また宗瑞が小田原城を攻略する前提には、大森家が山内上杉方に転じていたことになるが、その時期は、先にも述べたように、山内上杉方から攻撃をうけたその明応五年七月四日のこととみなされる。したがって、宗瑞による小田原城の攻略時期については、史料の上からは、明応五年七月から文亀元年三月までの間とみなされるものとなる。

小田原城攻略の時期

史料の上からは、現在にいたってもそれ以上は時期を絞ることはできない。ただし宗瑞の動向を検討していくと、小田原城攻略が可能であったとみなされるのは、早くても堀越公方《くぼう》足利家を滅亡させた以降のこととみなされる（拙稿「伊勢宗瑞論」拙編『伊勢宗瑞』所収）。これによってその攻略時期は、伊豆領国化にともなう支配が行われた明応八年三月から文亀元年三月までの、ちょうど二年間まで絞ることができる。ちなみに明応八年五月には駿府に滞在していたとみなされ、在陣中の今川氏親に代わってか、京都から駿河に下向してきていた公家《くげ》の飛鳥井《あすかい》雅康に書状を出していて、今川領国は戦争状況にあることをもとに、訪問の延期を申し入れている（小I三二二）。そうするとこの時期も除外することができそうであり、さらに二ヶ月絞ることができるといえる。

そして近時において注目されているのが、明応九年六月四日に相模湾地震が起きていることであり、宗瑞の小田原城攻略をその後のことと推測する見解が出されている（盛本昌広「『温故集録』収録の龍華寺棟札写」）。これは地震災害の余波によって、宗瑞が敵方であった大森家を没落させたとする理解である。宗瑞による小田原城攻略に関する具体的な史料がみられていないことも、明確な合戦などによるのではなかったことをうかがわせる。したがって、この地震災害に乗じたものと推測する見解は、現在のところ最も妥当性が高いとみなされる（拙稿「小田原北条家の相模経略」拙著『戦国北条五代』所収）。そうであれば宗瑞の小田原城攻略は、明応九年六月から翌文亀元年三月の間という、十ヶ月ほどの期間まで狭められるものとなる。これ以上の絞り込みは、現時点では不可能であるが、ここまで時期を絞り込むことができるにいたった、といってよいであろう。

小田原城の攻略は、同時にそれを拠点にしていた国衆・大森家の没落、その領国であった相模西郡の経略をも意味した。ここに宗瑞は、伊豆一国に加えて、相模西郡を新たに領国に加えることになったのである。そしてこのことが、以後における宗瑞の相模経略の起点に位置するものとなった。またこれは、伊豆侵攻以来続いていた、隣接地域にあった山内上杉方勢力の排除を遂げるものともなった。

この時、山内上杉家と扇谷上杉家の抗争は、前年の明応八年十月に二度目の和睦が結ばれて、停戦状態になっていた。山内上杉顕定は扇谷上杉家の本拠である河越城への攻撃をすすめていて、同城への向かい城となる上戸《うわど》陣（埼玉県川越市）に在陣を続けていて、しかも古河公方足利政氏も、同陣に在陣するようになった。このため扇谷上杉朝良は、山内上杉方と和睦を成立させたとみられ、十月十六日に足利政氏は上戸陣を退去して本拠の古河城に帰陣している（拙著『戦国期山内上杉氏の研究』）。

その際に、宗瑞が山内上杉家と和睦を結んだのかは明確ではない。宗瑞はこの両上杉家の抗争にあっては、扇谷上杉方として存在していたことからすると、同様に和睦の対象になっていたようにも思われる。しかしながら実際には、それぞれの勢力下にあった国衆同士では、なかなか停戦にはいたらない場合もみられていた。

宗瑞と大森家は、それまで扇谷上杉方と山内上杉方として敵対関係にあったが、それがこの時の両上杉家の和睦をうけて、互いに和睦した可能性もあろうし、そうではなくて依然として敵対関係を続けていた可能性も想定される。いずれが妥当なのかは、さらなる関係史料の出現を待たねばならないといえるが、少なくともここで宗瑞が、山内上杉方であった大森家を滅亡させたことにより、宗瑞は山内上杉家とは明確に敵対関係をとったことは間違いないものとなる。しかもこの動向が、その後において再び両上杉家の抗争を引き起こすものとなるのであった。ここでも宗瑞の行動が、両上杉家の抗争再発をもたらすことになる。

ところで、その両上杉家の和睦が成立した直後にあたる十一月に、宗瑞について未解決の動向がみられている。それは「王」が配流されて伊豆三島に到着してきたため、宗瑞はそれをすぐに相模に送還している、というものである。おそらくは扇谷上杉家に引き渡したものと思われる（小I三一三）。これをみると宗瑞は、明らかに社会的には「伊豆国主」として、駿河今川家や相模扇谷上杉家と同様の存在とみられるようになっていたことがうかがわれる。

なお、ここにみえる「王」が誰のことなのか皆目不明なため、この事態について、十分に理解することができない。少なくとも京都から配流されてきたものであろうし、最終的な配流先は不明ながらも、宗瑞は駿河から伊豆に到着したところでこれを受け取って、それをさらに扇谷上杉家に送還したものとみなされる。「王」というくらいなのであるから、天皇家の一族か宗教権門のトップクラスか、あるいは足利将軍家の当主クラスか、といったところが想定されるが、明確ではない。今後、京都政界についての研究がさらに進展することによって、明らかになることを期待しておきたい。

小田原と苅野庄

相模国西郡を領国下におさめた宗瑞は、以後、その領域支配を展開していく。この新たに獲得した領域に対して、宗瑞がどのような支配を展開したのか、また宗瑞にとって西郡はどのような領域として位置づけられたのか、大まかな様相をみていくこととしたい。

宗瑞は大森家を追放したのち、ただちに大森家およびその家臣・同心の所領を収公し、それらを自らの直轄領や、家臣らの所領としたとみられる。これら家臣らへの所領の配分状況を推測するうえで有力な材料となるのが、「役帳」となる。同史料は、永禄二年（一五五九）における家臣らの知行等を列記した帳簿であるが、北条家当主の直轄領については記載されていないから、北条家の知行関係全体を示すものではなく、あくまでも永禄二年という一時期における家臣らの知行関係のみを示しているという性格のものである。とくに氏綱の代には、小田原城がその本拠とされたことから、西郡における知行関係は、宗瑞の代とは大きく変化したことが推測される。しかしこの点を十分に認識したうえでなら、同史料の記載から前代における知行関係の大枠を類推することは可能となろう。

大森家の所領のうち、代表的なものとしてあげられるのが、小田原城膝下《ひざもと》の小田原と苅野《かりの》庄（神奈川県南足柄市）とみなされる。小田原は、小田原城の城付領的性格を有していたとみられ、宗瑞も同城を直接に管轄したとみられるので、同様に城付領的なものとして、その直轄領とされたとみられる。ただし、後の永正十六年（一五一九）に、宗瑞は四男菊寿丸（のち幻庵宗哲）に箱根権現社（同箱根町）領であった小田原四〇〇貫文の知行を認めていることから（戦北三七）、小田原が一円的に宗瑞の直轄領とされたわけではなかったことが知られる。この箱根権現社領は、前代の大森家によって設定されたものとみられ、宗瑞も同社領までは収公しなかったことがうかがわれる。宗瑞が収公したのは、あくまでも大森家とその被官らの所領であったとみなされる。

大森家と箱根権現社とは、室町時代後期から密接な関係にあった。この直前においても、大

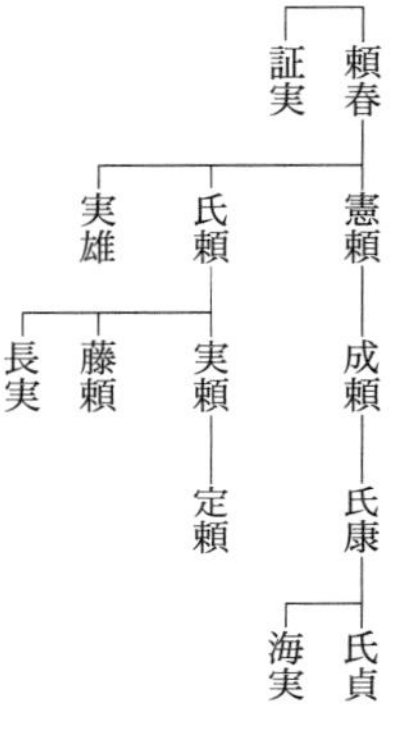

大森氏略系図

森家の当主であった式部少輔の叔父《おじ》にあたる長実が、同社別当（長官）を務めていたと推定される。ところが宗瑞による小田原城攻略後において、同社別当としてみえるようになるのは、同じ大森氏一族ではあったが、式部少輔の系統とは別系となる、海実であった。海実は、享徳の乱において、古河公方足利成氏方にあって小田原城主として存在していた成頼の子、氏康の子にあたる。その成頼を滅ぼしたのが、堀越公方足利家や扇谷上杉家方にあって、駿河御厨を本拠としていた大森氏頼・実頼父子であった。氏頼は成頼の父憲頼の弟であったから、氏頼と成頼は叔父と甥《おい》の関係にあった。氏頼の系統は、ここで成頼を滅ぼしたことによって、御厨から相模西郡に進出して、小田原城を本拠とするようになったのである（佐藤博信『中世東国　足利・北条氏の研究』・拙稿「小田原城主大森氏」）。

氏頼・実頼父子の小田原への進出後、滅ぼされた成頼の系統がどのような立場に置かれていたのかは不明であるが、宗瑞の小田原城経略後に、成頼系の海実が箱根権現社別当としてみえるようになっていることからすると、海実の一族は、宗瑞の小田原城経略に大きく寄与した可能性が想定され、その功賞によって海実の同社別当就任がみられたのではなかったか、と思われる。そうであれば、宗瑞の小田原城経略は、そうした大森氏一族との連携によって遂げられた可能性も想定できることになろう。

また箱根権現社の所領は、小田原城の北方に位置する谷津から久野にかけて所在し、また城下の花木蓮上院はその管轄であったし、小田原の西方に位置する早川には供僧《ぐそう》の心明院の屋敷があった。箱根権現社と小田原とが密接な関係にあったことがわかるとともに、宗瑞の小田原城攻略後も、それらは海実のもとで、引き続き箱根権現社の所領などとして存続されるものとなっている。これらのことからすると、宗瑞の小田原城経略には、海実の一族による協力があったことは間違いないとみられる。

ただしその後の海実一族の大森氏の動向は明確ではない。「役帳」には、江戸衆の遠山綱景の与力として「大森殿」がみえていて、「殿」付けされていることから、その大森氏の子孫にあたるとみなされるが、そこでは相模中郡と武蔵で所領九六貫文余を有するにすぎない。その他、花木蓮上院に関係があると推定されるものに、小田原衆の「花之木」と玉縄衆の「花木隠居」があり、前者は相模で所領七八九貫文余、後者は他者からの買得所領一四〇貫文余を有している。この「花之木」の所領高はかなり高いものであるから、海実一族に関わる存在であったとすれば、これも攻略後に厚待遇されていたことを示す事柄となるであろう。

一方の苅野庄は、一〇〇〇貫文という知行高で一括して、家老の松田家に与えられている。「役帳」においても同所は松田憲秀の所領の筆頭にあげられているので（永禄二年時は一二七七貫文余）、同所が松田家の本領とされていたものであったことが知られる。「役帳」において単一の所領で一〇〇〇貫文の知行高をもつものは極めて少なく、しかも一〇〇〇貫文という区切りがよく、かつ高い知行高が設定されていること自体、これが一円的に一括して付与されたものであることを示しているとみなされる。おそらくは大森家の主要な所領であったものを、そのように一括して与えられたのであろう。しかも西郡においては、この苅野庄は卓越した知行高にあることからすると、同所をこのような知行形態で付与された松田家が、その後の西郡支配において、極めて大きな役割を担った存在であることがうかがわれる。

家老松田家の出自

この松田家の出自については、通説的には西郡松田郷（神奈川県松田町）を本領とする国人松田氏とされることが多いが、「異本小田原記」には、備前松田氏の一族の松田盛秀（憲秀の父）・康定兄弟が国人松田左衛門尉（頼秀）を訪ねて下り、宗瑞・氏綱に仕え、のちに盛秀は左衛門尉の名跡を継承した、と記されている。わざわざこうした所伝が残されていること自体、注目すべきことといえ、したがってこの松田家が、相模国人の出身ではなく、室町幕府奉公衆でもある備前松田氏の出身であったことは事実であったと考えられる。

備前松田氏の一族のうちで、備前国鳥取荘を本領とする山口家が、代々仮名《けみよう》六郎を称す系統であり、これが戦国時代になると京都などでの活動がみられなくなっていることから、北条家の家老となった松田家は、この山口家の系統にあたると推測されている（榎《え》原《ばら》雅治『日本中世地域社会の構造』）。北条家家老の松田家も、代々仮名六郎を称しているから、その可能性はかなり高いであろう。そして同家は室町幕府奉公衆であったから、堀越公方足利政知の奉公衆となって、政知に従って伊豆に下向してきていて、それが宗瑞の伊豆侵攻の過程で、宗瑞に従ったものとみなされている（家永遵嗣「北条早雲研究の最前線」）。

もっとも盛秀・康定兄弟では、宗瑞の代としては時期的に合わず、少なくとももう一世代前に遡るとみられる。盛秀の「盛」字は、宗瑞の実名盛時からの偏諱《へんき》ととらえられるので、盛秀は宗瑞のもとで元服したと推測され、宗瑞の家臣になった松田氏は、その父にあたる人物とみなされるとともに、すでに宗瑞の代にはその重臣の地位に列していたことは間違いないであろう。

二代目となる盛秀は、天文八年（一五三九）から史料で確認できるようになるが、仮名「弥次郎」を称していて、松田氏代々の六郎とは異なっている。ここで注目されるのが、相模国人松田氏の直接の子孫とみられる松田康隆の仮名が「新次郎」であることで、盛秀の仮名は、国人松田氏のそれと共通するものであった。これはすなわち、盛秀が国人松田氏の名跡を継承した存在であったことをうかがわせる。「異本小田原記」の記事は、ほぼ事実を伝えたものであり、北条家臣となった松田家は、二代目を国人松田氏の養子に入れて、その名跡を継承させた可能性が高いであろう。

そしてこの松田家は、以後においては北条家臣のなかでも筆頭に位置し、遠山家・大道寺家とともに、北条家の一門にあたる御一家衆に準じる「一族」という最高位の家格を与えられる存在となっている。松田家が、西郡において極めて重要な位置にある苅野庄を、その本領として与えられていることは、そうした政治的地位と密接に関連していると考えられる。

松田郷と河村郷

西郡には、大森家のほかにも松田家・河村家といった国人が存在していたが、長享の乱以降の動向については明確ではない。おそらく、それらの内乱の過程で没落し、所領は扇谷上杉家や大森家の支配に帰し、さらに大森家の没落後は、宗瑞の支配に帰したとみられる。

実際、「役帳」においては、松田氏の本領であった松田郷は、惣領《そうりよう》分一三八貫文が遠山綱景の本領となっており、他に庶子分三〇貫文が北条宗哲、西分一四貫文余が松田康隆の所領となっている。また河村氏の本領であった河村郷（神奈川県山北町）は、二一九貫文余が松田康隆の本領となっており、他に田中分五〇貫文が田中助八郎の所領となっている。

遠山家の出自については明確ではないものの、おそらくは室町幕府奉公衆の美濃遠山氏の一族の出身で、幕府奉公衆から堀越公方足利家の奉公衆を経て、宗瑞に仕えたものと推測されている。宗瑞の家臣として遠山家が最初に確認されるのは、これより少し後になる永正三年（一五〇六）にみえる遠山隼人佐直景《はやとのすけなおかげ》（綱景の父）である（戦北一五）。宗瑞の伊豆経略から十年も経たないうちのものであることから、彼が北条家臣としての遠山家の初代にあたると考えられる。そしてこの直景が、宗瑞から同所をその本領として与えられたとみられる。直景はその後、大永三年（一五二三）には受領《ずりよう》名加賀《かが》守を称し、さらにその後に受領名丹波《たんば》守を称している。また同四年からは武蔵江戸城代を務めており、氏綱の代には筆頭家老的な立場となっている。

一方の松田康隆は、盛秀・憲秀の一族である可能性も考えられるが、松田郷西分や、国人松田左衛門尉の旧領である西郡東大友（同小田原市）五六貫文余を所領とし、「役帳」における記載順序を考慮すると、むしろ左衛門尉の直接的な後継者であった可能性が高い。宗瑞の西郡進出にあたって、国人松田氏が大きな役割を果たしたことは、「異本小田原記」などの軍記物類にみえていて広く伝えられている。このことを事実とみると、松田氏は、その功績によって宗瑞から河村郷を与えられ、同所を本領としたととらえられる。いずれにせよ、両郷における他の知行人をみても、両郷が大森家没落後に宗瑞によって収公され、改めて家臣らに配分されたものであったことは間違いないであろう。

宗瑞の西郡進出以前から同郡に本領を有していた家臣、すなわち宗瑞の西郡進出にともなって宗瑞に家臣化した、いわゆる旧勢力出身の家臣とみられるのは、この松田康隆のほかは、篠《しの》窪《くぼ》（同大井町）を本領とする篠窪氏、加茂宮《かものみや》郷（同小田原市）を本領とする加茂宮氏が確認される程度である。しかも松田康隆の知行高は二八九貫文余、篠窪氏一族の知行高は二六八貫文余であったが、それらは西郡全体の知行関係からみると、その比率は極めて低いものになっている。このことは、宗瑞の西郡進出以降において、そのまま存続しえた領主は、ほとんどいなかったことをうかがわせる。

これに対し、板部岡・南条・藤田・石巻・桑原・遠山・島津・小幡《おばた》・太田・笠原氏など、西郡進出以前からの譜代重臣の本領の存在が多く確認される。すなわち、宗瑞は郡域の大半を収公し、それらのうちの多くを直轄領としたほか、伊豆進出以前からの譜代家臣、伊豆進出以後に家臣化した、堀越公方足利家奉公衆や伊豆出身の家臣らに、新恩地として与えたとみられる。大森家の滅亡とそれにともなう宗瑞の進出は、西郡における領主層の総入れ替えともいうべき、大規模な変革をもたらしたものとみなされる。

小田原衆の編成

かつて大森家が小田原城を拠点として西郡を支配したように、宗瑞も同城を西郡支配の拠点としたことは間違いないと考えられる。おそらく小田原城は、本拠の韮山城に対する支城とされ、そして同城には、西郡の領域支配や軍事力を担う在城衆が編成されたとみられる。ここに小田原城を支配拠点とすることによって、本拠の韮山城は、宗瑞の領国における本城として位置するものとなっている。そしてまた、これにより宗瑞の家臣団は、本城韮山城を拠点とする伊豆衆ともいうべきものと、支城小田原城を拠点とする小田原衆ともいうべきものと、宗瑞の側近家臣から構成される御馬廻衆《おうままわりしゅう》などに編成されたとみられる。このうち小田原衆というのが、「役帳」段階の小田原衆の原型というべきものといえよう。

当時における小田原衆の構成については知るべくもないが、家臣のなかで最も高い家格を有し、西郡のなかでは卓越して高い知行高にあった苅野庄を一円的な所領としていた、松田家が、在城衆の筆頭として存在していたことは間違いないと思われる。また、「役帳」段階において も小田原衆として編成されている家臣のうち、西郡に本領を有している板部岡氏・南条氏など の譜代家臣、国人系松田氏・篠窪氏などの西郡出身の家臣らをはじめとして、伊豆・西郡に本領を有している家臣らも、すでに宗瑞の段階から小田原衆に編成されていた可能性が高いとみられる。

さらに「役帳」段階においては他の衆に編成されているもののうちで、西郡に本領を有している、江戸衆の遠山氏・島津氏・小幡氏、松山衆の太田氏などの譜代の有力者たちも、やはり宗瑞の時期に小田原衆に編成されていた可能性が高いとみられる。このうち遠山家は、西郡の北部地域に、本領松田郷惣領分を中心に集中的に所領を有していることから考えると、その可能性はかなり高いとみられる。おそらく、当時の小田原衆は、松田家・遠山家といった家老が城将の地位にあって、在城衆を軍事的に指揮したのではなかったかと思われる。

なおそのうちの島津氏は、薩摩《さつま》島津氏の出身という伝承をもつものの、そのこと自体は確実とは言いがたいが、駿河今川家の家臣の出身と伝えられている（『寛永諸家系図伝』）。初代を長徳軒といったといい、その子が右衛門尉忠貞で、遠山綱景と同世代にあたるとともに、遠山綱景の与力衆として江戸衆に所属している。初代の長徳軒は、遠山直景と同世代にあたるとみられるから、これが宗瑞に家臣化した人物とみなされるであろう。

それとともに、太田氏も駿河今川家の家臣の出身であった可能性がある。この太田家は、仮名又三郎・官途名弾正忠・受領名豊後《ぶんご》守を称しているが、応仁二年（一四六八）に今川家臣として同名の人物が存在していることからすると、その子あたりが、今川氏親から宗瑞のもとに派遣されたものであった可能性が想定できるのである。先に触れた岩本氏も同様にみなされるから、島津氏・太田氏・岩本氏など、宗瑞の家臣には、今川家臣出身も多く存在したことがうかがわれるものとなろう。

そしてこの後において、宗瑞はさらに相模の中郡・東郡などをも相次いで攻略していくのであるが、そうした宗瑞の領国の拡大とともに、小田原衆構成者もそのつど変化していったとみられる。とくに中郡については、在城衆の編成をともなう支城は取り立てられていないから、中郡出身の家臣、中郡に本領を与えられた家臣などは、当初は小田原衆として編成されたものとみられる。そして氏綱によって小田原城が北条家の本城とされると、さらにその構成は大きな変化を遂げることになる。

西郡における検地

宗瑞の西郡支配において特筆されるのは、永正三年（一五〇六）における検地であろう。これは北条家の検地としても、最初に確認される事例でもある。それだけではなかった。この検地は、現在のところ、戦国大名による検地としても明確に確認されるものとしては最初の事例とみられている。しかしながらこの検地に関する史料は、わずか二点がみられるにすぎない。

一点は、「役帳」における記載であり、小田原衆南条右京亮《うきょうのすけ》綱長の本領西郡宮地（神奈川県湯河原町か）八一貫九〇〇文について、「此内廿三貫三百文　有物、丙寅検地辻」という注記がみられる。「役帳」が作成された永禄二年（一五五九）以前における「丙寅」年は永正三年にあたり、「有物」は増分（村高の増加分）の意味である。この注記は、宮地における南条綱長の知行高八一貫文余のうち、二三貫三〇〇文は増分で、永正三年検地によって打ち出された「辻」（合計）である、ということを示している。

すなわち、同地における南条綱長の元来の知行高は五八貫六〇〇文であったが、永正三年検地によって打ち出された増分二三貫三〇〇文を加えられて、八一貫九〇〇文となったことがわかる。このことから、元来の知行高が確定されたときに、一度目の検地があり、永正三年検地は、少なくとも二度目以降の検地であったことがわかる（則竹雄一『戦国大名領国の権力構造』）。永正三年検地は、再検地であったのである。ちなみに一度目の検地は、おそらく同地が宗瑞の支配に帰し、南条氏に所領として与えられた際に行われたものであったに違いない。それは宗瑞が小田原城攻略後に、西郡への領国支配を開始したとみなされる文亀元年（一五〇一）の可能性が想定される。そうすると宗瑞が領国に対して検地を行った最初は、文亀元年のことであったとみることができるかもしれない。

もう一点は、永正三年正月十四日付の遠山直景寄進状（戦北一五）である。これは家老の遠山直景が、本領の西郡松田郷惣領分に所在した菩提寺《ぼだいじ》である延命寺に、同郷内の土地を寺領として寄進したものである。そこには田畠の面積とそれに対する貫高が明記されており、それは田一反につき五〇〇文、畠一反につき一七六文となっている。この数値は、その後において北条家が検地の際に採用している貫高数値（田一反五〇〇文・畠一反一六七文）とほぼ一致することから、この遠山直景の寺領寄進は、検地の施行の結果をもとに行われた、ととらえられている。

このように、永正三年の検地の施行が確認されるのは、宮地・松田郷といずれも西郡の地であり、このことから、同年の検地はおよそ西郡一帯にわたって施行されたと考えられる。検地は、原則として村落ごとを対象に行われるもので、村落の田畠面積を調査して、田畠ごとに基準貫高を乗じて、その合計を貫高で表示し、村落の高を決定するものであった。この高は村落に対する課税基準額とされるとともに、そこから様々な控除分などが差し引かれて、村落の年貢高や公事《くじ》高が決定され、あるいは家臣の知行高が決定されるものとなっている。したがって検地は、村落の年貢高・公事高、家臣の知行高を決定するための基礎となる政策であった。

この永正三年に西郡において行われた検地は、先に述べたように、北条家の検地施行の事例としては初見のものであるが、必ずしも実際に最初に行われた検地であったわけではなかった。しかし、この時の検地は、宗瑞にとっては新領土である西郡に対し、獲得してから数年後に、全域にわたって一斉に行われたもののようにみられる。その意味で、これは新領土に対して一斉的に施行された領域検地としての性格をもっている。別の言い方をすれば宗瑞は、その新領土における村落の貫高を統一的に決定し、その年貢高や税額を決定する必要があり、検地はそのために行われたとみなされる。宗瑞は、これによって西郡の各村落に対する支配の確立を果たしたということができる。

これらのことから、この時の検地は、北条家にとっても、一定地域を対象にした領域的な一斉検地として、最初のものであったとみていい。これは戦国大名全体をみわたしても、最も早い事例となる。少しおおげさにいえば、現時点において日本列島で最初に戦国大名による統一的な検地が行われたのが、この西郡であったということにもなろう。

山内上杉家との対立

宗瑞が相模西郡支配を開始した文亀元年（一五〇一）は、宗瑞をめぐる政治情勢も大きく展開していくものとなる。宗瑞が敵対関係をとっていた山内上杉家と、今川氏親が抗争関係にあった尾張斯波家が盟約を成立させ、それによって宗瑞・今川氏親をめぐる抗争関係は、関東の両上杉家、山内上杉家と連携する甲斐武田家、それと抗争関係にある信濃《しなの》諏訪《すわ》家、斯波家と連携関係をとった信濃の府中・松尾両小笠原家によって展開されるという、極めて広域的かつ大規模なものとして展開されるものとなるのであった。

宗瑞が伊豆侵攻をすすめていた時期、今川氏親は明応五年（一四九六）から同八年まで、自ら総大将となって、連年にわたって遠江への侵攻を展開していて、遠江半国の領国化を遂げるようになっていた。氏親は、さらなる侵攻を意図していて、遠江全域の領国化を図っていた。その遠江国を勢力下においていたのが、尾張国を本国としつつ、遠江国については守護国として勢力をおよぼしていた、斯波家であった。この斯波家は、室町幕府の元管領《かんれい》家の一つであり、この時の当主の斯波義寛は、将軍足利義澄とそれを支える管領家の細川政元との連携を成立させるようになっていた。

そうした情勢をうけてのことか、斯波義寛は文亀元年三月になって、遠江において反攻を画するようになって、遠江における味方勢力への支援のために、弟の義雄《よしかつ》・寛元を遠江に派遣するとともに、信濃国守護の系統にあたる府中小笠原貞朝《さだとも》と松尾小笠原定基《さだもと》に連携を働きかけた。さらに義寛は、遠江における重臣であった狩野上野介《こうずけのすけ》寛親《とおちか》を、山内上杉顕定のもとに派遣して、「屋形（斯波義寛）より管領（山内上杉顕定）へ懇望の子細」を伝えている。

その内容は、①遠江については、今川氏親が理由無く攻めてきていて、無念であったが、家臣の争いがあって放置していた、②尾張・三河両国が安定し、信濃（小笠原家）も味方になったので、この秋に必ず遠江に入国するつもりである、③関東は（扇谷上杉家と）和睦がなっているから、伊豆についてはいうまでもなく、（斯波家への）支援（「合力」）のために駿河に対する軍事行動について検討してもらいたい、というものであった。すなわち斯波義寛から上杉顕定への、今川氏親・伊勢宗瑞に対する共闘の申し入れであった。

狩野寛親は、春（正月から三月）から六月半ばまで、上杉顕定のもとに滞在し続けていた。それは顕定からの返事をなかなか得られなかったからであろう。その間の五月七日には、義寛の嫡子義達《よしみち》が山内上杉家臣の土肥次郎に宛てて書状を出して、「遠江への支援のため、駿河に向けて進軍してもらいたい」ということをあらためて要請している。これをうけてであろう、上杉顕定は六月十六日には、狩野寛親に対して、了解したと返事し、これをうけて斯波義寛は狩野寛親に、遠江情勢が緊迫しているので、顕定の了解を得てすぐに帰還するようにと命じて、遠江に帰国させている（拙著『今川氏親と伊勢宗瑞』）。

こうして山内上杉家と斯波家は盟約関係を成立させたのであった。斯波家にはさらに信濃小笠原家も味方していた。そして斯波家から山内上杉家に対しては、今川氏親・伊勢宗瑞の領国である駿河・伊豆への侵攻を要請しており、上杉顕定はそれを受け容《い》れたのであった。しかも上杉顕定は、これまで甲斐武田信縄と連携していたから、氏親・宗瑞と斯波家の抗争は、山内上杉家・甲斐武田家・信濃小笠原家をも巻き込んだ、かなり広域的な状況のなかで展開されるものとなる。

宗瑞の甲斐侵攻

斯波軍は遠江に進軍すると、二俣城（静岡県浜松市）などを拠点に、遠江中部を確保しながら今川方勢力への攻撃を展開した。こうした情勢に対して氏親・宗瑞は、反撃を展開するのであるが、それに先だって閏《うるう》六月二日に、宗瑞は信濃諏訪郡の国衆・諏訪家に連携を働きかけて、武田家への挟撃を図っている（戦北八）。もっともこの時に宗瑞は甲斐には侵攻していないので、これは武田家と対立関係にあった諏訪家と結んでおくことで、武田家が駿河に進軍してくることを牽制《けんせい》しようとしたものであったとみられる。そしてそのうえで七月に、氏親は宗瑞らを率いて遠江に進軍するのである。

ちなみにこの時の軍事行動が、氏親と宗瑞がともに出陣した最初であった。宗瑞からみれば、初めて氏親の配下というかたちで軍事行動したものになる。宗瑞は、氏親が元服する以前の明応三年（一四九四）まで、元服前のために出陣できない氏親に代わって、氏親の後見役としての立場から、今川軍の総大将を務めていた。同五年から、ようやく氏親が出陣できるようになったところに、宗瑞は伊豆侵攻に専念せざるをえなくなったために、氏親の遠江侵攻には従軍できないでいた。それがこの時に従軍が叶《かな》うこととなる。またこのことから、宗瑞の立場が、すでに伊豆一国・相模の一部を領国とする戦国大名でありながらも、あくまでも氏親の配下にあったことを明確に示している。

氏親・宗瑞の遠江での軍事行動は、七月から九月にかけて行われ、遠江における斯波方の反攻を防ぐにとどまらず、逆に国府である見付《みつけ》（同磐田市《いわた》）の攻略をも果たし、とりあえず斯波方の勢力を二俣城以北と、いまだ経略できていない河西地域におしとどめたとみなされる。ちなみに宗瑞は、十一月八日付で、河西地域の黒山城（堀江城、静岡県浜松市）の堀江三郎左衛門尉為清に宛てて、三河進軍の忠功を氏親に上申したことと、加増地が与えられることを伝えている判物《はんもつ》写がある（戦北九）。これに基づけば宗瑞は、この時にさらに三河まで侵攻したことになる。しかしながら、堀江氏が今川家に服属した形跡はなく、河西地域を領国化するのはこれより後の永正元年（一五〇四）であり、この堀江氏を没落させていることからすると、この判物の内容には齟齬《そご》がみられている。そのため現時点では、同文書の内容については慎重な態度をとっておく。

斯波義寛は、盟約の通りに軍勢を遠江に進軍させたのであったが、山内上杉顕定は駿河・伊豆への進軍を行わなかった。逆に十一月二十六日に、扇谷上杉家の本拠・河越城の攻撃にあたっている。これによって明応八年から和睦が成立していた山内・扇谷両上杉家の抗争は、三度《み》開始《たび》されるのである。

山内上杉家は斯波家との盟約によって、駿河・伊豆への侵攻が図られていたことからすると、この両上杉家の抗争再開の背景には、宗瑞の働きかけがあったかもしれない。山内上杉家の駿河・伊豆への進軍は、扇谷上杉家との和睦状態が前提になってのことであったから、宗瑞はそれを抑止するために、盟約関係にあった扇谷上杉家に働きかけ、抗争再発を誘発したのではなかったか、とも思われる。そして両上杉家の抗争はこの後は、永正二年（一五〇五）三月の同乱の終結まで続いていくものとなる。

翌文亀二年になると、宗瑞は九月十八日に、伊豆から甲斐に侵攻している（小Ⅰ三二四）。ちなみにこれを記す「勝山記」では、この記事は「文亀元年」として記されているため、これまでも同年のこととみられることがあった。しかし同年記事の干支《えと》は文亀二年のものであることから、正しくは同二年であることが明らかになっている。この当時、新たな年号に改元された際に、その翌年を新年号の「元年」と認識する慣習が存在していて、それにあたるものと考えられている。

宗瑞は九月十八日に甲斐に侵攻すると、郡内の吉田城山・小倉山（同富士吉田市）に在陣した。二十日には合戦があり、宗瑞はそこで戦功をあげた家臣の神田祐泉に二十二日付で感状を与えている（戦北四六〇〇）。これに対して武田信縄は国内勢力を動員して対抗したといい、そのため宗瑞は十月三日の夜に退陣するのであった。ここでの甲斐への侵攻は、前年閏六月に武田家挟撃のために信濃諏訪家と連携を成立させたにもかかわらず、それが実現されなかったこと、武田家は山内上杉家と連携していたことからすると、諏訪家との協約を実現するとともに、連携する扇谷上杉家への側面支援のためであったろうか。

またこの時、相模から没落した大森式部大輔（明応五年〈一四九六〉の式部少輔の子か）が、武田信縄を頼って甲斐に在所していたとみられるので、それとの抗争の延長であったかもしれない。小田原城から没落した後の大森家の動向は明確ではなく、「異本小田原記」などでは、扇谷上杉家を頼って相模中郡の実田城に逃れたことを記していて、これまでもそのようにみられることもあった。しかし大森家は、山内上杉方の立場にあったことから考えると、果たして扇谷上杉家を頼ったのかは疑問になる。むしろその後に、武田信縄のもとにあることが確認されているので、そのまま同じ山内上杉方であった武田信縄を頼ったとみるのが適切と思われる。

いずれにしてもこの頃から宗瑞にとっては、山内上杉方であった大森家を没落させたことをうけて、山内上杉家と、それと連携しかつ大森家を庇護《ひご》していた甲斐武田家との抗争が、次第に比重を高めつつあった様子がうかがわれるように思われる。

宗瑞の再度の武蔵進軍

それから二年後の永正元年（一五〇四）正月になると、宗瑞はいよいよ山内上杉領国への侵攻を展開するようになる。この年正月七日に、山内上杉顕定は、上野の家臣の神保孫太郎に対して、武蔵多西《たさい》郡南部の国衆で椚田《くぬぎだ》城（東京都八王子市）を本拠にする長井次郎広直から、宗瑞が同地に向けて侵攻してくる情勢が伝えられて、援軍の派遣を要請されたことをうけて、上野の有力家臣の小幡右衛門佐景高を援軍として派遣することにして、これに従って参陣することを命じている（小I三二〇）。

これによって宗瑞が、椚田城攻めの動きをみせていたことがわかる。椚田城を本拠とした長井家は、この頃には、椚田城が所在した横山庄から、小山田庄や相模東郡の北部までにわたる領国を展開していたものとみなされ（拙著『戦国期山内上杉氏の研究』）、そのため扇谷上杉家の領国であった相模の東郡・津久井領に隣接して存在していたものになる。ここで宗瑞が椚田城を攻めるにあたっては、扇谷上杉家の領国であった東郡を経由していくものとなるから、すでに両上杉家の抗争が展開されているなかでのことであり、これは明らかに扇谷上杉家から、その要請をうけての行動であったとみなされる。

宗瑞が椚田城攻略のために進軍したのが何時《いつ》であったのかは明らかにならないが、三月には同城に向けて進軍していたことが確認される。そしてこれをうけて上杉顕定は、三月晦日《みそか》に、多西郡北部の国衆で勝沼城（同青梅市）を本拠にする三田弾正忠氏宗に、椚田城への支援を命じている（拙著『戦国期山内上杉氏の研究』所収「戦国期山内上杉氏文書集」四四号）。この時、顕定は扇谷上杉家の本拠・河越城攻撃のために、上戸陣に在陣していて、家宰《かさい》の長尾修理亮顕忠《しゅりのすけあきただ》（忠景の子）を椚田城への援軍として派遣したのであったが、扇谷上杉方が進軍してきたために、これを帰陣させざるをえなくなり、そのために三田氏宗に援軍を要請したのであった。

宗瑞の武蔵多西郡への侵攻は、両上杉家の対陣が行われているなかでのことであったことがわかる。そうすると扇谷上杉朝良は、山内上杉方の軍勢を他方面に振り向けさせるべく、宗瑞に椚田城攻撃を要請したものとみることができるかもしれない。そして宗瑞は、長年にわたって盟約関係を結んでいることに基づいてか、あるいはより直接には、山内上杉家との和睦を破棄させたことへの見返りとしてか、それを受け容れたのであったろうか。いずれにしてもその行動は、まさに両者の連携によるものであったとみなされる。

その一方において上杉顕定は、四月までのうちに長尾顕忠の軍勢を駿河御厨に進軍させていたのであった（同前五四号）。これは長尾顕忠の重臣矢野安芸《あき》守憲信に四月三日付で出した書状から知られるものになる。そこで顕定は、御厨から帰陣して間もないが、軍勢が不足しているのですぐに参陣するように命じている。そうすると矢野憲信が御厨に進軍していたのは、三月までのことであったと推測される。そしてここでの駿河への進軍は、かつて斯波家と盟約したことの実現にあたるものとみることができる。

この山内上杉軍の御厨侵攻にともなうものとみられるのが、梨木沢（梨木平、静岡県小山《おやま》町）での合戦であり、そこで葛山孫四郎が戦死している（「勝山記」）。ちなみにこの記事も「文亀三年」とあるが、干支は永正元年のものであるから、正しくは永正元年の記事となる。葛山孫四郎は、駿東郡南部の国衆・葛山家の一族とみてよいであろう。御厨は、氏親に従属していた垪和氏の領国とみなされるから、ここで葛山氏が参戦しているのは、それへの援軍としてであったとみなされる。

これまでであれば、御厨や郡内の軍事行動については宗瑞があたっていたのであるが、ここではどうであったのだろうか。実は「勝山記」には、「永正元年」の記事も立てられており、そこに同じく御厨での合戦のことが記されていて、「駿河平に伊豆の国勢向かいて伊豆勢負ける也」とある。その時期については明記されていないものの、前後の状況から判断すると、この三月頃におけるもの、すなわち梨木沢での合戦と同じ事態を指すとみてよいと考えられる。

そうであればこの時も、宗瑞は軍勢を派遣していたことになり、姻戚関係にある葛山家とともに、迎撃にあたったものとみなされる。ただし葛山家はあくまでも今川家に従属する関係にあったから、それへの出陣命令は氏親から出されたに違いない。しかしいうまでもないが、宗瑞自身はこれには参加していなかったとみなされ、宗瑞はちょうど武蔵に進軍していたから、ここで派遣されたのは、留守の軍勢であったとみなされよう。

なお宗瑞による桝田城攻めが永正元年であると確定できているわけではない。しかし両上杉家の抗争が再開された後の文亀二年（一五〇二）から、上杉顕定が三田らに出している書状にみえている花押《かおう》型によって、この永正元年までの間のことであるのは確実である。そしてそのなかで、上杉顕定が四月三日に矢野憲信に軍勢不足からすぐの参陣を命じている情勢は、その直前にあたる三月晦日に、扇谷上杉方の進撃があったために、桝田城支援として派遣した長尾顕忠の軍勢を呼び戻している情勢に、合致しているとみられる。そのため宗瑞の桝田城攻めは、それと同年のこととみなすことが可能となろう。

そうであればこの時、宗瑞は正月から三月にかけて相模を通過して桝田城攻めを行い、その一方で山内上杉顕定は三月までに武蔵から甲斐を通過して駿河御厨に軍勢を進軍させた、という状況であったことになる。文亀元年に結ばれた斯波義寛・山内上杉顕定・甲斐武田信縄の連携が、その後も継続されていて、ちょうどこの時に宗瑞と山内上杉顕定は、互いに敵方への侵攻を展開し合ったものとなる。宗瑞の桝田城攻めと、山内上杉軍の御厨進軍のいずれが切っ掛けであったのかはわからないが、この状況は、遠江における今川家と斯波家の抗争と、関東における両上杉家の抗争が、甲斐武田家をも巻き込んで、広域的に展開されるようになったことを如実に示すものといえよう。

ちなみに甲斐武田家に関しては、先にも述べているが、河内領の国衆の穴山武田伊豆守信懸は、氏親・宗瑞に従う関係にあった。その関係はその後も良好に継続されていたとみなされ、この前後にも、前年の文亀三年の冬には、信懸は今川氏親から、氏親が所有していた『太平記』写本を借用するという、親密な関係にあったことがわかる。ちなみにこの時、信懸の側で書写したものの、落字などがあり誤りが多いものになってしまったらしく、そこで信懸は、「結盟」の関係、すなわち盟約関係にあった宗瑞が、良質の『太平記』写本を所有していることから、それを借用し、書写している。その書写はこの年の八月二日のことであった（小Ⅰ三二〇）。

宗瑞が所有していた『太平記』写本というのは、極めて良質のものであったらしい。宗瑞の所有本は、宗瑞が多くの類本を借用し校合《きょうごう》して作成したものに、関東の大学と称された下野《しもつけ》足利学校（栃木県足利市）の学僧にも校訂してもらったうえ、さらに宗瑞が再度（「重比」）上洛《じょうらく》した際に、京都公家社会における学者にあたる壬生《みぶ》官務《かんむ》大外記《だいげき》に校訂などをしてもらったものであったという。宗瑞の上洛時というから、その最後は延徳三年（一四九一）のことになるので、長享元年（一四八七）からの駿河下向時に足利学校の学僧に校訂を依頼し、その後の上洛した時に壬生家に校訂などを依頼したものであったと推測される。

これらのことは宗瑞の修得していた文化教養が相当のレベルのものであったことをうかがわせる。それはいうまでもなく、京都時代に培ったものとみなされるであろう。

宗瑞の遠江河西への出陣

宗瑞が行った正月から三月にかけての枡田城攻めは、山内上杉顕定の対応によって実現をみることはなかったとみなされる。その後、宗瑞は、七月末頃から八月にかけて、遠江河西地域に進軍して、斯波方として存在していた二俣城や、黒山城（堀江城）などを攻略して、同地域を経略している（拙著『今川氏親と伊勢宗瑞』）。その前提には、六月に、河西地域の村櫛御厨（静岡県浜松市）の領家であった大沢氏が、今川氏親に従属してきていたことがあった。六月十一日付で氏親は、大沢氏に、所領の安堵《あんど》を認めるとともに、詳細については宗瑞が連絡することを述べているので（小I三一七）、大沢氏への従属の働きかけを宗瑞が行っていたことがうかがわれる。

おそらくはそれをうけて、宗瑞は実際に河西地域に出陣し、大沢氏の服属をうけて、黒山城などの攻略を行って、同地域の経略を遂げたものと思われる。この時、氏親の出陣はみられなかったため、宗瑞が「名代」として今川軍を率いて進軍したとみなされ、他に今川家の家老で遠江懸川《かけがわ》城主の朝比奈泰熙《やすひろ》の軍勢とともにすすめられたものであった。黒山城の攻略は、七月三十日には遂げられているので、その時には河西地域の経略を遂げたとみなされる。これは同時に、遠江の全域が、ようやくに今川家の領国となったことを意味していた。

そしてその翌日の八月一日付で、宗瑞は大沢氏に対して、先に氏親から安堵が約束されていた雄奈郷（同浜松市）について、その領有を保証することを示す、雄奈郷に大沢氏への年貢納入を命じる判物を出して、これを与えている（戦北一〇）。ここでは雄奈郷に命じた判物を、

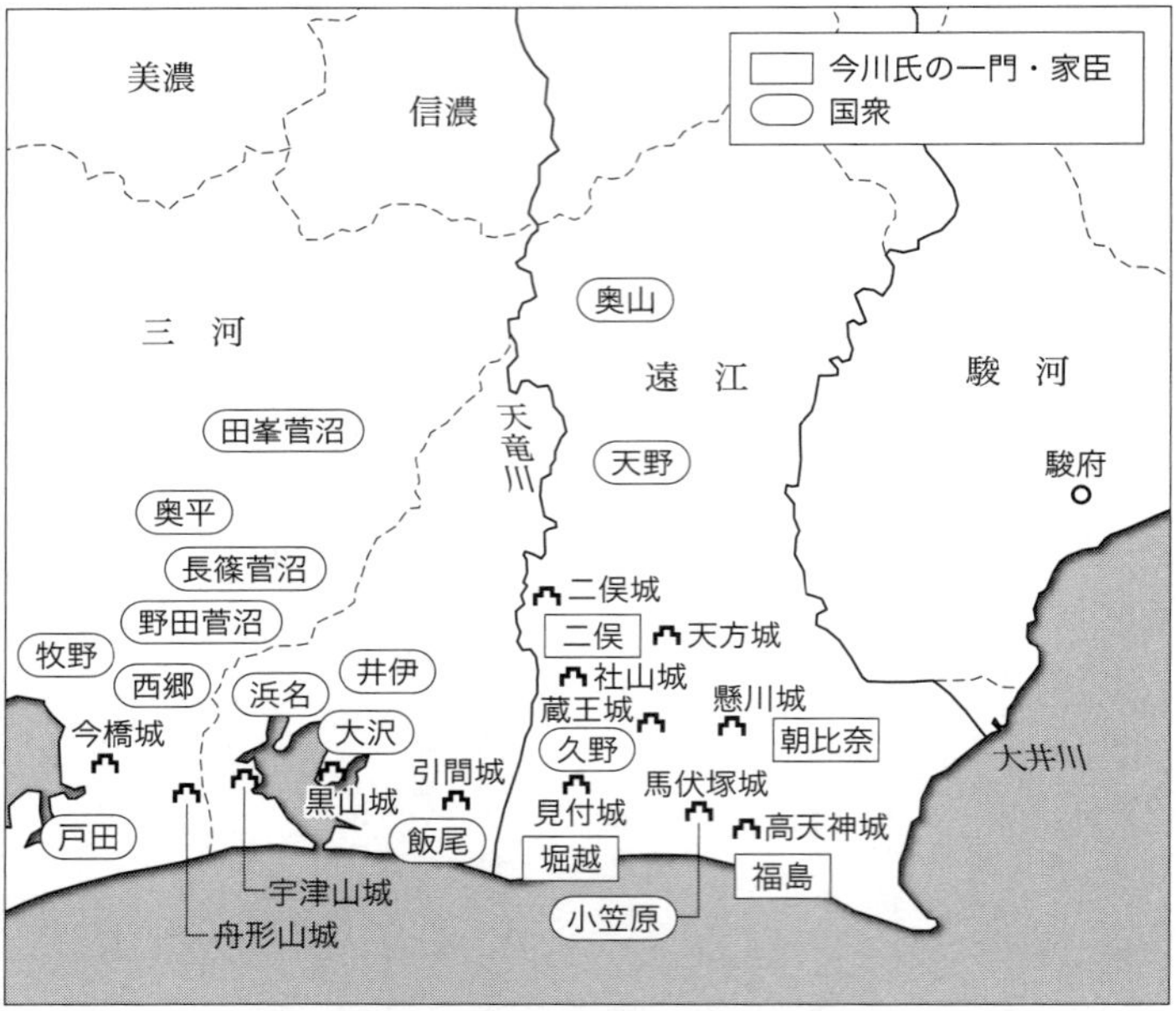

遠江・東三河の国衆（鈴木将典『国衆の戦国史』所収図に加筆）

その権利を獲得することになる大沢氏に与えていることになり、いわば文書の受領者と宛所が異なるものとなっているのであるが、これは当時の文書の在り方としては普通のことである。文書はそれによって利益を獲得するものが、発給者に申請し、出してもらうものであり、受領者はそれを宛所に提示して、利益を確保するのであった。

宗瑞の遠江在陣が何時《いつ》までであったのかは明確ではないが、八月末には、黒山城攻略で戦功をあげた今川家臣に対して、氏親から感状が与えられているので、その頃には帰陣していたとみてよいであろう。またこのように、宗瑞が総大将としての軍事行動における戦功について、今川家臣に対しては、あくまでも主人である氏親から感状が出されているのである。宗瑞は今川軍の総大将を務めたものの、それはあくまでも「名代」の立場にすぎず、所領の充行《あてがい》や安堵、感状の発給はあくまでも氏親に権限のあることが明示されているといえる。宗瑞が雄奈郷に宛てたものは判物という、保証書の様式で出されているものの、それは氏親の命令をうけてのものであった。

氏親・宗瑞の武蔵出陣

その八月下旬になって、宗瑞による椚田城攻めを凌《しの》いだ恰好《かっこう》となっていた顕定は、一転して八月二十一日から、扇谷上杉家への攻撃を本格化させていった。その日、本陣にしていた上戸陣から出陣し、扇谷上杉家の本拠・河越城を攻めるために、仙波に進軍している。しかし攻略できなかったためか、九月初めになると、今度は扇谷上杉家のもう一つの重要拠点であった江戸城を攻めようとして、白子（埼玉県和光市）に陣を移した。扇谷上杉朝良はこれをうけて、今川氏親・伊勢宗瑞に援軍を依頼したとみられ、氏親・宗瑞はこれを容《い》れて出陣するのであった。宗瑞は遠江の在陣から帰還したばかりであったとみられ、矢継ぎ早の出陣であったことであろう。

ちなみに、氏親が扇谷上杉家への援軍をはたらいて、武蔵まで進軍するというのは、これが最初で最後のものになる。そのため氏親にとっては、唯一の関東までの出陣であった。それまでにも扇谷上杉家への援軍派遣は、明応三年・同五年にもあったが、実際に進軍したのは宗瑞とその軍勢であり、いずれも宗瑞の判断によるとみられる。それが今回は、氏親が自ら出陣し、今川軍を動員してのものとなった。氏親が出陣するということは、扇谷上杉家への援軍の主体は、宗瑞ではなく、氏親におかれるものとなる。では、なぜここで氏親は出陣することにしたのかといえば、それはこの年の三月頃に山内上杉家から御厨に進軍をうけたことによるとみなされる。氏親の領国であった御厨に侵攻をうけたことに対しての報復、とみなされる。戦国大名はそのように、領国への侵攻をうけたら、それへの反撃を行うというのを基本的な考えとしていた。ここでの氏親の行動は、まさにそれにあたる。

まずは宗瑞が、九月六日に韮山城を出陣したとみられ、その日に相模江島（神奈川県藤沢市）に禁制を与え（戦北一一）、十五日には武蔵府中（東京都府中市）に向かう途中となる益形山（神奈川県川崎市）に着陣した。おそらくは遠江から帰陣してすぐの、立て続けての出陣であったものとみられる。続けて氏親が十一日に駿府を出陣し、同十三日には家老の朝比奈泰熙・福島助春らの駿河・遠江の軍勢が出陣した。そのうち朝比奈泰熙は、それまで宗瑞とともに遠江に在陣していたから、これも慌ただしく出陣したものであろう。そして氏親とその軍勢は、二十日から二十二日にかけて、宗瑞が在陣する益形山に着陣して合流した。氏親はこの間、通過してきた相模鎌倉の鶴岡《つるがおか》八幡宮（神奈川県鎌倉市）に禁制を与えている（戦今一五七）。

こうした情勢をうけて、山内上杉顕定は、それらへの対応のために、白子陣から離れて、府中に陣を移したと思われる。さらに古河公方足利政氏に出陣を要請した。これをうけて扇谷上杉朝良も、本拠の河越城を出陣して、多摩川南岸に進んできて、今川・伊勢軍に合流し、府中に向けて進軍したとみられる。両軍は二十五日には、多摩川を挟んで立河原《たちがわら》（東京都立川市）で対陣となったようである。古河公方足利政氏の軍勢は、この時はまだ合流していなかったが、すでに出陣していたようである。またこの時、上杉顕定は、武田信縄に庇護されていた大森式部大輔に出陣を要請するとともに、その時には武田信縄に了解を得ておくように求めている（小Ⅰ三二九）。顕定も、古河公方足利政氏・武田信縄・大森式部大輔と、関東周辺における味方勢力をできるだけ動員して対抗したのであった。

そして両軍は二十七日、合戦となった。合戦は扇谷上杉・今川・伊勢方の大勝利となり、二〇〇〇人を討ち取ったという。これを立河原合戦と称している。敗北した山内上杉顕定は、本拠の武蔵鉢形城に後退した。

氏親・宗瑞は、これをうけて帰陣し、十月四日に鎌倉に到着している。氏親は同地に一、二日滞在して、その後は伊豆熱海（静岡県熱海市）に湯治のため「一七日」（十七日であろうか）も滞在している。そして宗瑞の本拠の韮山城に入って、そこでもまた二、三日滞在している。そして二十五日のことであろう、ようやくに帰国の途について、その日に三島社に参詣して祈願するとともに、三日かけて同行する連歌師《れんがし》の柴屋軒宗長《さいおくけんそうちょう》と連歌を詠んでいる（小Ⅰ三二八）。駿府に帰還した日にちは不明だが、それから数日後のことであったろう。

こうして氏親・宗瑞の、両者揃っての扇谷上杉家への援軍としての、武蔵進軍は終わった。それはまた氏親にとって、最初で最後となる関東への出陣でもあった。山内上杉軍との合戦そのものは、わずか一日で決着がつくというあっけないものであり、そのため氏親・宗瑞は、すぐに帰陣することができたものとなっている。その後、この年における宗瑞の動向については、知られるものはない。遠江への進軍、武蔵への進軍と立て続けの軍事行動を展開したのであり、しかも伊豆からみればいずれも遠隔地であったといえるから、それによる家臣等の疲弊は相当なものであったように思われる。

長享の乱の終結

なお両上杉家の抗争に関しては、その後に山内上杉顕定は、越後国守護であった実弟の上杉房能に援軍を要請し、それをうけて越後上杉家の家宰である長尾能景を大将とする越後上杉軍が、永正元年（一五〇四）の十一月初めに、関東に進軍してきている。同軍は、それから扇谷上杉領国を席捲《せっけん》し、武蔵・相模の重要拠点などを相次いで攻撃していくことになる。これに対して扇谷上杉家は、上戸陣への攻撃を行い、顕定の重臣の長尾弥五郎（顕忠の弟）などを討ち取る戦果をあげたが、翌二日には、越後上杉軍により武蔵椚田城を、同月二十六日には相模実田城を攻略されるのである。ちなみに椚田城の長井広直は、三月までは山内上杉方であったから、おそらくは立河原合戦を機に、扇谷上杉方に転じていたものとみられる。それがここで攻略され、これによって長井家は滅亡を遂げている。

扇谷上杉方では、越後上杉軍に対しては、一門衆の上杉朝昌（当主朝良の実父）が拠《よ》る東郡大庭《おおば》城（神奈川県藤沢市）を防衛拠点としたらしい。三浦郡の国衆の三浦道寸も、それへの支援のため出陣したことが知られている。このようにして扇谷上杉家は、上戸陣に在陣する山内上杉軍と、相模・武蔵を進軍する越後上杉軍の両方を相手にすることになり、武蔵・相模で重要拠点を攻略されるなど、苦戦を強いられるかたちになった。

そして翌同二年になって、越後上杉軍は江戸方面に進軍したものとみられ、三月になって、扇谷上杉朝良はそれを迎え撃つために武蔵多東《たとう》郡中野（東京都中野区）に在陣し、両軍は対陣したとみなされる。ところがその隙に、同月七日に、山内上杉顕定から本拠の河越城への総攻撃をうけてしまうのであった。合戦では両軍から多くの戦死者を出した末に、河越城は落城してしまった。そのためこれをうけて、上杉朝良はついに上杉顕定に降伏することにし、対陣する長尾能景を通じて、和睦を申し入れたものと思われる。なおこの時、朝良は家宰の太田六郎右衛門尉を誅殺《ちゅうさつ》している（「年代記配合抄」）。和議をすすめるなかでのことであったとみなされるので、あるいは六郎右衛門尉は、和議には反対する態度をとっていて、朝良は和議実現のためにそれを誅殺したのかもしれない。

こうして扇谷上杉朝良は、山内上杉顕定に対して事実上、降伏することになり、これによって、二十年近くにわたって展開されてきた長享の乱は、ついに終結するのであった。ただ朝良の降伏は、名目的には古河公方足利政氏への帰参という形式がとられるものとなっている。山内上杉家は古河公方足利家を補佐する立場をとり、そのため扇谷上杉家の行動は、古河公方足利家への敵対という体裁になっていたためとみられる。この結果として、朝良は隠居することになり、出家して法名建芳を称して、重要拠点の一つであった江戸城に退いた。そして家督は養嗣子の朝興《ともおき》（朝良の実兄朝寧《ともやす》の長男）によって継承されたとみなされている。

この長享の乱は、宗瑞の関東進出とは密接に関連をもっていたものであった。そもそもこの戦乱がなければ、宗瑞の関東への進出はなかったかもしれない。明応二年（一四九三）からの伊豆侵攻の展開は、山内上杉顕定と甲斐武田信縄と連携する堀越公方足利茶々丸への対抗として、扇谷上杉定正と結んですすめられたものであった。またこの行動が、ちょうど和睦中であった同乱を、翌年に再開させる契機の一つともなっていた。同七年に伊豆一国の経略を遂げた後に、両上杉家は二度目の和睦を成立させたが、それも同九年における宗瑞による相模西郡経略が、翌文亀元年（一五〇一）に戦乱を再開させる契機の一つとなっていたとみなされる。

この戦乱のなかで、宗瑞は一貫して扇谷上杉家との盟約関係を維持して、山内上杉家と連携していた足利茶々丸や、大森式部少輔を滅ぼすことによって、伊豆一国と相模西郡の経略を果たし、それらを領国とする戦国大名として、関東における政治勢力として存立をみるようになったのである。まさにこの戦乱が、宗瑞の戦国大名化にあたって、重要な背景に位置したことがわかる。しかしこの戦乱も、ようやくに終結をみることになり、それにより宗瑞が、関東の政治動向に関わる外的な要因は消失することとなったといえる。この後において、宗瑞が再び関東の政治情勢に関わりをみせるのには、異なる要因が作動していくのであった。

第五章　両上杉家への敵対へ

永正の乱の勃発

長享の乱は終結をみたとはいえ、やはり関東の政治勢力同士の抗争は、容易にはおさまりをみることはできずに、それから一年も経たない永正三年（一五〇六）四月から、今度は古河公方足利政氏とその嫡子高基（当時は高氏。同六年六月に改名）との対立を生じさせ、高基が古河城から下野宇都宮城（栃木県宇都宮市）に移座して、両者の抗争が展開されることとなった。ようやく古河公方足利家と両上杉家との一体化が遂げられたと思ったら、今度は古河公方家の内部分裂が生じたのである。

高基は外戚の下野宇都宮家の支援をもとに政氏に対抗するが、宇都宮家をめぐる国衆間抗争に際して、高基が宇都宮家に擁立された、というのが実態であった。享徳の乱の展開以来、地域における国衆同士の抗争は、上位権力における対立軸に結び付くことによって互いに正当性を獲得していた。享徳の乱では、古河公方足利家と両上杉家、続く長享の乱では山内上杉家と扇谷上杉家という具合である。長享の乱が終結し、古河公方家と両上杉家の一体化によって明確な対立軸がみられなくなったため、それらの対立構図は古河公方家の内部に食い込んでいき、ついに古河公方権力を分有する嫡子高基がそれに応じて、古河公方家そのものが分裂するにいたったのである。

　こうして勃発した戦乱を、永正の乱と称している。戦乱は数度の和睦と抗争再開を繰り返しながら展開されて、最終的には永正十五年四月に、足利政氏が政治的に隠遁《いんとん》することで終結をみることになり、この戦乱も、長享の乱に劣らず、足かけ十三年という長期にわたって繰り広げられるものとなっていく。そしてこの戦乱の最中に、宗瑞が参入し、両上杉家との抗争を展開して、最終的には扇谷上杉家から相模一国の経略を遂げることになるのであった。

　ところがこの永正の乱の経緯は、先の長享の乱と比べても、はるかに複雑な様相をみせるものとなっている。それはそれだけ、地域における戦国大名・国衆同士の抗争が基軸化するようになっていて、それによって逆に、上位権力であった古河公方足利家や山内上杉家・扇谷上杉家は、それらの抗争状況に規定されていったことをうかがわせる。上位権力からの規定性は弱まり、むしろ領域権力として展開する戦国大名・国衆の動向が、政治関係における規定性を強めていく状況がうかがわれる。すでに長享の乱を通じて、山内上杉家・扇谷上杉家も、一円的領国を形成する戦国大名へと転身をみせていた。この永正の乱を通じて、古河公方足利家も、事実上の領域権力化を遂げていくことになる。

　宗瑞の身近なところでいえば、三浦道寸の房総への渡海があげられる。乱勃発から二ヶ月後にあたる永正三年六月に、道寸は対岸の房総半島に渡海し、要害を構築して、高基方の下総千葉家方との抗争を展開していた。ところがその六月に、山内上杉顕定の仲介によって政氏と高基との和睦がすすめられていて、それにあたって高基方から、道寸の行動が問題として取り上げられて、三浦郡への「帰郡」が求められた。そのため顕定は、扇谷上杉家の長老的存在の上杉朝昌（法名光迪）から道寸に「帰郡」を説得させる、ということがみられている。道寸はおそらくはこれを受け容れて「帰郡」したとみられるが、この頃、道寸が房総における敵対勢力との抗争を展開していたことがわかる（拙稿「関東動乱と三浦氏」）。このような状況が各地で展開されていたとみなされる。

永正の乱の概略

ここで、永正の乱の経緯について、まとめておくことにしたい。宗瑞の関わりもそのなかの一面を占めるにすぎないので、おおよその全体的な状況をあらかじめ示しておいたほうが理解しやすいと考えるからである。

戦乱当初、山内上杉顕定・扇谷上杉建芳はともに古河公方足利政氏を支援して、政氏側の立場から、高基に対して和睦の斡旋《あっせん》を行っていた。それにより翌同四年八月頃に、高基が顕定を通して政氏に宥免《ゆうめん》を請い、古河城に帰座することによって、一旦は和睦が成立している。これを契機にして、上杉顕定も出家して、法名可諄《かじゅん》を称するようになっている。

ところがそれと同じ時期に、越後上杉家でも内乱が生じて、当主の上杉房能（可諄の実弟）とその家宰《かさい》の長尾為景《ためかげ》（能景の子）との間で抗争が生じ、房能は戦死してしまうとともに、長尾為景は新たな越後上杉家当主として、房能の従弟《いとこ》にあたる定実《さだざね》（房能の父房定の弟房実の子）

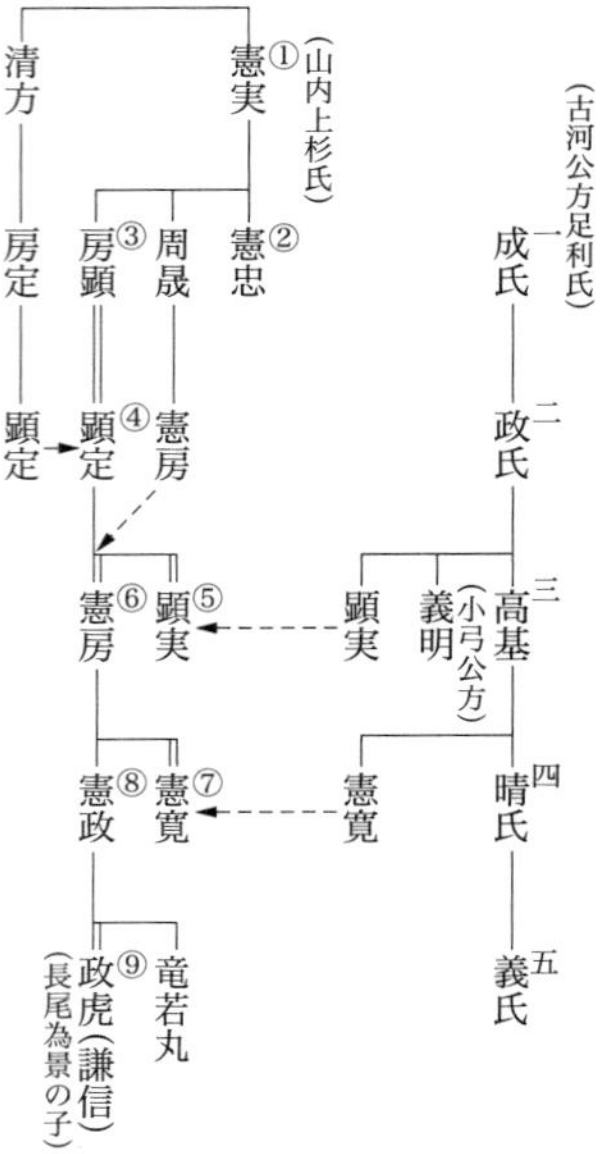

古河公方足利氏・山内上杉氏略系図

を擁立して、越後上杉家における主導権確保をすすめていった。可諄はこれに介入しようとするが、しばらくして再び足利政氏・高基両者の抗争が展開される。今度も可諄が和睦を周旋し、同六年六月に高基が可諄に対して等閑無き旨の起請文《きしょうもん》を提出し、関係者にもその旨を通知して、再度の和睦が成立する。おそらくその頃に、可諄は後継者に、政氏三男の顕実《あきざね》を迎え、古河公方足利家と山内上杉家の一体化をすすめている。

これをうけて可諄は、翌七月に長尾為景追討のために越後に出陣し、それにあたって一門の憲房（可諄の前代の房顕の甥《おい》）をともなっていて、可諄はそれに越後上杉家を継承させようとしたとみなされている。また出陣中の関東での守備のために、扇谷上杉建芳と起請文を交換して、建芳は上野に在陣してその留守を守備することになる。

この可諄の越後侵攻をうけて、長尾為景は関東勢力のうちに支援を要請し、これを受け容れたのが、山内上杉家の元家老であった長尾伊玄と、伊勢宗瑞であり、その直後の八月に、宗瑞は扇谷上杉家に敵対して、相模・武蔵に侵攻していくのである。長尾伊玄も、翌同七年六月に山内上杉家への叛乱《はんらん》を展開し、その一族・被官は相模津久井山（神奈川県相模原市）を占拠するのである。それをうけて政氏・高基の間にも、再び対立の状況が生まれるようになった。

それに対しては上野で留守を守備していた扇谷上杉建芳が和睦の調停にあたったが、調停は政氏方に立ってのものであったため、高基を納得させることはできず、同七年六月に、高基は、側近の簗田高助《たかすけ》の本拠の下総関宿城（千葉県野田市）に移座して、三度抗争が展開されるものとなった。さらにこの時期、政氏次男の「雪下殿《ゆきのしたどの》」（鶴岡八幡宮別当）として関東宗教界の頂点に位置していた空然《こうねん》（のち小弓《おゆみ》公方足利義明《よしあき》）が自立行動を展開し、古河公方勢力は三つの勢力に分裂するのである。

しかもその直後には、山内上杉可諄が越後で戦死してしまい、憲房らの山内上杉軍が上野に後退すると、そこに長尾伊玄が進軍して、それらの山内上杉軍と対陣となった。他方で扇谷上杉建芳は、山内上杉家から武蔵の軍勢を援軍として獲得し、七月から宗瑞への反撃を展開して、相模西郡まで押し込めており、これをうけて宗瑞と扇谷上杉家には和睦が成立する。また長尾伊玄も九月以降の時期に山内上杉軍との抗争から敗退し、宗瑞を通じて駿河今川氏親を頼ったとみなされる。

しかし山内上杉家では、可諄の戦死後は、養子であった顕実が家督を継いだものの、これに一門の有力者であった憲房が対抗し、翌同八年九月には内乱が展開され、それぞれ政氏・高基と結びついて、古河公方足利家の抗争と連動するものとなった。そして同九年六月に、顕実が上野に進軍した隙を衝《つ》いたのか、憲房方は顕実の本拠である武蔵鉢形城の攻略を遂げ、これにより憲房が自ら関東管領《かんれい》職と山内上杉家の家督を継承し、顕実は没落して実父の政氏を頼ることになる。

しかもこれを契機に政氏も劣勢に立たされるようになって、ついに政氏は古河城から退去し、有力な支持勢力である下野小山《おやま》家の本拠の小山城（栃木県小山市）に移っている。そして古河城には関宿城から高基が入城し、これにより高基は古河公方足利家当主の地位を継承して、政氏に対する優位が決定的となった。鉢形城攻略を契機として、両勢力の抗争は高基・憲房の勝利に帰している。その一方で、「雪下殿」空然は、政氏と政治的一体化を遂げて、古河公方足利家の内乱は、政氏・空然と高基の抗争として展開されていくことになる。

また上杉顕実の没落は、両上杉家の関係にも変化を生じさせていった。扇谷上杉建芳は、顕実・憲房の抗争に対して、顕実方の立場から和睦周旋にあたっていたが、失敗に帰したことをうけて、その後は憲房との抗争が展開されるものとなっている。そうしたところに同九年八月から、宗瑞が扇谷上杉家との和睦を破棄して、再び相模への侵攻を開始するのであった。宗瑞は同年中には相模中郡・東郡・武蔵久良岐《くらき》郡（神奈川県横浜市）南部を経略し、同十年四月からは、三浦郡の国衆・三浦家の本拠の三崎新井城への攻撃を展開していった。

扇谷上杉家と山内上杉家は、同十年五月に武蔵菅谷原（須賀谷原）で合戦しており、領国境目地域での抗争を展開している。扇谷上杉家は、山内上杉家と宗瑞との両面行動を強いられるものとなったが、宗瑞への対抗を優先させて、同十一年五月、武蔵荏原郡での山内・扇谷両上杉家の対陣をうけて、和睦を成立させている。これをうけてか上杉建芳は、家宰の太田永厳《えいげん》

（太田顕資の長男か）を宗瑞の領国の相模西郡に侵攻させて、反撃の姿勢をとっている。同十三年六月頃に、上杉建芳は、当主朝興を大将とする軍勢を、宗瑞の領国となっていた相模中郡に侵攻させるが、宗瑞はこれを迎撃するとともに、そのまま三崎新井城攻めをすすめ、七月十一日に同城を攻略、三浦家を滅亡させて、三浦郡を経略した。これにより宗瑞は、相模一国の領国化を遂げるものとなっている。

他方、足利政氏・高基の抗争についても、永正十三年六月の那須縄釣（栃木県那珂川《なかがわ》町）における合戦で、高基方の宇都宮家が勝利したことにより、宇都宮家の優勢が確立し、常陸《ひたち》佐竹家らの勢力が後退すると、それが政氏方の小山家の動向に大きな影響をおよぼして、小山家は高基方に与《くみ》するにいたった。そのため小山城に在城していた政氏は、同年十二月に同城から退去し、扇谷上杉建芳の支援のもと、古河公方足利家奉公衆の渋江家が在城していた武蔵岩付城に入城した。

政氏方は、武蔵太田庄高柳（埼玉県久喜市）を拠点にしていた空然と、扇谷上杉建芳などが連携して高基方に対抗したが、二年後の同十五年四月に上杉建芳が死去したことで、政氏は政治的隠遁を決し、太田庄久喜（同久喜市）の甘棠《かんとう》院に隠遁して、その政治的生命を終えた。ここにようやく政氏・高基の父子抗争を中核として展開された永正の乱は、終息をみたのである。

しかし両勢力の抗争そのものは終息をみたわけではなかった。政氏の政治勢力の後継者の空然が存在していたのであり、彼は還俗《げんぞく》して足利義明を名乗っていて、同十五年七月に、房総における政氏方勢力の中心的存在であった上総《かずさ》真里谷《まりやつ》武田家の支援をうけて、下総小弓城（千葉県千葉市）に移って、小弓公方足利家を創出し、高基に対抗していくのである。古河公方足利家の内乱は、今度は古河公方足利家と小弓公方足利家との抗争として展開されていくものとなっている。

そして宗瑞は、この抗争にも関わりを持つのであり、同年十一月に、小弓方の真里谷武田家と結んで、その抗争に介入していくのであり、その状況は宗瑞の隠居まで続いていくものとなる。さらには高基の古河公方足利家と、小弓公方足利義明との抗争は、この後、天文七年（一五三八）に小弓公方足利家が滅亡するまで、足かけ二十一年の長きにわたって継続されていくのであった。

ちなみにその合戦が第一次国府台《こうのだい》合戦（千葉県市川市）であり、それに勝利して小弓公方足利義明を滅亡させたのが、宗瑞の子の北条氏綱となる。それは古河公方足利晴氏（高基の子）の要請をうけてのものであり、その結果として、氏綱は足利晴氏から関東管領職に任命され、家格も足利氏御一家に準じるものとされて、一躍、関東政界において古河公方足利家に次ぐ地位を獲得するのであった。いわば永正の乱から、足かけ三十三年にわたって続いてきた古河公方足利家の内乱に決着をつけたのが、北条家ということであった。もっとも宗瑞にしてみれば、それは自身の死去から十九年後のことになり、そのような結果になるとは夢想だにしていなかったに違いない。

三河侵攻の展開

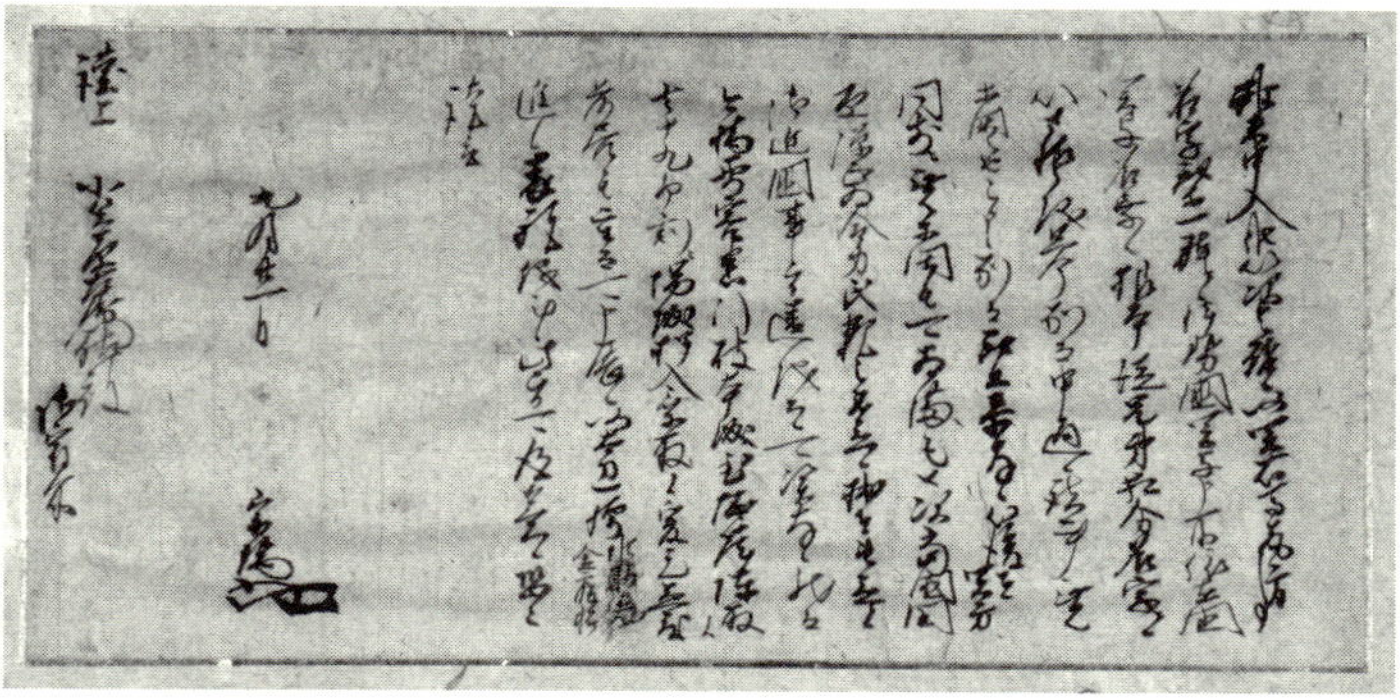

永正3年9月21日付 伊勢宗瑞書状（早雲寺文書 早雲寺所蔵、画像提供 箱根町立郷土資料館）

長享の乱の終結によって、宗瑞と関東勢力との関係は、扇谷上杉家との盟約を基調にしていたことから安定をみるものとなり、しばらく関東情勢との関わりはみられなくなっている。

そして宗瑞はというと、永正三年（一五〇六）からは、今川氏親による三河侵攻に尽力している。また同時に、かつて宗瑞が中心になって経略を遂げた遠江河西地域において、浜名《はまな》神戸《かんべ》郷（静岡県浜松市）における今川家直轄領について代官を務めて、今川家の領国支配を担う役割を果たしている。そもそも宗瑞は氏親の「後見役」であり、その一門衆である御一家の立場にあったから、これらは宗瑞の本来の在り方にほかならなかった。それまでにおける伊豆侵攻や相模進軍のほうが、派生的な性格のものであった。

永正三年における三河侵攻は、氏親に従軍してすすめられ、八月から閏《うるう》十一月までにわたって展開されて、おおよそ東三河一帯の制圧に成功するものとなっている。そのなかで宗瑞は、信濃松尾小笠原定基を味方に付けるはたらきを行っていて、九月二十一日に初めて書状を送っている（戦北一六）。これは、小笠原家の家臣で伊勢氏一族として同族にあたる関右馬允《うまのじょう》春光を通じて、通交を図ったものであった。その書状のなかで、その関春光とは「名字我等一体」「伊勢国関と申す所に在国により、関と名乗り候」と述べていることが、かつて注目され、宗瑞の出自は伊勢国とみられたこともあった。しかし現在では、単に関氏の出自が伊勢国であり、伊勢氏とは同族であることを示したもの、と理解されるようになっている。

ここで宗瑞は、三河田原領の国衆・戸田憲光への支援として氏親が三河に侵攻し、自分も進軍したこと、近国のことなので必要が生じれば協力してもらいたいこと、今橋城（愛知県豊橋市）を攻撃していて本城の堀岸に陣取りして、十九日に端城を攻略したことを伝えている。小笠原定基は、遠江・三河双方の北部に隣接する伊那郡を勢力下においており、かつて斯波家との抗争の際にはそれに味方した経緯があったから、氏親と宗瑞は、この三河侵攻にともなって親交を結ぼうとしたとみなされる。

また宗瑞からの書状には、翌日付で家臣の伊奈弾正忠盛泰の副状《そえじょう》があることから（戦北四〇七九）、取次《とりつぎ》はその伊奈盛泰があたったことがわかる。宗瑞の家臣としてはここが初登場であるが、伊那氏は幕府奉公衆であったからその一族で宗瑞の家臣になった存在とみられる。実名のうちの「盛」は、宗瑞の実名盛時からの偏諱《へんき》とみなされるので、宗瑞に仕えてから元服したものと推測される。しかもここで副状を出していることからすれば、かなり重要な地位を与えられていたとみなされる。

実際に小笠原家への使者を務めたのは、大井宗菊という人物であった。しかしこの大井宗菊の素性はいまだ明らかになっていない。甲斐武田氏の一族の武田大井氏と推測する見解もあるが、それはその後の大井氏の当主が「武田大井宗芸」（信達）といい、法名が近似していることからの推測にすぎないようである。今川家と武田大井家との密接な関係が確認されるようになるのはもう少し後のことであり、何よりも宗瑞との関係は確認されていない。大井宗菊は、ここで宗瑞の使者を務めていることから、その家臣か、もしくは宗瑞とは深い親交があって信濃に関係がある人物ということになるかと思われる。

大井宗菊は、使者を務めるにあたって、小笠原定基の本拠に行って定基に対面し直接、口上を述べるつもりであった。ところが仲介してもらっている関春光から、許可が出なかったため、関のもとにとどまることを指示され、そのため二十七日付で定基に宛てて書状を出し（小Ⅰ三二三）、「駿州（氏親）・豆州（宗瑞）」が戸田憲光支援のために三河に侵攻したので、定基との連携を図って、その了解を得たがっていること、三河を制圧したら定基に協力すること、関春光は宗瑞と「一家」であるので宗瑞は親しく思っていて、関春光もそうであることを述べ、口上しようとしていた内容は関春光から伝えてもらうと述べ、返事をもらえるよう頼んでいる。

使者の大井宗菊は、小笠原定基への対面は許されず、そのため関春光に書状と口上を託したのであった。そして十月十八日に関春光からの連絡が宗瑞にもたらされて、それをうけて翌十九日に、宗瑞は再び小笠原定基に宛てて書状を出している（戦北一八）。なおその宛名に付け

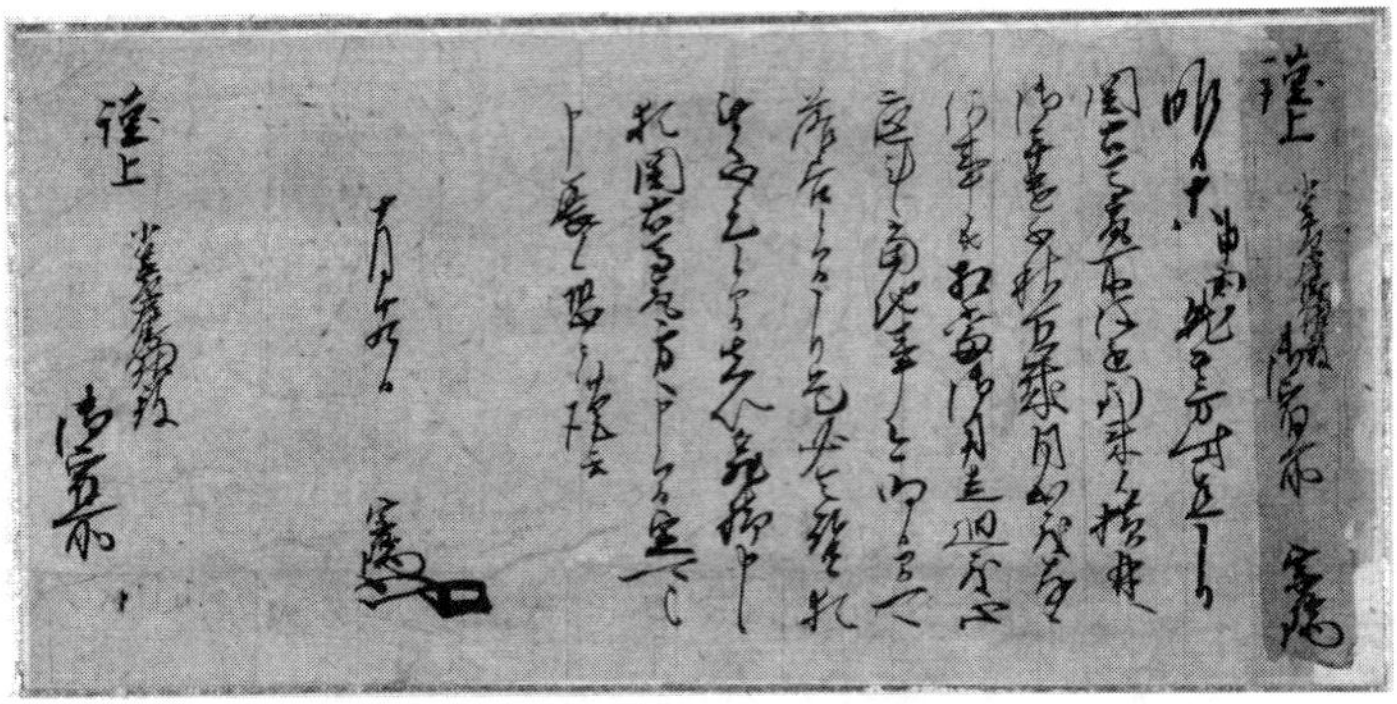

永正３年10月19日付　伊勢宗瑞書状（早雲寺文書　早雲寺所蔵、画像提供　箱根町立郷土資料館）

られる脇付《わきづけ》には「御宿所」とあり、初信であることがわかるので、関春光からの連絡は、定基からのものではなく、春光自身からのものであったとみられる。そこでは、小笠原軍が「横林」まで軍勢を派遣してきたことに喜びを示し、今後は必要があれば協力することを申し出たうえで、今橋城攻略は今日明日のうちであることを伝えている。

　こうして氏親と宗瑞は、小笠原定基からの協力を取り付けることに成功し、また今橋城については十一月三日に攻略を遂げ、さらに石巻城（愛知県豊橋市）をも攻略している。ちなみにこの石巻城が、後に北条家の有力家臣としてみえてくる石巻家の出身地になる。あるいはこの時に、宗瑞はその一族を家臣に加えたのかもしれない。

　その後、今川軍は西三河まで進軍するが、翌月の閏十一月七日に、宗瑞は三河吉良《きら》庄（同西尾市など）の領主で足利家御一家であった吉良義信の家臣の巨《こ》海《み》越中守に書状を出している（戦北一七）。そこでは、今回は氏親に従って三河に進軍したこと、懇切な吉良義信の意向をうけてありがたいこと、氏親の思い通りになって自分も満足していること、これらのことを吉良義信に申上しようと思っていたところ、御書《ごしょ》を頂戴して嬉しいこと、これを吉良義信に報告して欲しい、と述べている。

今川軍が三河に侵攻したところで、吉良義信から宗瑞に対して、書状（「御書」）が届けられていて、その後に西三河への進軍を遂げたところで、再び義信から書状が届けられたとみられ、これはそれに返事したものになる。この時期まで、今川家と吉良家とは直接の政治関係はなかったとみられるので、ここで吉良義信が、「懇切」の意向を示してきたのは、本領吉良庄の確保を図ってのこととみてよいであろう。またここで宗瑞がその窓口となっているのは、宗瑞が今川家において外交を担当していたことによると考えられる。この時期、今川家の外交にあたっているのは、宗瑞しか確認されていない。

足利義澄から義稙への乗り換え

今川氏親と宗瑞は、明応二年（一四九三）の伊豆侵攻の開始以来、京都政界に対しては将軍足利義澄・細川京兆家当主の細川政元と繋《つな》がる関係にあった。ところが永正四年（一五〇七）六月に細川政元が家臣に暗殺され、細川京兆家では内部分裂が展開していった。そしてこれをうけて、当時、西国の周防大内義興《よしおき》に庇護《ひご》されていた前将軍足利義稙（当時は義尹《よしただ》）は、将軍への復帰を目指して、大内義興とともに上洛《じょうらく》をすすめるのである。翌同五年二月にはその動きがみられ、六月に足利義澄は近江に退去し、代わって義稙が入洛《じゅらく》するのであった。

こうした情勢の変化のなかで、氏親と宗瑞は、足利義稙に接触するようになり、逆に義澄とは距離を置くようになっていた。そのことを示す足利義澄の書状がある（戦北四八二五）。月日も記されていない書状だが、宛名の「民部卿」が公家《くげ》の冷泉為広《れいぜいためひろ》に比定され、その関係から永正三年十一月から同五年四月までのものと推定されている（家永遵嗣「北条早雲研究の最前線」）。まさに細川政元が暗殺された前後から、足利義稙が入洛するまでのものとなり、文面からすれば、義稙が上洛の行動をみせた時期のものと思われ、永正五年初め頃のものと推定される。

そこでは、「去年（永正四年）に、今川五郎（氏親）・伊勢新九郎入道（宗瑞）に書状を出したが、宗瑞は『そのうち御礼を申しあげます』といってきたが、氏親は返事も寄越《よこ》してこない。（氏親は）足利義稙（「西国辺」）と申し合わせているので、どうしたらよいかと考えている。今川家については、勝幢院《しょうどういん》（足利政知）・東山殿（足利義政）にも申し入れていて、とりわけ近年まで親交していたのに、このような事態は思いもよらない。けれども、これはもう過ぎたことであり、あらためてもしもの時には、忠節してもらえれば有り難いということを、命じたいと思う。「三条相」（正親町三条実望）に伝えて欲しい」と述べられている。

義澄は昨年、足利義稙上洛の動向をうけて、氏親と宗瑞に忠節を要請する内容の書状を出したのであったが、宗瑞からは社交辞令ながら返事があったものの、氏親からは返事すらなかったという。そして氏親は、この時には足利義稙と通交するようになっていたことがみえている。これに接して義澄は、どう理解すればよいか悩んでいるようで、氏親は、義澄の実父足利政知、当時の室町殿の足利義政の時代から、近年まで義澄との間で親交があったことをもとに、そのこと自体は忘れることにし、あらためて忠節を求める書状を出そうとして、三条実望に尽力してもらおうとしている。

義澄は、氏親への再度の書状を出すことを、冷泉為広から三条実望（氏親の姉婿）に伝えてもらうことにしているが、これは両者が義澄の側近として存在していたとともに、氏親とも親交が深かったことによろう。両者から氏親への働きかけを期待してのことであったろう。氏親が、それまで足利義澄と親交を持っていたのに、足利義稙上洛の動きがみられるようになってから、急に疎遠の態度をとるようになっていたことがわかる。

これは氏親と宗瑞が、それまで良好な関係を築いてきた足利義澄・細川政元との政治的連携を解消しようとするものとみなされる。その理由は、おそらくは遠江国をめぐる問題にあったとみられている。そもそもこれより七年前となる文亀元年（一五〇一）に、斯波家が遠江回復のための軍事行動を展開してきた時、足利義澄・細川政元はそれを支援していたのであった。氏親・宗瑞からすれば、すでにこの時に、義澄・政元との連携には見切りをつけたに違いない。

さらに永正元年に、今川家は遠江一国の領国化を遂げており、おそらくはそれをもとに、氏親は足利義澄に、斯波家に代わって、同国守護職への補任《ぶにん》を求めたのではなかったろうか。しかし足利義澄・細川政元は、足利義稙との抗争への対応を優先して、斯波家との連携を重視していたため、氏親からの申請は受け付けなかったのではなかったか、とも推測される。そういう状況のなかで、足利義稙の上洛の動きがみられるようになったため、氏親と宗瑞は、足利義澄・細川政元との連携から、足利義稙との連携へと切り替えたのであった。もっとも宗瑞にとっては、この義稙もかつてはその申次衆を務めていたのであったから、相応に親交のあった存在になる。その意味では、義稙に切り替えることにはそれほど抵抗はなかったかもしれない。

そして永正五年六月、足利義澄は義稙上洛の動きに抗しきれずに、近江に退去し、代わって義稙が入洛し、七月にあらためて将軍に就任する。それにあたって氏親は、義稙に入洛の祝儀を贈るとともに、遠江国守護職の補任を要請し、義稙からはただちにそれが認められている。これによって氏親は、将軍に復帰した足利義稙から、遠江国守護職に補任されたのであり、それは氏親による遠江領国化を公認されたことを意味している。

再度の三河への侵攻

永正五年（一五〇八）十月になると宗瑞は、出陣しない氏親に代わる「名代《みょうだい》」として、今川軍の総大将となって三河に進軍している。十月のうちには松平氏一族との抗争のため、西三河に進軍したとみられる。十月十九日に合戦があり、そこでの戦功について、十一月十一日付で、今川家臣の伊達忠宗と、吉良家臣の巨海越中守に、それぞれ書状を出している（戦北一九・補遺七七）。そこでは「当手《とうて》」、すなわち宗瑞の軍勢が小勢であったところ、加勢してもらって、その戦功を「屋形様」（氏親）へ報告したことを伝え、氏親の意向は朝比奈弥三郎泰以《やすもち》（泰煕の弟）から伝達されることを述べている。

ここで宗瑞は、戦功をあげた今川家臣らに対し、その戦功を氏親に報告することを伝えているにすぎない。ここからも宗瑞には、今川軍の総大将を務めてはいたものの、今川家臣の戦功を認定する権限はなかったことがわかる。彼らの主人は氏親であり、また今川軍の行動は氏親の指令によるものであった。戦功の認定は、それへの軍事指揮権の所在、さらにいえば主従関係の根幹にあたるものであったから、宗瑞といえどもそれに干渉することはできなかったのである。

「三河物語」（『原本三河物語』）では、この時の抗争について、宗瑞は一万人の軍勢で侵攻してきて、松平氏一族の惣領《そうりよう》家となる岩津松平親長の本拠・岩津城（愛知県岡崎市）を攻撃したという。そこに有力一族の安祥《あんじよう》松平長忠が矢作《やはぎ》川を越えて進軍してきたため、宗瑞はこれを迎撃し、夜になって松平長忠は矢作川の対岸に戻ったので、宗瑞も退陣したという。それは田原戸田家が松平氏に味方する動きをみせたからという。

これに関しては、公家・三条西実隆《さねたか》の日記「実隆公記」（小Ｉ三二六）に、「参川（三河）国去月（十月）駿河・伊豆衆敗軍」と、今川軍の敗北として京都に伝聞されている。ただし実際には、宗瑞は岩津城攻撃によって、岩津松平家を壊滅させたととらえられていて、必ずしも敗北にはあたらないであろう。しかし「三河物語」が伝えるように、松平長忠の抵抗があり、それを撃退しないで退陣したため、それが「敗北」と伝えられたのかもしれない。もし本当にここで敗北したのなら、氏親に従属していた東三河国衆が、そのまま従ったとは考えがたい。必ず離叛《りはん》の動きが出るはずだからである。国衆は、軍事保護をうけるために戦国大名に従うのであり、敗北などがあってその保護が不安視されれば、すぐに別の方法を模索するのであった。

この時期にはまだその動きはみられないことからすると、やはり京都に伝えられた内容は、あくまでも伝聞であったとみてよいと思われる。

ところでこの時における宗瑞の三河進軍が、結果として、宗瑞が今川軍として軍事行動した最後のものになる。もちろんそれは、結果としてそうなったのであって、氏親や宗瑞が意図してのことであったわけではない。しかしこれまで、宗瑞は氏親を補佐し、その軍事行動やさらには領国支配においても重要な役割を担ってきた。外交関係においても、両者は一体のものとみなされていたように、文字通りに一体的な存在であった。それがこれからは基本的には別行動をとるようになっていくのであった。

なお宗瑞が三河から韮山城に帰陣した直後にあたるとみられる十二月五日、甲斐国中地域(甲斐中央部)で、武田信直(のち信虎)と郡内小山田弥太郎の合戦があり、小山田方は当主弥太郎が戦死するという敗北を喫している。これは前年に、武田信縄が死去し、嫡子の信直が家督を継いだが、わずか十三歳にすぎなかったためか、かつて信縄と抗争していた叔父《おじ》の武田信恵との対立がみられるようになった。そしてその二ヶ月前となるこの年十月四日に、武田信直と信恵はついに合戦におよび、信恵一族が滅亡する事態になっていた。小山田弥太郎は信恵方であったとみられ、残存する信恵与党とともに信直と合戦にいたったが、これも敗北してしまったのであった。そして残存した工藤氏と小山田平三(境小山田氏)が、その後に宗瑞を頼って韮山城に出仕してきた、ということになる(小I三二七)。

宗瑞に出仕したということは、工藤氏や小山田平三は、ここで宗瑞に従属する姿勢をとったことを意味している。小山田家の家督は、弥太郎の嫡子信有（越中守）が継ぐが、この時はまだ年少とみられているから、有力一族であった平三や信恵与党の工藤氏らは、隣接して存在し、かつ武田家とは敵対関係にある宗瑞に、支援を求めてきたものとみなされる。通常であれば宗瑞は、さらには氏親が、小山田家らの支援のために、すぐにでも甲斐に侵攻することが想定される。しかし実際には、宗瑞による支援は行われていない。また氏親による支援も行われていない。これについて理由は現在でも不明であるが、宗瑞には、ここで甲斐に侵攻する余裕がなかったとみるのが妥当かもしれない。

伊豆諸島支配をめぐる対立

この頃から宗瑞には、扇谷上杉方との対立がみられるようになっていた状況がうかがわれる。それは伊豆諸島支配をめぐるものであった。先に述べたように、宗瑞はこれより先の明応七年（一四九八）に、堀越公方足利家を滅亡させたことにともなって、伊豆下田を拠点にして、同地の有力者で、長戸路を拠点にしていた御簾七郎右衛門尉真敷を、八丈島代官に任じて、八丈島に入部させ、伊豆諸島支配を管轄させていた（「八丈島年代記」。以下の内容も基本的には同史料による）。

その具体的な内容は、八丈島からの年貢の徴収や太平洋海運の管理にあったとみられる。年貢の内容は明確とはいえないが、八丈島の特産品として八丈島絹があり、これは室町時代から贈答品として珍重されるようになっていたことから、この八丈島絹の上納が含まれていたこと

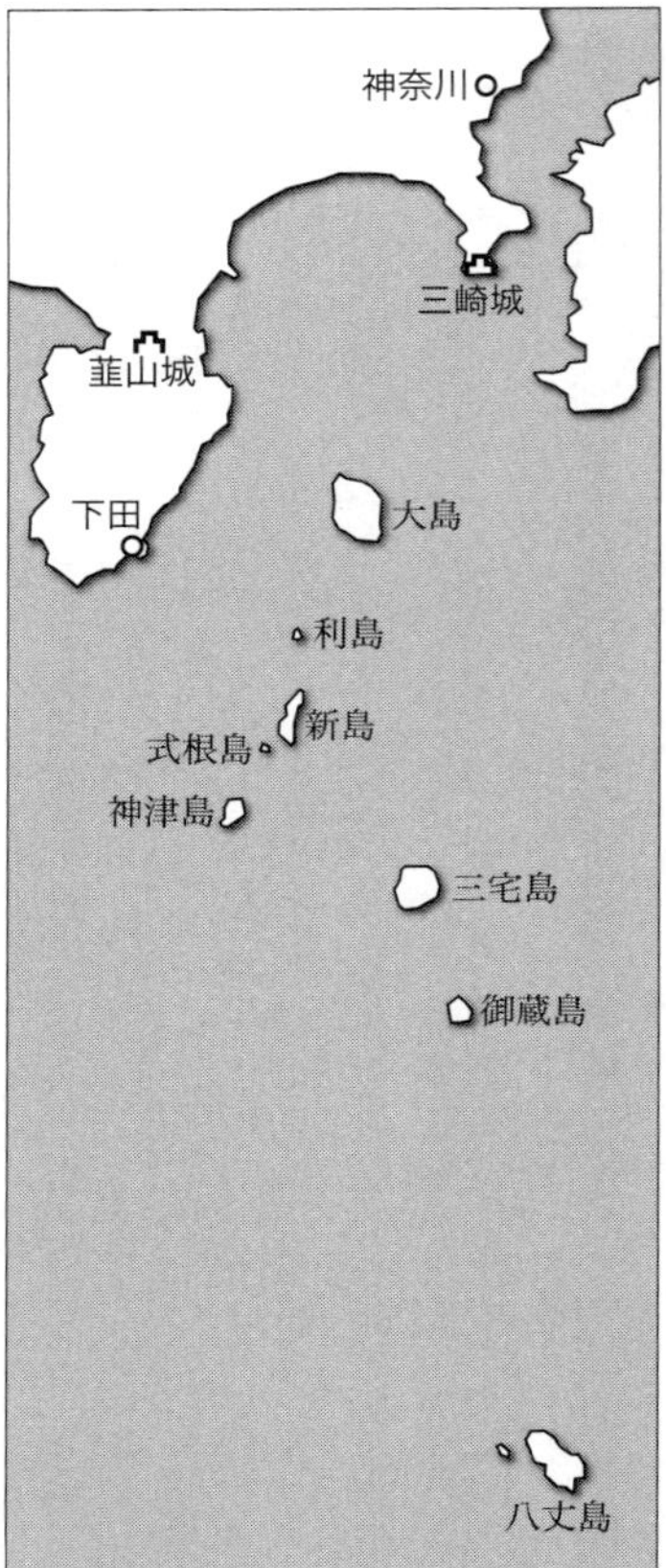

伊豆諸島支配をめぐる関係図

は確実であったように思われる。また太平洋海運の管理とは、西国から東国への海運において、伊豆諸島を経由することになるので、その寄港に際して、寄港料や荷物への課税などが行われていたとみなされ、それらを管轄し徴収するものであったと思われる。当然ながら、その一部が役銭《やくせん》として上納されていたであろう。さらに伊豆諸島には、西国からの難破船の漂着もみられることがあった。難破船の荷物は、それを取得したものの取り分となったが、その管理も行っていたと思われる。

　後の事例になるが、三代氏康の時の天文十八年（一五四九）六月に、筑紫《つくし》船《ぶね》が伊豆諸島のうちの御蔵《みくら》島に漂着し、その荷物は没収されて北条氏康の管理下に置かれた。荷物は高価な唐物《からもの》（輸入品）で、その総額は莫大《ばくだい》なものであったため、氏康はそれらの大半を領国内の有力な神社の修理料に充てていることが知られている（戦北三五二）。これらの荷物を管理し、戦国大名のもとへの運送を管轄したのも、八丈島代官の役割であったとみられるし、当然ながらその一部はその得分とされていたに違いない。

また八丈島絹については、四代氏政の時の天正六年（一五七八）三月に、京都の医者・半井《なからい》驢《ろ》庵光成《あんみつなり》への贈答として、白鳥とともに「八丈島十端黄白」を贈っている。これは半井光成から贈られた、勅筆短冊二〇枚・笈《おい》一つ・紋紗《もんしゃ》一端に対する返礼であった（戦北一九七五）。五代氏直（氏政の子）の時の同十七年七月には、某（宛名欠損）から南蛮笠を贈られたことへの返礼として、「八丈島五端」を贈っている（「所蔵未詳文書」）。このように八丈島絹は、高価ないし貴重な進物への返礼品として利用されていることがうかがわれる。

その伊豆諸島支配については、宗瑞が御簾真敷を派遣する直前までは、武蔵神奈川郷を本拠としていた有徳人の奥山宗麟が管轄していて、被官とみられる奥山忠督を代官に任じて派遣していた。神奈川奥山氏は、享徳の乱の時期から八丈島を支配し、長禄《ちょうろく》元年（一四五七）に奥山忠茂（忠督の父）を代官として派遣している。当時の神奈川郷は、山内上杉家の家宰・長尾忠景の所領で、神奈川奥山氏はその被官になっていたとみられる。また八丈島を含む伊豆諸島は、室町時代から山内上杉家の所領であったから、神奈川奥山氏は長尾家との関係から、八丈島支配にも関わるようになったのであろう。

奥山忠督は明応七年（一四九八）八月十三日に、八丈島を出て年貢を神奈川郷に納めている。宗瑞が伊豆一国を経略するのはその直後のことであり、御簾真敷を代官として八丈島に派遣したのであった。この時の奥山宗麟が、山内上杉方であったのか、扇谷上杉方であったのかは明確ではない。しかし両上杉家の抗争である長享の乱が終結した時点では、同郷は扇谷上杉家の領国下に位置していたとみられるので、その時には扇谷上杉方になっていたとみなされる。

その間、宗瑞代官の御簾真敷と、奥山宗麟代官の八丈島奥山忠督との関係がどのようなものとなったのかは明確ではないが、おそらくは奥山と御簾との間で何らかの抗争は展開されていたとみられ、その結果であろう、奥山は永正四年に宗瑞方の拠点であった下田に赴いて、御簾のもとに出仕している。これは奥山が御簾に屈服したことを意味している。これにより伊豆諸島支配は宗瑞方が確保したことをうかがわせる。

またこの時に、奥山忠督と行動を共にしたものに、朝比奈弥三郎がいる。これも八丈島に権益を有していた一人とみられ、後に三浦道寸の代官としてみえていることから、おそらくは当時からそうであったと思われる。この時は奥山と連携する存在であったのであろう。ここで朝比奈弥三郎が下田に滞在した理由はわからないが、奥山忠督は下田に出仕してから、そのまま同地に滞在させられていたように思われ、そうであれば実際には抑留であったとみなされる。そうした状況のため、三浦道寸が奥山忠督の解放を宗瑞に働きかけ、実現させようとしたのかもしれない。

奥山忠督とそれに同行していた朝比奈弥三郎は、下田から八丈島への帰還を認められたらしく、下田を発《た》って八丈島に向かい、まずは三宅島に逗留《とうりゅう》した。そして同五年になって、そこから八丈島に向かおうとしたところを、宗瑞方の御簾に拘束されたらしく、神倉島（御蔵島）に抑留されるのであった。しかもその抑留は、同七年四月までの足かけ三年間におよぶものとなった。またこれによって奥山忠督は、神奈川奥山氏から代官の地位を交替させられたらしい。奥山忠督の下田への出仕、それと朝比奈弥三郎の抑留を、宗瑞自らが指示したのかまではわからない。しかしそれらの対立は、伊豆諸島をめぐる太平洋海運の流通権益におけるナワバリ争いであったとみなされる。御簾真敷は宗瑞を頼り、奥山忠督は扇谷上杉家を頼り、朝比奈弥三郎は三浦道寸を頼りながら、それぞれの権益確保を図るかたちにあり、ここでは御簾が奥山・朝比奈両者を抑え込んだということになる。

しかし彼らがいずれも戦国大名・国衆の被官になっていたのは、そうした権益争いを武力解決するにあたって、主人から支援を得るためであった。そのため被官化にともなって、権益の一部を年貢として上納していたに違いない。そうするとここで、御簾と奥山・朝比奈の対立が極点にまで達したということは、その後はそれぞれの主人同士の抗争の展開ということになる。

御簾による奥山・朝比奈の抑留は、永正五年のことであった。時期は不明ながらも、これによって宗瑞は、それまで長きにおよんで盟約関係にあった扇谷上杉家、それに従う三浦家との間で、対立状況が生じつつあることを認識していたものと思われる。そしてそのような事態は、この伊豆諸島支配をめぐるものだけではなく、他の様々な権益にもみられるようになっていたかもしれない。現在のところは、具体的に認識できるのはこの問題だけとなっているが、同様の状況が拡がっていた可能性はある。

そうした領国間で生じた権益をめぐる対立は、戦国大名・国衆という領域権力同士の政治折衝によって紛争の抑制が図られるものの、そうした対立がその大名・国衆同士の政治関係の破壊をもたらすこともあった。権益を侵害された側は、相手方の主人の承認があったと理解するからである。主人同士で信頼感を築きつつ折衝が行われない限り、やがては互いに不信感を募らせ、敵対にいたることになる。ここでの宗瑞と、相手方の扇谷上杉家・三浦家の側も、そうした状況にあったように思われる。

両上杉家への敵対の決断

そのうえで宗瑞に、直接に扇谷上杉家への敵対に踏み切らせたのは、越後長尾為景からの支援要請であった。宗瑞は永正六年（一五〇九）八月に、長尾為景に応じるかたちをとって、ついに扇谷上杉家領国への侵攻を展開するのである。

長尾為景は、これより二年前の永正四年八月に、主人であった越後国守護上杉房能を戦死させ、新たな越後上杉家の当主にその従弟にあたる上杉定実を擁立して、越後国支配をすすめていったが、この直前の七月から山内上杉可諄によって、実弟上杉房能戦死への報復のため、さらには旧房能方支援のために、越後への侵攻をうけていた。

そこでは一気に越後府中を陥落され、中越・上越地方をまたたくまに制圧され、為景は、擁立した上杉定実とともに、やがて越中に後退してしまうのであった。そうした劣勢への対応のため、為景は関東に味方勢力を求め、両上杉家への叛乱を要請した。それに応えたのが、一人は長尾伊玄（景春）であり、もう一人が宗瑞であった。

長尾伊玄は、長享の乱の終結によって、それまで従っていた扇谷上杉家が旧主・山内上杉家と和睦を成立させてしまったことから、ついに山内上杉可諄に帰参していたのであった。すなわち長尾景春の乱以来、三十年以上にわたって抗戦していた、かつての主人である上杉可諄に、再び仕えるようになっていたのである。

宗瑞はこの伊玄とは、かつて長享の乱においてともに扇谷上杉家に味方していたから、それにともなって親交があったに違いなく、それは伊玄が山内上杉家に帰参した後も続いていたとみられる。上杉可諄の署名で出されている、伊玄に宛てた正月晦日《みそか》付の書状があり（小I三三三）、その年代は、可諄の名で出されていることから（永正四年八月以降）、永正五年か同六年のいずれかになる。そこで可諄は、家臣の久下《くげ》信濃守が伊勢神宮に参宮したいというので、宗瑞にその通交の便宜を図ってもらうよう、伊玄に依頼している。上杉可諄と宗瑞とは、これまで政治関係を持ったことはなかったので、宗瑞と関係があった伊玄に、仲介を依頼したものと思われる。またこのことによって、長享の乱の終結にともなって、宗瑞も山内上杉家と和睦を成立させていたとみることができる。

そうすると長尾為景からの要請というのも、あるいは伊玄を通じてのものであったかもしれない。そして宗瑞は、旧交のあった伊玄からの働きかけであったために、それに応じることにしたとみることもできるであろう。もう一つの背景としては、将軍足利義稙とその管領の細川高国が、すでに越後上杉家の当主として上杉定実を認めていて、定実・長尾為景への政治支援を展開していたことが想定される。足利義稙・細川高国が、具体的に宗瑞に対して、そのような意向を示すような史料は確認されてはいないが、そうしたことは十分に想定できるように思われる。

ともかくも宗瑞は、そのような政治関係に基づいて、長年にわたって盟約関係を結んでいた扇谷上杉家に対して、また和睦関係にあった山内上杉家に対して、公然と敵対行動をとることにしたのであった。しかしこの決断は、その後の宗瑞の動向を決定付けるものとなる。これを契機にして、宗瑞はその生涯を閉じるまで山内・扇谷両上杉家との抗争を展開していくことになるのであった。それは宗瑞が、この後において関東の政治勢力の一員となることをもたらすものともなったし、それだけでなくその政治的方向性は、嫡子氏綱以下の子孫歴代にもおよんで規定していくのである。

そのような観点からすると、ここでの宗瑞の判断は、まさにその後の戦国大名北条家の基本的な政治的方向性を決定付けるものであったといえる。しかし宗瑞が、そうしたはるか百年近く後のことまでを考えて、ここでその決断をしたのではないことは当然であろう。宗瑞は、現実に扇谷上杉方との間で生じていたであろう数々の在地における権益をめぐる紛争状況を前提に、旧交のあった長尾伊玄からの働きかけや、将軍足利義稙らの意向を勘案することによって、決断しただけのことであったろう。宗瑞自身、それが子孫までを規定していくものとなるとは、思いもよらなかったに違いない。

第六章　相模の領国化

扇谷上杉領国への侵攻

宗瑞の扇谷上杉領国への侵攻は、永正六年（一五〇九）八月に開始された。宗瑞の領国は相模西郡までであったが、その東隣の中郡からが扇谷上杉家の領国であった。その中郡に侵攻すると、高麗寺《こうらいじ》要害（神奈川県大磯町）と住吉要害（同平塚市）を取り立て、中郡を制圧した。そして武蔵に進んで、久良岐郡北部の神奈川権現山《ごんげんやま》城（同横浜市）に在城していたとみられる上田蔵人《くらんど》入道を味方に付けた（小I三二九・三三六）。

この上田蔵人入道の家系は扇谷上杉家の家老を務める家柄であり、この蔵人入道は、これ以前に有力家老で実田城主であった上田正忠の嫡子とみられる存在になる。蔵人入道自身、この時には家老であったとみなされる。そのような重要な地位にあったものが、宗瑞に応じたのであった。そして同月下旬には、この時の扇谷上杉家の本拠となっていた武蔵江戸城の近辺まで進軍している（小I三五一）。

扇谷上杉家の本拠は、長享の乱の時期までは、河越城であったが、同乱の結果、上杉建芳は隠遁《いんとん》の身となり、家督は養子で甥《おい》の朝興に譲られて、建芳は江戸城を本拠とするようになって

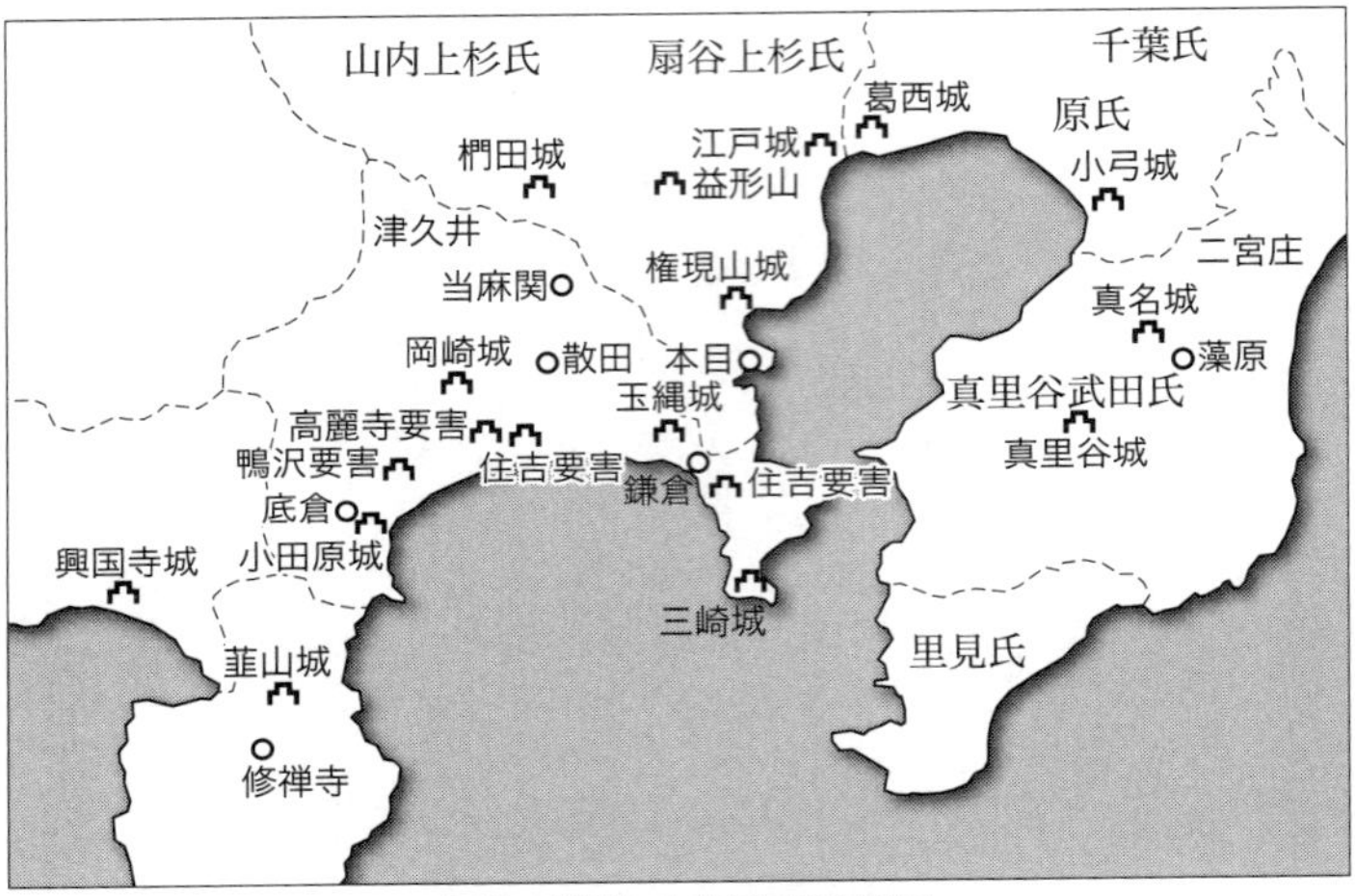

宗瑞の相模・上総進出関係図

いた。朝興は長享二年（一四八八）生まれであったから、家督を継いだ永正二年には十八歳にすぎなかった。そのためであろう、家政の実権はその後も建芳が掌握し続け、扇谷上杉家の本拠は、その建芳が在城する江戸城に移った恰好《かっこう》になっていた。ちなみにその朝興は、宗瑞の嫡子氏綱より一歳年少となり、やがて氏綱にとってはライバルとして存在していくことになる。

宗瑞の侵攻がみられた時、上杉建芳は上野に在陣していた。これは山内上杉可諄との盟約に基づいたもので、前月の七月に可諄が越後に進軍するにあたって、その間の関東での守備を依頼されて、建芳は山内上杉家の領国であった同地に在陣していたことによる。したがってこれらの宗瑞の進軍は、建芳が領国を留守にした隙を衝《つ》いたものでもあった。実際に侵攻がこの時に開始されたのは、上杉建

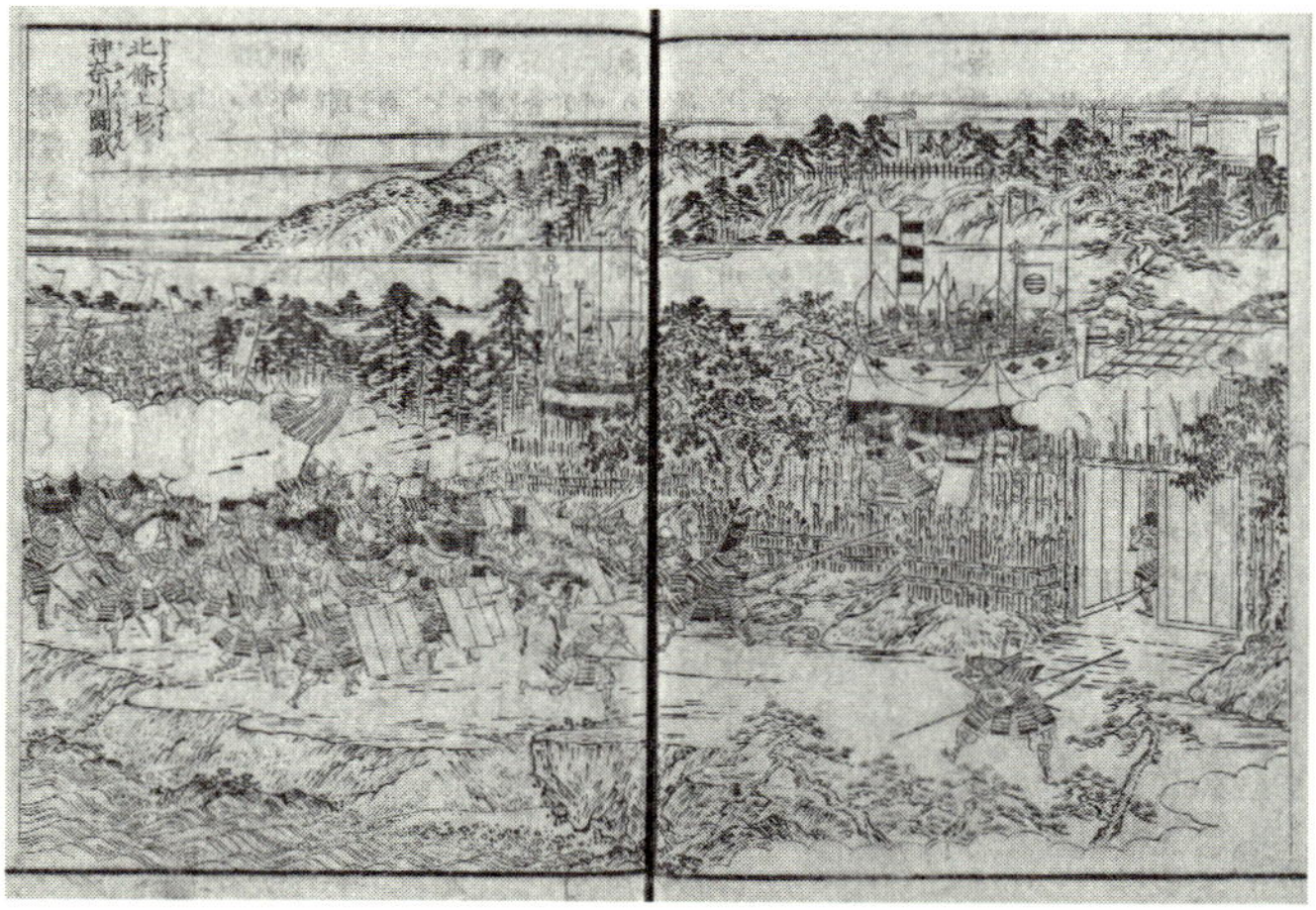

「北条上杉神奈川闘戦」『江戸名所図会』（国立国会図書館所蔵）

芳が上野に進軍したためであったとみられる。

しかし宗瑞は、これ以上の進軍はできなかったらしく、江戸城近辺での在陣を余儀なくされたらしい。扇谷上杉家でも、八月下旬の時点で、河越城の軍勢を下総国葛西城（東京都葛飾区）に派遣することが検討されている。さすがに扇谷上杉家の本拠を攻略することは簡単にはすすまなかったのであろう。家長の建芳が留守とはいえ、扇谷上杉家の勢力は強大であり、宗瑞の軍勢だけでそれに対抗することは容易ではなかったに違いない。やがて宗瑞は退陣したものと思われる。そして十月頃には、建芳が上野から本拠の江戸城に帰還している。

しかし建芳も、宗瑞に対して直ちには反撃できるような状態にはなかったらしい。家老の上田蔵人入道の離叛《りはん》は、やはり大きな戦力不足を引き起こしていたに違いない。そのた

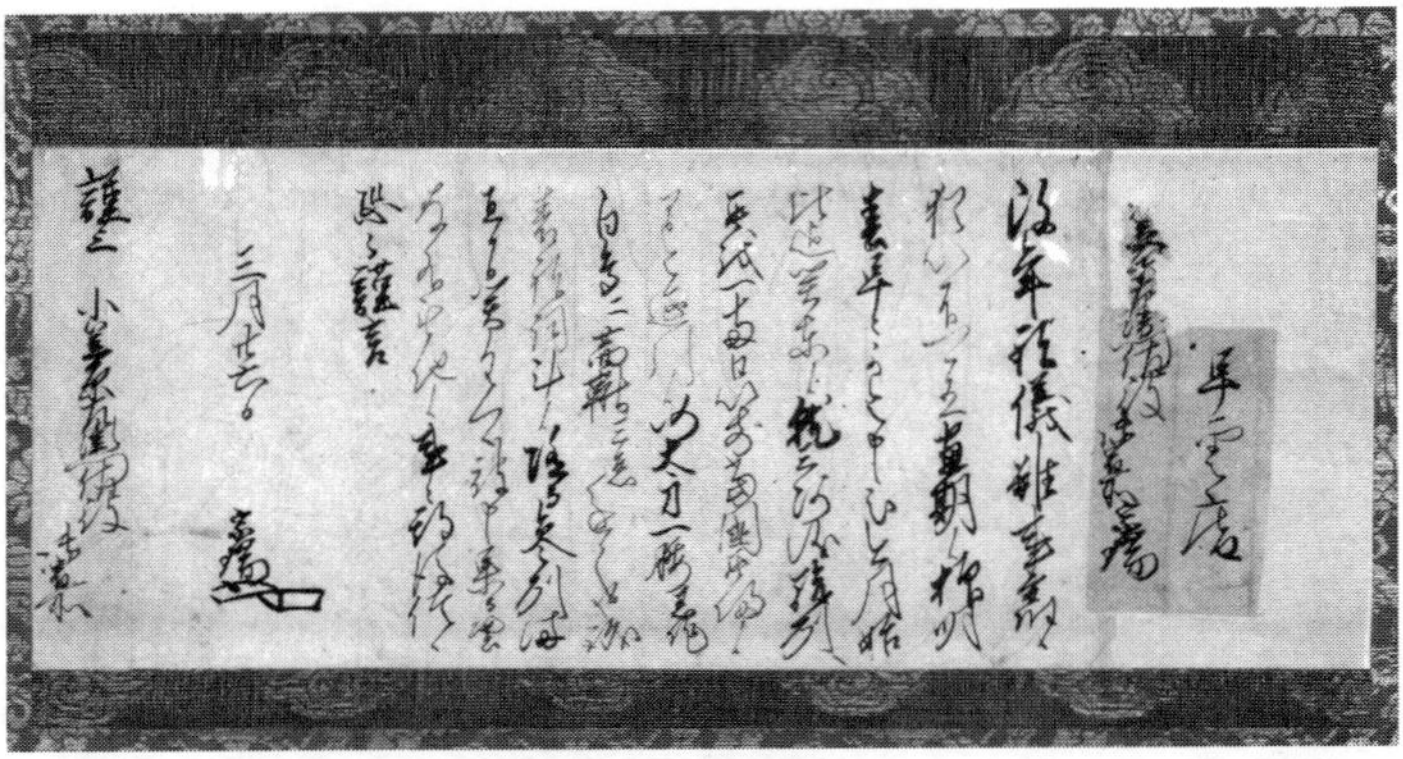

永正7年3月26日付 伊勢宗瑞書状（早雲寺文書 早雲寺所蔵、画像提供 箱根町立郷土資料館）

め建芳は、江戸城代を務める家老の太田大和守資《すけ》高《たか》（道灌の嫡孫、資康の子）を通じて、山内上杉家の家宰《かさい》で本拠の鉢形城で留守を務めていた長尾孫太郎顕方《あきまさ》（顕忠の養子、弟弥五郎の子）に、何度も援軍の派遣を要請するのであった。

この後、宗瑞がどこにあったのかは明確ではない。ただし年を越しながらも関東で在陣を続けたことが確認される。それは翌同七年三月二十六日付で、信濃松尾小笠原定基に宛てた書状に（戦北二一）、新年の挨拶が遅れた理由として、「今月始めまで関東に候」と言っていることから、年初からこの三月初めまで、相模か武蔵に在陣していたことがわかる。ちなみにこの文書の年代については、これまで永正三年、あるいは同六年に比定する見解が出されていたが、正しくはこの同七年に比定されるものになる（拙著『今川氏親と伊勢宗瑞』）。

この時、今川氏親は、三河戸田憲光の離叛をうけて、その討伐のための軍事行動の準備をすすめていた。宗瑞の書状には、それに続けて「三河の儀について、駿州へ罷《まか》り越し、一両日以前に当国（伊豆）に罷り帰り候」とある。すなわち、三河のことで駿河に赴いて、一、二日前に伊豆に帰還した、という。宗瑞は関東から帰陣すると、氏親から召集があったとみられ、すぐに駿府に赴いていたらしい。そこではおそらく、三河進軍について相談したのだろう。しかし宗瑞は、関東で扇谷上杉家との対戦が続いていたため、三河進軍には参加できない状況にあった。それを踏まえて三河での対応などについて協議がされたものと思われる。そして宗瑞は、二十四日頃に、駿府から韮山城に帰還したのであった。

宗瑞は、この時の氏親の軍事行動に参加できなかったが、結果として、その後においても氏親の軍事行動には参加することはなかった。それはこの後における宗瑞の関東での軍事行動が際限のないものとなっていったからであった。後から振り返ってみると、宗瑞が今川軍として軍事行動したのは、二年前の永正五年における三河進軍が最後になるのであった。しかしこのことは、あくまでも結果にすぎない。この永正七年三月の時点では、まだ宗瑞はこれからも今川家の軍事行動に関与する気でいたとみなされるし、その後においてもそうであったように思われる。しかし周囲の情勢がそれを許さなくなっていくのであった。

その直後となる永正七年四月、伊豆諸島支配をめぐる情勢にも変化がみられている。宗瑞方の八丈島代官の御簾真敷は、これより二年前から、奥山忠督と朝比奈弥三郎を御蔵島で拘束していたが、これを解放し、両者の八丈島への帰還が認められたのであった。その際に、八丈島五か村のうち、四か村については奥山忠督が代官となり、残る一か村・中之郷村については朝比奈弥三郎が代官となっている。これはすなわち、奥山・朝比奈は、宗瑞に従う関係になり、それにともなって代官に任じられたことを示しているととらえられる。

それまで対立関係にあった両者が、どうして宗瑞方から代官に任じられたのかと考えると、ちょうどこの時期、奥山忠督の派遣元である神奈川奥山氏の本拠の神奈川郷が、宗瑞に従った権現山城主・上田蔵人入道の支配下にあったことによろう。それにともなって神奈川奥山氏も、同様に宗瑞方になったものと推測され、そのうえで八丈島奥山氏と朝比奈氏を再び代官に任じたものとみられる。そもそも彼らの帰島自体、そうした情勢の変化があって可能となったことであったと思われる。おそらくは、下田に在する宗瑞方の代官が統括し、その支配下に神奈川奥山氏がおかれ、さらにその代官が存在するかたちになったものと思われる。

また朝比奈弥三郎については、三浦道寸の被官として代官に就いたらしい。当時、三浦道寸は扇谷上杉方であり、宗瑞とは敵対していたはずである。そうすると宗瑞の支配下にあった八丈島で、その被官が代官に任じられるとは考えがたい。道寸から離叛していたのかもしれない。あるいはこの頃、道寸は宗瑞とは明確に敵対しておらず、いまだ友好的な姿勢をとっていたのかもしれない。

扇谷上杉家からの反撃

宗瑞は、三月末に駿府から韮山城に帰還したところであったが、次に動向がみられるのは、五月のことだった。ここで宗瑞は、今度は山内上杉家領国への侵攻を展開している。武蔵横山庄に侵攻して、その拠点の椚田城を攻略している。同城はかつて経略を試みたことのあったものであり、ここにその経略を遂げたことになる。長井家の滅亡後、同城の城主となっていたのは、山内上杉家家老の大石源左衛門尉（顕重か、のち法名道俊）であったが、落城にともなって由井城（東京都八王子市）に後退している（小Ⅰ三三四）。ちなみにこの大石家は、その後は由井城を本拠に国衆と化し、二代氏綱の時に北条家に従属し、三代氏康の時に、氏康の子氏照《うじてる》によって養子継承されるものとなる。

この時には、長尾伊玄も、宗瑞とともに長尾為景に与同して、明確に山内上杉家から離叛することになり、その一族・被官が相模津久井山を占拠して蜂起していた。このことについて山内上杉可諄は、再度の謀叛《むほん》として激しい怒りを示している。宗瑞の軍勢が多西郡に進軍できたのは、その手前に位置した津久井領を伊玄方が占領していたからとみることができる。このことからすると、この時の宗瑞と伊玄の行動は、協調して行われたものとみなされよう。

ちょうどこの時、古河公方《くぼう》足利政氏と高基は、再び抗争を展開し始めていて、さらに高基の弟で雪下殿空然（のち足利義明）が自立を図って、武蔵太田庄で蜂起し、古河公方足利家は三《み》つ巴《どもえ》の分裂状態になっていた。山内上杉可諄から関東の留守を依頼されていた扇谷上杉建芳は、政氏と高基の和睦の斡旋《あっせん》にあたっていたのであったが、成功をみることなく、政氏・高基の抗争は三度再開されたのである。宗瑞が、一旦帰陣してからすぐに軍事行動を再開しているのは、そのような状況の変化に乗じたためとみなされる。

さらにこれと同じ五月に、伊豆諸島支配をめぐっても動きがみられている。三浦道寸が被官の北村秀助を八丈島に派遣して、奥山忠督と合戦させているのである。このことは、道寸が明確に宗瑞に敵対する立場をとったことを意味している。おそらくこれは、伊豆諸島支配をめぐって、道寸方であった朝比奈弥三郎と宗瑞方となっていた奥山忠督との間で紛争が生じるようになって、道寸は奥山忠督を排除することで問題の解決を図ったのであろう。しかし合戦に勝利することはできず、道寸が派遣した北村秀助は、三浦郡に帰郡してしまうのであった。

これらの状況は、伊豆諸島支配をめぐる紛争のなかで、三浦半島につながる勢力が、流通権益確保の動きを顕在化させるようになっていたことを示していよう。三浦半島は、伊豆諸島と東京湾との間に位置していたから、それらの流通に密接に関わっていたことはいうまでもなく、そうした海運業者のなかに、三浦道寸の被官になるものが出てきて、その支援のもとで自らの権益の確立をすすめるようになってきたのであろう。おそらく彼らは、それまでは神奈川奥山氏の配下に入ることで立場を維持していたとみられるが、伊豆や神奈川郷をめぐる政治状況の変化が、それまでの秩序を解体し、それぞれが自らの権益を確保していく動きを生じさせ、それがまた複雑な政治状況を生み出していくのであった。

そして六月になると、越後に侵攻していた山内上杉可諄が同国で戦死するという事態になり、同行していた憲房をはじめ、越後に進軍していた山内上杉軍は上野に後退し、北上野の白井城《しろい》（群馬県渋川市）に在城して、越後勢に備えた。ところがそこに、山内上杉氏から離叛した長尾伊玄が、上野国衆の沼田家と連携して、上野沼田領（同沼田市ほか）に進軍し、憲房と対峙《たいじ》するのである。伊玄は、越後の上杉定実・長尾為景に支援を要請しつつ、憲房との抗争を展開しようとしたものの、長尾為景は越後国内の制圧を優先し、伊玄に十分な援軍を送ることはなかった。伊玄の上野での在陣が確認されるのは九月までのことにすぎないので、それからしばらくのうちに憲房に対抗できず、没落したとみなされる。

そして扇谷上杉建芳も、山内上杉軍の帰陣をうけて、宗瑞への反撃を開始するのであった。建芳は、それまでにも山内上杉家に対して、援軍の派遣について、江戸城代で家老の太田資高から、山内上杉家の家宰で鉢形城に在城して留守を守備していた長尾顕方に、何度も要請していたのであったが、実現をみていなかった。ところが憲房が上野に帰陣したことをうけて、家宰の長尾顕方の代官矢野憲信をはじめ、家老の大石源左衛門尉とその一族、家老の足利長尾景長の代官成田中務丞《なかつかさのじょう》といった山内上杉家の家臣に加え、従属下にあった忍領の国衆・成田顕泰《あきやす》、岩付領の国衆・渋江孫太郎、花園領の国衆・藤田虎寿丸《とらじゅまる》（のち業繁《なりしげ》か）、武州南一揆《いっき》が、扇谷上杉家に援軍として派遣されるのであった。それらの軍勢は、いわば武蔵における山内上杉軍の主力にあたるものであった。

そこではまず、七月十一日から権現山城が攻撃をうけ、同十九日に落城した（小Ⅰ三三五）。城主上田蔵人入道は扇谷上杉家に帰参した。ちなみに上田家は、その後も引き続いて太田家に並ぶ家老として存在していることからすると、基本的な地位は保全されたとみなされるから、そうした条件をもとに降伏がうながされたのであろう。またこれによって神奈川郷は、再び扇谷上杉家の支配下に戻ったのであった。

さらに八月から九月にかけてとみられるが、三浦道寸が三浦郡から中郡に進軍してきて、同郡の住吉要害はこれに攻略された。高麗寺要害については確認されないが、同様に道寸に攻略されたとみられる。これらによって中郡は、三浦道寸に経略されるものとなった。そのためその後は、扇谷上杉家のもとで、同郡支配は三浦道寸に担われるものとなり、やがてその軍事拠点として、道寸の所領であった岡崎郷に岡崎城（神奈川県伊勢原市・同平塚市）が構築されるものとなっている。そして上杉建芳と三浦道寸は合流して、津久井城攻略に向かい、同城はそれらによって攻略された（「三浦系図伝」前掲『北区史』所収）。同城を支配拠点とした津久井領も、扇谷上杉家の領国に編成されたとみなされる。そして同城には、その後は扇谷上杉家の有力家臣であったとみられる、内藤大和入道が入部されたものと推測される。

こうした扇谷上杉家の反撃によって、宗瑞が経略していた相模中郡から武蔵久良岐郡の地域は奪回された。さらに長尾伊玄方が占領していた津久井領も経略され、その頃には多西郡椚田城も、武蔵の山内上杉方に奪回されたとみなされる。前年からすすめていた侵攻によって経略した地域のことごとくが奪回されるものとなった。それらの反撃をうけているなか、宗瑞がどのように対応していたのかはわかっていない。その都度に対抗していたものと思われるが、山内上杉家からの援軍を加えた扇谷上杉軍の戦力は、宗瑞のそれよりも遥《はる》かに強大なものとなっていて、十分に対抗できなかったものと思われる。

小田原城を攻撃される

しかもそれだけではなかった。十月には上杉建芳はそのまま西進してきて、宗瑞の領国であった相模西郡にまで侵攻してきた。そしてその軍事拠点の小田原城までが攻撃されてしまうのであった。同城は城際まで攻め寄せられたものの、さすがに防衛を果たし、上杉建芳は、七月から続いていた長期にわたる戦陣によって、軍勢に疲労がみられたため、十九日までに一旦、帰陣している（小Ⅰ三三六）。この時に、家老の大道寺発専が戦死したと推測される（拙著『北条氏康の家臣団』）。小田原城の防衛は果たしたものの、それは大道寺発専が戦死するほどの犠牲を払ってのものであったことがわかる。

さらに十二月になって、上杉建芳は再び西郡に侵攻してきて、宗瑞方にとって同郡の最前線に位置した鴨沢《かもざわ》要害（神奈川県中井町）が攻撃されている。扇谷上杉軍の攻撃に対して、九日に城際で合戦があり、これは在城衆が城内から打って出て合戦となったもののようである。同城が攻略された状況はうかがえないので、これによって撃退したものと思われる。攻撃軍では、三浦道寸の嫡子義意《よしもと》の家臣・武和泉守が戦死している。その戦功に対して、その嫡子源五郎（のち左京亮《さきょうのすけ》）に宛てて、道寸と建芳からそれぞれ感状が出され、さらに武氏の主人義意に対しては古河公方足利政氏から感状が出されている（小Ⅰ三三〇～三三二号）。

ちなみにこれらのことから、この軍事行動の総大将が上杉建芳であり、それに三浦道寸が動員されていたことがわかる。道寸が感状を出しているのは、自家の家臣の戦功であったためであり、建芳も感状を出しているのは、総大将として配下の戦功を賞するためであった。そしてさらに足利政氏から三浦義意に感状が出されているのは、この軍事行動が、名目的には足利政氏のそれとして扱われていたことを示している。このことは上杉建芳が依然として、足利政氏を支持する立場をとっていたことを示している。

なお政氏の感状が戦功をあげた当人ではなく主人の三浦義意に宛てて出すという形式がとられているのは、政氏が武氏に直接に感状を出すことは、身分が違いすぎて不可能なためであった。政氏からの感状そのものは、武氏に渡されている。またこの鴨沢要害合戦の年代については、他に、前年の永正六年と推測する見解もある。しかし宗瑞の相模侵攻に対して、扇谷上杉家による反撃が展開されたのは、この永正七年になってのこととみなされるので、合戦はこの年のこととみるのが妥当と考えられる。

こうして宗瑞は、当初は扇谷上杉領国のかなりの部分を経略したかたちになっていたが、その反撃をうけて、それらの地域を奪還されてしまうのであった。しかもそれにとどまらず、逆に領国であった相模西郡にまで侵攻をうけ、その拠点であった小田原城を攻撃されるという事態にまでなっている。前年からの両上杉領国への侵攻は、文字通りに失敗に帰したのであった。

扇谷上杉家との和睦

その後しばらくの状況は知ることはできないが、それから翌永正八年（一五一一）十一月までの間に、宗瑞と扇谷上杉家との間には和睦が成立している（小I三三七）。和睦成立の時期については明らかになっていないが、これは今川氏親の重臣・福島範為が室町幕府の同朋衆《どうぼうしゅう》であった相阿弥《そうあみ》に宛てた十一月八日付の書状のなかにみえているもので、書状の冒頭部分に、「関東の事、河越（扇谷上杉家）と早雲和談し候間、一方隙明けし候、西口の儀も此の上に候条、早雲庵相談せられ候間、猶々安く候」「早雲庵も此の間当地（駿府）に在る事に候間」と記されている。

今川家では、前年十月から尾張斯波家の支援をうけた勢力が遠江で蜂起をみせるようになっていて、それへの攻撃をすすめていた状況にあった。ここで福島範為は、関東での情勢が、宗瑞と扇谷上杉家との和睦が成立していて、一方での軍事行動は終了しているので、遠江への対応についてはそれを踏まえて、宗瑞とも相談してすすめていくので、心配ない、と述べているものとなる。さらにこの時、宗瑞はその相談のために、駿府に滞在していたことがわかる。今川家では、遠江進軍にあたって、宗瑞とも連携してすすめていこうと考えていたことがうかがわれる。

ここでは何よりも、宗瑞の行動について「一方隙明け」と表現されていることが注目される。もはや実態としては、宗瑞の軍事行動は独自に展開されていたものではあったが、今川家ではそれを、それまでと同じく今川家の行動の一部として認識していたのであった。しかしこのことは、おそらく宗瑞においても同様であったと思われる。宗瑞もここで駿府を訪れて遠江進軍について協議にあたっており、この後においてもしばしば駿府を訪れたとみなされ、宗瑞自身も、今川家の一員であるという意識は強く持ち続けたものと思われる。

もっとも宗瑞と扇谷上杉家の和睦が成立した時期については明らかではない。ただし今川家においては、依然として遠江で斯波方との抗争が続けられていた状況で、そのような文脈のなかでみえていることからすると、あるいはこの直前に成されたものであったとも考えられる。これについては、宗瑞と扇谷上杉家との抗争は、前年十二月までしか確認されていないことから、それからしばらくのうちに成立したのではないかとみることも可能といえるが、もしかしたらその後も敵対関係は続いていて、この時期にようやくに和睦の成立となったとも考えられる。

その場合に、関連する事柄として、二つのことがあげられる。一つは、この永正八年に、長尾伊玄が甲斐郡内から武蔵に進軍していることである（「勝山記」）。伊玄は前年九月までは、上野で山内上杉憲房と対陣していたが、越後長尾為景から支援を得られなかったためであろう、それからしばらくのうちに敗退したものと思われる。しかも拠点となっていた相模津久井城も、十月までには扇谷上杉家によって攻略されていたから、拠点とする地域を失うものとなっていたに違いない。

そのうえで甲斐郡内から武蔵に進軍しているということは、おそらくは駿河御厨から、武蔵西部の山内上杉領国に進軍したとみなされるので、伊玄はこの時、今川氏親の保護をうけるようになって、その支援をうけて武蔵に進軍したと推測することができる。その翌同九年正月に、伊玄は宗瑞の斡旋によって駿府に滞在していることが確認できる（小I二三八）。このことを踏まえれば、伊玄は、永正七年に上野から没落した後、連携関係をとっていた宗瑞を頼り、その取りなしによって今川氏親を頼って駿府に滞在したこと、そこから甲斐郡内を経由して武蔵に進軍して、地域権力としての復活を期していたことがうかがわれる。

もう一つは、永正八年九月には、山内上杉家で家督をめぐる内乱が開始されたことである。前年六月に山内上杉可諄が越後で戦死すると、家督は、古河公方足利政氏の三男で養子に迎えられていた顕実が継いだとみなされる。しかし一門衆のなかの最年長で、越後にも従軍した憲房が、これに対抗するようになったとみられ、両者の抗争が展開されるのである。顕実は鉢形城を継承し、対して憲房は上野平井城（群馬県藤岡市）を本拠にしていたとみなされる。両者の抗争は、上野で開始されているから、顕実が憲房を攻めたとみられる。

しかもこの山内上杉氏の内乱に、古河公方足利家の内乱が結び付いていき、戦乱は再び大規模化していった。政氏は実子の顕実を支援し、対して高基は憲房を支援したのである。こうして政氏・顕実と高基・憲房という対抗関係ができあがった。扇谷上杉建芳は、それまでと同じく政氏方に味方したが、両者の和睦の周旋に努めた。それは建芳が、まだ宗瑞と抗争関係にあったからと思われる。

宗瑞と扇谷上杉家との和睦が成立したとみられる頃、そのように山内上杉家で内乱が展開し、それが古河公方足利家の内乱と結び付き、また長尾伊玄が山内上杉家領国に進軍するという事態がみられていた。長尾伊玄の武蔵への進軍は、山内上杉家での内乱勃発に関連していた可能性があり、それに乗じたものであったとも考えられる。

そうするとその和睦は、あるいは上杉建芳から持ちかけたものであったのかもしれない。宗瑞からの再度の侵攻がみられないなか、山内上杉家の内乱勃発にともなう情勢変化への対応を優先して、宗瑞とは和睦を成立させた可能性があろう。また宗瑞にしても、二年にわたる侵攻の結果、何らの戦果もあげることができなかったうえ、今川家の遠江侵攻への対応を優先して、それに応じたと考えることができるかもしれない。ともかくも宗瑞の両上杉家領国への侵攻は、一旦、頓挫したのであった。

三浦家と真里谷武田家の盟約

宗瑞の叛乱《はんらん》が鎮圧された結果として、その領国に隣接する中郡を支配するようになったのが、三浦道寸であった。そのため宗瑞にとって、この三浦道寸との関係が大きな意味を持つものとなっていくのであるが、この時期に、三浦家の動向として見過ごせないのが、対岸の西上総を領国としていた真里谷武田家と婚姻関係を形成していたことである。道寸にとっては、領国の三浦郡と東京湾を挟んだ対岸となる西上総とは、海運上の権益をめぐる関係においても重要な問題であったろう。婚姻はそれへの対応の意味を持ったに違いない。その真里谷武田家も、その後に宗瑞と密接な関わりをみせることになる。

婚姻は具体的には、道寸の嫡子義意の妻に、武田信嗣《のぶつぐ》の娘を迎えるというものであった。義意は、永正十三年（一五一六）に二十一歳で死去したというから（「北条五代記」）、明応五年（一四九六）生まれということになる。父道寸の四十四歳もしくは四十六歳の時に生まれたことになる。永正七年から史料にみえ、時に十五歳となるが、すでに官途名弾正少弼《だんじょうのしょうひつ》を称している（小I三三二）。このことから実際にはもう十年ほど年長であったとみたほうが妥当と思われる。そうするとその婚姻は、これよりも五年ほど前となる永正年間初め頃のことであった可能性が想定される。ちょうど永正の乱勃発頃にあたろう。

なお義意の実名については、現在のところ確実な史料によっては確認されていない。また実名を「義基」と記すものもある（「異本塔寺長帳」『新横須賀市史資料編古代・中世Ⅱ』二二八一号）。そこでは「よしもと」と訓《よ》ませているとみられる。これまで「義意」は「よしおき」と訓まれることが多いが、「意」は「もと」と訓むことがあることを踏まえると、その訓みは「よしもと」であった可能性が高い。その妻の父について、「北条五代記」に「摩呂（真里）谷上総介」、「北条記」に「真里谷三河守」とあり、ともに信嗣を指しているから、義意の妻が信嗣の娘であったことがわかる。

真里谷武田家は、享徳の乱以来、西上総を領国とした存在であった。真里谷武田家は、享徳の乱にともなって上総に入部した古河公方足利成氏の重臣・武田信長の子孫で、真里谷城（千葉県木更津市）を本拠に、西上総から中央部一帯にわたる領国を形成した。その子清嗣の時、長尾景春の乱に際して下総千葉孝胤《のりたね》に味方し、太田道灌の侵攻をうけ、以後は道灌に従う関係になった。清嗣は嫡子信嗣を本拠に残しながら、文明十一年から同十六年頃まで武蔵六浦《むつら》（神奈川県横浜市）に在住するようになっていて、道灌の房総侵攻（文明十六年）にともなって上総に帰還している。

長享の乱での動向はあまり明確ではないが、明応八年に、清嗣が扇谷上杉家支配下の江戸地域の浅草寺《せんそうじ》（東京都台東区）を修造しているから、少なくとも同乱の後半期には、扇谷上杉方に味方していた可能性が考えられる。三浦家も同三年から扇谷上杉方の立場になっていたから、この時期には両者は味方同士の関係になっていたとみなされる。続く永正の乱では、三浦道寸と真里谷武田信嗣はともに足利政氏方の立場にあった。そうしたなかで、道寸の嫡子義意が信嗣の娘を妻にするという両者の婚姻関係が形成されたとみなされる。

真里谷武田家は、房総半島において有力な存在であっただけでなく、太田道灌に攻略された後は、武蔵六浦に在住し、その後も江戸地域の浅草寺の修造を行っていた。六浦・浅草ともに東京湾の武蔵側における有数の湊《みなと》であった。これらのことは真里谷武田家が、東京湾における海運にも大きな勢力を持ち、武蔵側とも密接な関係を築いていた存在であったことをうかがわせるであろう。

三浦道寸や扇谷上杉家は、宗瑞との間で伊豆諸島や東京湾での海運をめぐる抗争を展開するようになっていた。そのように東京湾における海運に大きな影響力を持っていた真里谷武田家との連携は、宗瑞に対抗するうえでも大きな意味を持ったと思われる。そのことはまた、真里谷武田家にとっても、宗瑞の進出によって既存の権益秩序が破壊されることになるため、同様であったものと思われる。

再び相模への侵攻

宗瑞が扇谷上杉家と同盟を結んでから、その動向が知られるのは、翌永正九年（一五一二）正月に、その斡旋によって、長尾伊玄を駿府に滞在させていることとなる（小I三三八）。先に触れたように、長尾伊玄はその前年に、今川氏親の支援をうけて武蔵に進軍していたとみられたが、これも失敗に帰していたものであろう。おそらくは駿府にあって、再度の機会をうかがっていたものと思われる。

しかしその後、その機会は訪れることはなく、伊玄は、二年後の永正十一年に七十二歳で死去したと伝えられている。実際にはもう少し若かったのではないかと思われるが、六十歳代であったことは間違いなかろう。宗瑞よりも少し年長だったこの人物は、関東の戦国状況の展開において、間違いなく主役の一人を務めてきた存在になる。その伊玄が晩年に、宗瑞と親交を深めていたことは、関東戦国史の展開を、その後は宗瑞が引き継いでいくことを思うと、何やら因縁めいたものを感じざるをえない。

伊玄の駿府滞在がみられた時、宗瑞が同様に駿府にあったのかは判断できないが、状況からすれば、同じく滞在していた可能性は高いと思われる。今川家では、前年の十一月から氏親の遠江への進軍が検討されていたが、まだ実現をみない状況にあったらしい。引き続いて氏親と宗瑞は、遠江への対応を協議していた可能性があり、そうであれば宗瑞も、そのまま駿府に滞在していたのではないかとも思われる。そして氏親は、閏《うるう》四月になってようやく遠江に進軍するのであった。

ところがこの進軍にも宗瑞は従軍していない。前年来、駿府にあってその協議をすすめていたとみられることからすると、考えがたいように思われる。しかしそれが実現できないような状況が生じていたのであろう。それがどのような状況であったのか知ることはできないが、その一つとしてみることができるものに、伊豆諸島支配をめぐる動きがある。宗瑞はこの年五月二十八日に、自身の八丈島代官であった左衛門次郎（御簾真敷の子か）を下田から追放し、新たな代官に藤兵衛を任じて、八丈島に派遣した。その背景に何があったのかはわからないが、御簾氏に何らかの不都合がみられたのであろう。

問題はその先にある。追放された左衛門次郎が、三浦道寸を頼ったのであった。道寸は三浦郡に加えて中郡も支配するようになっていたから、まさに宗瑞にとって最前線に位置する政治勢力となっていた。しかもこの時、八丈島のうち中之郷村代官であった朝比奈弥三郎の被官が、年貢未進に関わって宗瑞方の拠点であった下田に赴いたところ、この事件に遭遇している。さらに八丈島に入島した藤兵衛は、軍備を整えていくのであった。それまで宗瑞・扇谷上杉家・三浦家の三勢力の協調関係が保たれていたが、この事件を契機にするように、宗瑞と道寸とは、再び抗争を展開し始めることになる。この事例も、そうした在地における権益をめぐる紛争が、それぞれの上位権力である地域権力同士の抗争をもたらす、典型的な事例とみることができるであろう。

一方で、足利政氏・上杉顕実と足利高基・上杉憲房との抗争についても、六月になって大きく局面の変化がみられた。六月に、顕実が憲房方の上野新田《にった》領（群馬県太田市ほか）に侵攻したところ、逆に十七日に、憲房の家宰となっていた足利長尾景長が、留守になっていた顕実の本拠鉢形城の攻略に成功したのである。攻略は三日も経たないうちでのことであったという。これによって顕実は戻るべき本拠を失うことになったため、足利政氏が在城する古河城に没落するのである。そして憲房は、自ら山内上杉家の家督を継いだ。これをうけて高基・憲房方の優勢が決定的となって、七月に高基方は古河城を攻撃し、政氏もその古河城から退去して、下野小山城に移って、代わって古河城には、下総関宿城に在城していた高基が入って、自ら古河公方家の家督を継いでいる。

このように鉢形城攻略を契機にして、高基・憲房方の優勢が確立されて、高基は古河公方足利家の家督を、憲房は山内上杉家の家督を、それぞれ自力によって確保するという情勢になった。これらの抗争に対して、扇谷上杉建芳は、両者の和睦を斡旋していたのであったが、憲房に聞き入れられることはなかった。そのためその後は、その憲房との抗争を展開していくことになった。こうした状況をうけて、八月になって宗瑞は、本格的に中郡への侵攻に動き出すのであった。

ただ当初、宗瑞が侵攻したのは三浦道寸の領国となるから、それがただちに扇谷上杉家への敵対となったのかは明らかではない。宗瑞と扇谷上杉家は、それまで和睦関係にあったからである。しかし宗瑞は、その後にそのまま扇谷上杉領国への侵攻を展開していることをみると、相模への侵攻再開にあたっては、扇谷上杉家との和睦破棄は、当然ながら織り込まれていたことであったと考えられる。

嫡子氏綱の登場

宗瑞が中郡への侵攻を開始した正確な時期は不明であるが、八月七日には、三浦道寸の中郡における軍事拠点であった岡崎城を攻めようとしていて、これに対して三浦義意が家臣の武左京亮に対して、同城への在城を命じている(小I三三九)。この宗瑞の侵攻をうけた道寸は、岡崎城に自ら在城し、それを迎え撃とうとしたとみられる。十二日早朝に、道寸は城外に打って出たらしく、卯《う》刻(朝六時頃)に岡崎台で合戦となったが、宗瑞はこれに勝利した。この合戦で戦功をあげた家臣の伊東氏に対して、宗瑞と嫡子氏綱が連署して感状を与えている(戦北二四)。

ちなみにこれが、当時の史料における、氏綱に関する初見となっている。氏綱は長享元年(一四八七)生まれであったから、この時には二十六歳になっていた。おそらく十五歳であった文亀元年(一五〇一)頃に元服したと推測され、それにともなって仮名新九郎《けみよう》、実名は氏綱を名乗るようになったとみなされる。仮名はいうまでもなく、父宗瑞が称したものの襲名にあたる。実名のうちの「氏」字は、従兄《いとこ》にあたる今川氏親からの偏諱《へんき》をうけたものであろう。氏綱だけでなく、次男氏時、三男氏広も「氏」字を冠しているが、いずれも同様に氏親からの偏諱とみなされる。宗瑞とその一族は、今川家の御一家衆という立場にあったから、それに対応した措置ととらえられる。

軍事行動においても、おそらくは元服してしばらくのうちに初陣が行われたとみなされるから、氏綱はそれこそこの間に、何回にもおよんで出陣を経験していたに違いない。宗瑞の軍事行動として、知られるだけでも、文亀元年の遠江侵攻以降、二年前の相模・武蔵侵攻まで、毎年のようにみられており、氏綱もその多くに参加していたに違いない。その意味からすると氏綱は、すでに武将としては十分に戦陣経験を備えていたものと思われる。

　そしてここで氏綱が、宗瑞と連署して、家臣への感状を出していることは、氏綱がこの時、宗瑞とともに出陣していたことを示すとともに、宗瑞の嫡子、すなわち家督継承者の立場にあったことが明確に示されるものとなっている。すでに元服の時点で、仮名新九郎を襲名していることから、宗瑞嫡子に位置づけられていたとみなされるが、ここで連署しているということは、氏綱が伊勢家の領国支配に、明確に参画するようになっていたとみられる。さらには伊勢軍のうちの一方を、氏綱が軍事指揮していたことをうかがわせる。それは氏綱が、次期後継者として順調な成長をみせていたことを意味している。

　なお氏綱は、この時には二十六歳という年齢からみて、おそらくすでに妻を迎えていたとみなされる。それは後に養珠院殿と称される人物となるが、出自は現在においても確定されていない。先に、伊勢氏一族もしくはその姻戚にあたり、堀越公方足利家の奉公衆であったとみられる、「北条殿」＝横井相模守の娘の可能性について触れているが、当然ながらいまだ確定はできない。また結婚の時期についても、これから三年後の永正十二年に嫡子氏康が生まれていることからすると、遅くてもその前年には結婚していたことになり、氏康よりも前に、早世した男子や娘が生まれていたとすれば、それこそ結婚は、この時の相模侵攻開始の前後のこととなろう。こうしてみるとこの時期は、氏綱にとっては人生における大きな転換期にあたっていたとみられるかもしれない。

鎌倉再興を表明する

さて岡崎城への攻撃であるが、岡崎台合戦の翌日の十三日に、宗瑞は同城への攻撃を行い、同城の攻略を遂げたとみなされる（小Ⅰ三四〇）。在城していた三浦道寸は、同城から退去してそのまま後退し、三浦郡の西端に位置する住吉要害（神奈川県逗子《ずし》市）に入って、再び迎撃の態勢をとったとみられる（「北条記」）。宗瑞も、そのまま追撃して東郡に進み、その十三日には鎌倉に入っている（小Ⅰ三四一）。

鎌倉は、いうまでもないが、源頼朝が鎌倉幕府を開いて以来、関東武家権力にとっては聖都にあたる地であるとともに、室町時代においても、関東統治を担った鎌倉府政権の首都であった。それが享徳の乱の勃発によって、関東統治を担うべき鎌倉公方・関東管領《かんれい》ともに不在となり、政治権力の在所がみられなくなったため、それからの保護もうけられなくなって、政治都市としては衰退するようになっていた。

鎌倉に入った宗瑞は、

枯れる樹にまた花の木を植え添えて　本《もと》の都に成してこそ見しめ

との和歌を詠んだという。衰退している鎌倉を再び繁栄させて、本来の首都を取り戻してみせよう、という内容である。これは宗瑞が、関東において自らが政治権力として存立し、その統治にあたる気概を表明したものとうけとめることができる。この再度の相模侵攻を展開するにあたって、宗瑞はついに山内・扇谷両上杉家に取って代わることを決意したとみなされる。

この鎌倉への進攻にともなって、東郡についても経略を遂げたとみなされる。八月十九日付で、東郡の北部にあたる当麻郷《たいま》（神奈川県相模原市）に宛てて、軍勢による乱暴狼藉《ろうぜき》の禁止を保障する禁制を出していることが知られる（戦北二五）。実際に軍勢がその方面にも進軍したのかはわからないが、その頃には東郡の全域が、宗瑞の勢力下に入ったものとみなされる。なお東郡には、扇谷上杉家の拠点として大庭城が存在し、上杉建芳の実兄である上杉朝寧が在城していたはずだが、その動向は伝えられていない。おそらくは、たいした抵抗もみせずに敗退してしまったのであろう。

また当麻郷に禁制が出されていることからすると、この頃に、その西方に位置していた津久井領も、宗瑞の勢力下に入った可能性が想定される。同地域の支配拠点となっていた津久井城には、扇谷上杉家の重臣とみられる内藤大和入道が在城していたと推測され、これが宗瑞に従属してきたものとみなされる。内藤家はその後においては、津久井領を一円的に支配して、国衆の性格を多分に残存させつつ、北条家の有力家臣として存続していくことから、基本的には自発的に宗瑞に従う態度をとり、その戦功を評価されて、所領と家臣をそのまま安堵《あんど》され、それまでと同じく津久井領への独自的な支配を認められたものととらえられる。

そして宗瑞は、十月になって、三浦道寸が在陣する住吉要害への対抗のためであろう、自軍の軍事拠点として玉縄城を再興している（『寛永諸家系図伝』）。玉縄城はかつて長享の乱において、山内上杉方の相模における軍事拠点として存在していたもので、明応三年（一四九四）に扇谷上杉家の攻撃によって落城し、以後は廃城となっていたものであった。宗瑞はそれを三浦方への向かい城として取り立てたとみなされるが、同城はその後も宗瑞の軍事拠点として存続され、やがては東郡における支配拠点とされていくものとなる。

その後では、十二月四日に、新たに家臣に加わった越後弾正忠に対して、中郡散田《さんだ》郷（同厚木市）を所領として与えている（戦北二六）。同人は、かつて長尾景春の乱において中郡小磯要害（同大磯町）に居た越後五郎四郎の子孫にあたるとみられ、宗瑞の中郡経略に際して従ってきたものとみなされる。このような家臣への所領の充行《あてがい》については、この一例しか残存していないが、おそらくは中郡・東郡については、同様に譜代家臣だけでなく、そのような新参家臣に対して、所領の安堵や配分が行われたに違いない。ちなみにそのような新参家臣としては、中郡については越後弾正忠のみ、東郡については、鎌倉在住の後藤氏と、東郡永谷《ながや》郷（同横浜市）を所領としていた宅間上杉氏がみられたにすぎない。

十二月六日には、宗瑞と氏綱の連署で、武蔵久良岐郡南部に位置する本目《ほんもく》郷（同横浜市）について、領主の平子牛法師丸（房長）に対して、伊勢家の家臣は同郷に不当な行為をしないこと、同郷からの租税などの負担に関しては、平子氏と直接に取り決めることとした制札を出している（戦北二七）。宛名の平子氏は、同郷を含む平子郷を本領とする武士であったが、二年前までは越後上杉家の家臣として越後に在所していた。そこでは山内上杉可諄に従って長尾為景と敵対する関係にあった。上杉可諄の戦死後の在所は明確ではなく、再び越後上杉家の家臣としてみられるようになるのは、これから二十年以上も後の天文四年（一五三五）のことになる。

このことからすると平子牛法師丸は、上杉可諄の戦死後は、山内上杉軍とともに上野に後退し、その後は山内上杉家の支援をうけて、本領に在所していたのではないかと推測される。前年からの扇谷上杉家と山内上杉家の抗争が展開されるにあたって、どのような立場をとったのかは不明であるが、この宗瑞の侵攻にあたっては、それに従ったことがうかがわれる。ただし宗瑞に従う存在としても、これが唯一の史料になっているので、その後の動向は不明である。しかしともかくも、これによって宗瑞が、この時には久良岐郡南部までの領国化を遂げたことがわかる。ちなみに久良岐郡南部における新参家臣としては、他には、杉田郷（同横浜市）を所領とした間宮氏がみられるにすぎない。

こうして宗瑞は、岡崎城攻略に始まった進軍によって、中郡・東郡をはじめ、さらに津久井領、さらには武蔵久良岐郡南部までを支配下におさめ、それらを領国化したのであった。そこでは東郡における軍事拠点として玉縄城が構築されていた。宗瑞は領国化した諸郷村に対して、ただちに大普請役・陣夫役などの「国役」を賦課し、それを郡代を通じて賦課・徴収する支配制度を適用していったとみなされる。ちなみにこの後においては、相模西郡・中郡については小田原城、東郡と久良岐郡南部については玉縄城、津久井領については津久井城の管轄とされている。おそらくはこの経略した当初から、そのような行政区分がなされたと推測される。ただしそれぞれの郡代については、津久井領が内藤家が務めたとみられる以外は、この時期については不明である。

三浦道寸との抗争

宗瑞と三浦道寸は、それぞれ玉縄城と住吉要害に拠《よ》って対峙したとみられるが、翌永正十年（一五一三）正月二十九日に、両者は合戦している。その際、藤沢の清浄光寺《しょうじょうこうじ》（神奈川県藤沢市）が焼失しているので、これは道寸が玉縄城を攻めようとして起きたものと思われる（小I三四三）。宗瑞はこの合戦にも勝利したとみられ、敗北した道寸は、住吉要害の守備を弟の道香に任せて、自らは本拠の三崎新井城に後退した。宗瑞はそれを追撃して同城まで攻め寄せたとみられ、四月には三崎新井城で籠城《ろうじょう》戦が展開されている（戦古三七三）。この時、古河公方足利政氏は、同城に籠城した智宗という人物に戦功を賞していることから、扇谷上杉家・三浦家が、依然として政氏方の立場をとっていたことがわかる。

ちなみに道寸の本拠については、これまでは「新井城」と呼ばれることが多いが、当時の史料においてはいずれも「三崎要害」となっている。もちろん現在の新井城にあたるが、地名としては三崎に含まれていたため、そのように呼ばれていたと考えられる。おそらく後に北条家のもとで新たに三崎城が取り立てられたため、それと区別するため、三浦家の本拠については新井城と称されるようになったのであろう。そのためここでは、三浦家の本拠である「三崎城」については、三崎新井城と呼んで、後の三崎城との区別をはかるものとしたい。

宗瑞が三崎新井城を攻めたのに対し、住吉要害に対しては、その嫡子氏綱が中心になって攻め寄せたと伝えられている（「新編相模国風土記稿」前掲『新横須賀市史』二二二八号）。そうであればこれは、おそらくは氏綱による単独の軍事行動として最初にあたるものであったとみられる。また宗瑞の進軍後も、氏綱は玉縄城を守備したものと思われる。

そして七月七日、氏綱は住吉要害を攻略し、守将の三浦道香は自害した。これによって三浦道寸は、本拠三崎新井城で籠城を続けるしかなくなるのであった。さらにこの年、宗瑞と道寸の合戦の展開をうけて、八丈島でも軍事的緊張が高まったらしく、扇谷上杉方の代官奥山忠督が軍備を固めている。

なおこの年九月二十九日に、三浦郡で宗瑞と道寸方との間で合戦があり、道寸の娘婿太田資康が戦死したことが伝えられている（「太田家記」同前二二三〇号）。しかし資康はすでに長享の乱のなかで、明応七年（一四九八）に扇谷上杉朝良によって誅殺《ちゆうさつ》されているから、ここでの戦死は誤りである。そこではまた、資康は永正元年九月二十七日の武蔵立河原合戦で戦死したともされており、日付の近似からすると、九月二十九日の合戦というのもそれとの混同によると思われ、三浦郡での合戦はなかったと考えられる。

永正十一年になると、さらに宗瑞と扇谷上杉家との間で抗争が展開されるようになってくる。扇谷上杉家は、前年五月に山内上杉家と武蔵菅谷原で合戦していて、その山内上杉家と宗瑞との両面作戦を強いられる状況にあった。従属関係にある三浦家に対して、援軍の派遣がみられていないのは、そのためであったとみなされる。この年の三月五日には、山内上杉憲房が扇谷上杉家領国の武蔵荏原郡まで進軍してきて、両軍は同地で対陣するにいたっている。

さらに五月にも山内上杉家から同地への進軍をうけたため、ここで扇谷上杉建芳は、山内上杉家とは和睦を結ぶことにしたとみられ、この時に両家の和睦が成立している。これで扇谷上杉家は、宗瑞との抗争に専念できる状況となり、これをうけて扇谷上杉建芳は、早速に宗瑞への反撃を展開し、家宰の太田永厳を相模西郡まで侵攻させている。おそらく宗瑞方の拠点の小田原城の攻撃を図ったものであろう。ここにようやく扇谷上杉家は、積極的に三浦道寸への支援をはたらくことができるようになった。

その一方で、宗瑞はその年、扇谷上杉家の支配下にあった神奈川奥山氏と合戦しており、久良岐郡北部にあたる神奈川郷を攻めている。その時期は不明であるが、状況からみると、扇谷上杉家による西郡侵攻に対する報復としての行動であったように思われる。これをうけて八丈島代官の奥山忠督は出陣しようとしたが、三浦道寸の軍勢が渡海してきたため合戦となり、忠督は敗北した。おそらく道寸は、神奈川奥山氏が宗瑞に従ったら、八丈島奥山氏もそれに同調すると認識し、伊豆諸島支配の確保のために、軍勢を派遣したのであろう。しかし神奈川奥山氏が宗瑞に従うことはなかったようである。

合戦の結果、忠督は道寸に従うことになったと思われ、その直後に三崎に赴いて道寸方に年貢を納めている。その途中、宗瑞方は軍船をもってそれを追い懸けたが、忠督はかろうじて逃れている。宗瑞もまた、伊豆諸島支配の確保を図って行動したのであった。そして奥山忠督が三崎から帰路する際、伊豆大島まで至ったところで、宗瑞家臣の朝比奈恵妙（「駿河円明」とも記される）は大軍を率いてこれを攻撃し、合戦となった。合戦は宗瑞方が勝利し、敗北した奥山忠督は、大島から没落して三崎に逃れ、道寸を頼るのである。またこの時、弟の忠弘は宗瑞方に降参し、そのため宗瑞はこれを代官に任じて、十月十日に八丈島に帰島させるのである。

なおこの年に、宗瑞は韮山城の近辺に位置する奈古屋《なごや》（静岡県伊豆の国市）で宝珠を掘り出して、これを韮山の地に埋めて、その上に仏塔を建立し、本殿として弁才天を勧請《かんじょう》したことが伝えられている（小Ⅰ三四四）。宗瑞が、本拠韮山において仏法の興隆に尽力していた状況をうかがうことができるであろう。また勧請した弁才天は、相模東郡の江島からのものである可能性が想定される。

鎌倉支配の開始

永正十一年（一五一四）十二月二十六日付で、宗瑞は鎌倉本覚寺《ほんがくじ》に対して、陣僧・飛脚などの諸公事《くじ》を免除する制札を出している（戦北二九）。陣僧役などは寺院に対して賦課される諸役であったが、宗瑞はそれを免除している。これは鎌倉に対する領国支配の展開を示す、最初の史料となっている。宗瑞はこの頃から、鎌倉に所在する寺院への支配を整えていったことがうかがわれる。続いて同十二年（一五一五）二月十日に、氏綱が鎌倉三ヶ寺（建長寺・円覚寺《えんがくじ》・東慶寺）の行堂《あんどう》（行者《ぎょうじゃ》が住む行者房）に対する公事を免除する判物《はんもつ》を出している（戦北三〇）。

これについて何よりも注目されるのは、この判物を氏綱が出していることである。前年末においては鎌倉寺院への支配は宗瑞があたっていることと比べると、ここでは氏綱がその役割にあたるようになっているとみることができる。またこれまで氏綱は、宗瑞と連署で文書を出していたが、これは氏綱が単独で出したものとなる。そしてここで鎌倉支配にあたっていることから、氏綱はこの時には、玉縄城に在城していた可能性が想定される。宗瑞はおそらくは韮山城に在城したとみられるので、最前線の拠点となっていた玉縄城には氏綱が在城して、扇谷上杉家・三浦家の反撃に備えていたものと思われる。ちなみにこれに関しては、これまでにおいては小田原城に在城して鎌倉支配を担当した、とする見方が出されている。その可能性も否定できないが、ここではより直接的な関係を想定しておくことにしたい。

ちなみに小田原城下に伝心庵という寺院があり、これは永正三年に死去した宗瑞の妻南陽院殿（小笠原政清の娘）を開基としている。建立の経緯などについては全く不明とされているため、推測でしかないが、南陽院殿は氏綱の母とみなされるうえ、その死去は、宗瑞の菩提寺《ぼだいじ》として箱根湯本に早雲寺が建立される以前のことであるから、早雲寺の建立以前に、すなわち家督相続以前に、氏綱によって建立された可能性が想定される。そう考えると、宗瑞妻の菩提寺が、早雲寺とは別に小田原に所在していることも納得がいくように思われる。そしてこのこと自体、氏綱が家督相続以前から小田原城に在城していたことの傍証にもなろう。そうであれば氏綱は、基本的には小田原城に在城していて、この時は三浦家への備えとして玉縄城に在城していた、とみることができるかもしれない。

ただしこの鎌倉三ヶ寺への判物には、袖（文書の書き出し部分）に宗瑞の花押《かおう》が据えられている。これは、氏綱が出した判物に、宗瑞が内容を保証していることを意味している。宗瑞と氏綱との間で、このような書式がとられているのはこの一通のみなので、確かなことはわからないが、この文書を受け取った建長寺らの僧が、氏綱の保証だけでは心許《こころもと》ないと考えて、その

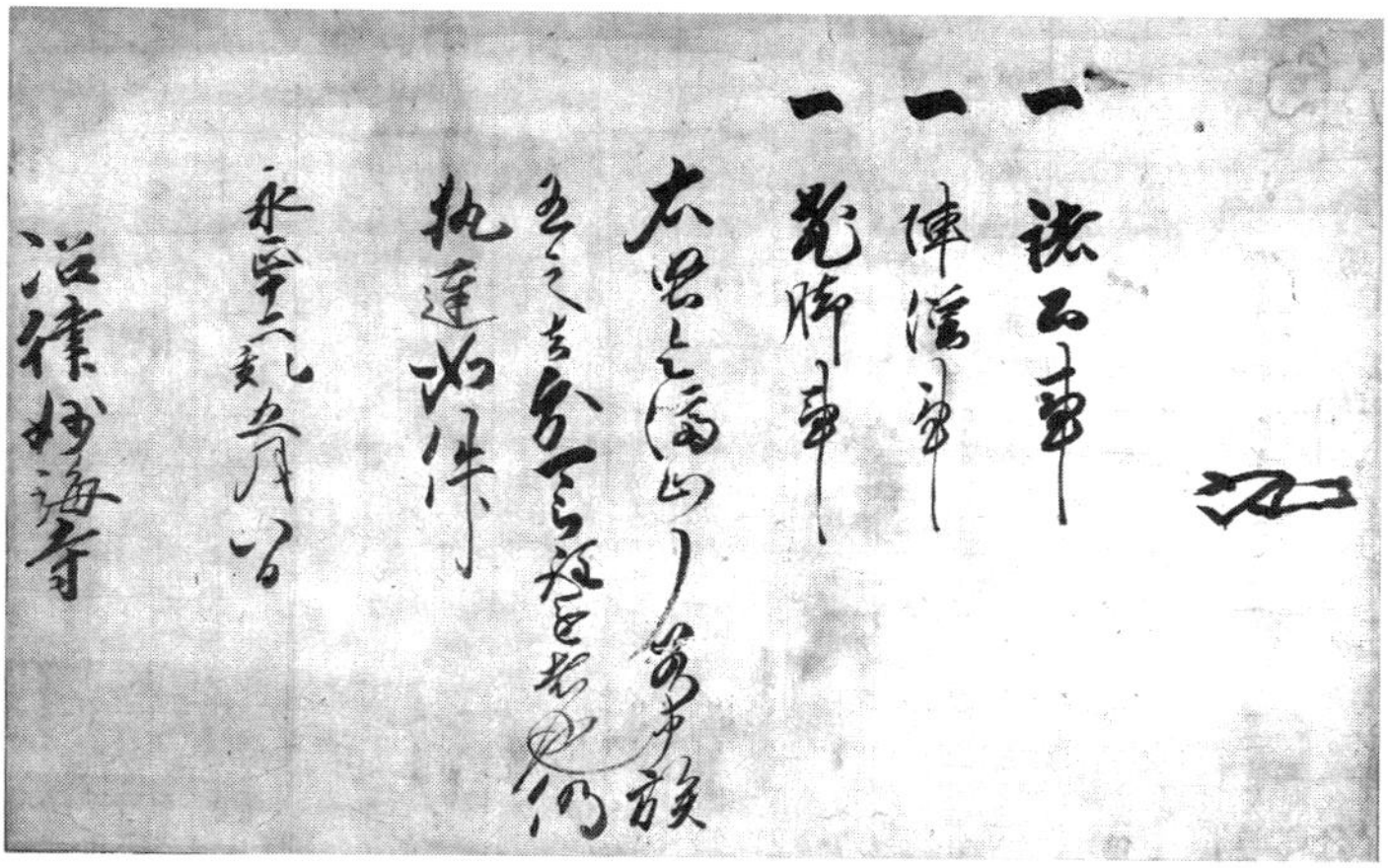

永正12年5月8日付 伊勢宗瑞判物
（妙海寺文書 妙海寺所蔵、写真提供 沼津市教育委員会）

後にあらためて宗瑞からも保証をうけたものとみなされる。氏綱の単独による発給文書として出されたものの、あくまでもその立場は宗瑞の嫡子にすぎなかったため、本来的にその免除権を有していた宗瑞の保証が求められたとみることができるかもしれない。

なおその後の五月八日付で、宗瑞は駿河駿東郡沼津郷の妙海寺に対して、陣僧・飛脚などの諸公事を免除する判物を出している（戦北三一）。沼津郷は今川家の領国下にあったものであるから、本来なら宗瑞が文書を出すことはなかった。しかし同郷は、姉北川殿の所領であり、宗瑞はその代官を務めていた。宗瑞がここで文書を出しているのは、それゆえであった。この文書の書き止め文言は、「仍《よ》って執達件《くだん》の如《ごと》し」となっていて、宗瑞が自身の領国内で出す場合に用いている「仍って件の如し」よりも丁寧な文言が用いられたものとなっている。これはそこにおける立場が、あくまでも北川殿の代官として、本来的な権限を有していたわけではなかったことから、丁寧な文言が用いられたとみなされる。

この文書は、宗瑞が今川領国でも文書を出していたことを示す興味深い事例となるが、その立場は姉の代行者というものであった。しかしそれでも、こうしたことがみられること自体、宗瑞がいまだ今川家の一員であることにともなうものであったとみなされる。これより以前の永正十年には、三男の氏広は、母方実家の葛山家を養子継承していて、葛山家の当主となっているとともに、今川家の御一家衆の一人として位置して、駿府に居住していた（「駿州下向日記」『為広下向記』所収）。またこの同十二年頃には、宗瑞の長女とみられる娘（長松院殿）が、今川家の家老筆頭の三浦氏員の妻になっていると推測される（拙著『今川氏親と伊勢宗瑞』）。宗瑞とその家族が、今川家と密接な関係にあり続けていたことが示されている。

相模一国の経略を遂げる

さて宗瑞の軍事的な動向に関してみると、この永正十二年（一五一五）には、伊豆諸島支配をめぐる抗争はさらに激しさを増している。四月十八日に、三浦道寸方となっていた奥山忠督は、三崎を出て八丈島への帰島を果たしている。宗瑞方はそれを阻止することはできなかったのであろう。続いて道寸からの援軍としてとみられるが、同じく道寸方の朝比奈弥三郎も八丈島に入っている。これに対して十九日、宗瑞家臣の朝比奈恵妙が、宗瑞方の代官となっていた奥山忠弘への援軍を派遣して、合戦となった。両軍は五月一日から互いに城郭を構えて対峙したが、六月十日になって朝比奈恵妙自身が出陣して八丈島に着陣した。

そして十二日に合戦となって、宗瑞方が勝利し、道寸被官の朝比奈弥三郎を捕縛し、奥山忠督とは、宗瑞方に従う態度をとったため和睦を結んでいる。事実上は、宗瑞方はこれを降伏させたとみなされる。十五日、忠督は恵妙に年貢を納め、それをうけて恵妙は、朝比奈弥三郎らを連行して下田に帰還して、十九日に弥三郎を斬首し、その首を宗瑞のもとに進上している。

こうして神奈川奥山氏による伊豆諸島支配は終焉《しゅうえん》を迎え、それは同時に道寸・扇谷上杉家による同支配の終焉でもあった。宗瑞は、ついに伊豆諸島支配を確立するのである。これ以後、同島については、伊勢家（のち北条家）の支配が継続されることになる。そしてこのことはまた、伊豆半島から、伊豆諸島を経て、三浦半島、東京湾へと至る海上ルートが、宗瑞の勢力下に入ったことを意味している。それらをめぐる制海権は、完全に宗瑞の手に握られたといっていい。

それでもなお、三浦道寸は三崎新井城での籠城を続けている。扇谷上杉家も道寸への支援に手をこまねいていたわけではなかった。翌永正十三年六月に入った頃のことであろうか、扇谷上杉建芳は養嗣子朝興を大将にして、大軍を相模中郡に進軍させた。対して宗瑞は、これを迎え撃って撃退し、扇谷上杉軍を江戸に敗退させると、そのまま三崎新井城攻撃に転じたという（「異本小田原記」「北条記」）。「北条五代記」になるともう少し詳しくなって、宗瑞は三崎新井城攻めを行っていたところから、攻囲の軍勢を残して転進して、玉縄城近くに陣を取ってこれを迎え撃った、というものになっている。

いずれも軍記物によるにすぎないものの、扇谷上杉家が後詰を行い、これを宗瑞が撃退したということはあり得ることと思われる。三崎新井城攻めは、六月十八日には始まっていることが知られるので（「八丈島年代記」）、扇谷上杉家との合戦があったとすれば、その直前頃のこととみられる。

宗瑞による三崎新井城への攻撃は、六月十八日には開始されていたとみられ、三浦道寸は抵抗を続けたものの、ついに七月十一日に、嫡子義意とともに戦死したのであった。この時、道寸は六十六歳もしくは六十四歳、義意は二十一歳もしくはそれより十歳くらい年長とみられる。対する宗瑞は六十一歳、その嫡子氏綱は三十歳であったから、ともにほぼ同世代にあたっていた。

ちなみに道寸父子の最期の様子について、「北条記」では、その日辰《たつ》の刻（午前七時から九時）に城から打って出て、宗瑞方の先陣を二町ほど追い立てて斬りまくり、ついに枕を並べて討ち死にしたと記している。また「北条五代記」では、討ち死に覚悟で城から打って出て、小勢になるまで戦ったうえ、城に帰って主従七十五人とも切腹して果てたと記している。ともに脚色が強く、事実をどこまで伝えているのか疑問であるが、扇谷上杉建芳はそれについて「三崎落居、道寸父子於城中討死」と述べているから（小I三四五）、城内の戦闘で戦死したことは間違いない。

これによって宗瑞は、三崎新井城の攻略を遂げ、あわせて三浦家を滅亡させるとともに、三浦郡の経略を果たすのであった。それは同時に、宗瑞が相模一国の経略を遂げたことを意味した。小田原城を攻略して西郡を経略した明応九年（一五〇〇）から数えれば十七年、本格的に相模への侵攻を開始した永正六年から数えても八年の歳月の末に、宗瑞はついに相模の経略を遂げたのであった。そして宗瑞は、これによって伊豆・相模二ヶ国を領国とする有力な戦国大名の一人となった。これは関東西部において大規模な戦国大名として存在していた山内上杉家・扇谷上杉家とも十分に比肩しうる勢力となっている。扇谷上杉家に対してみれば、その領

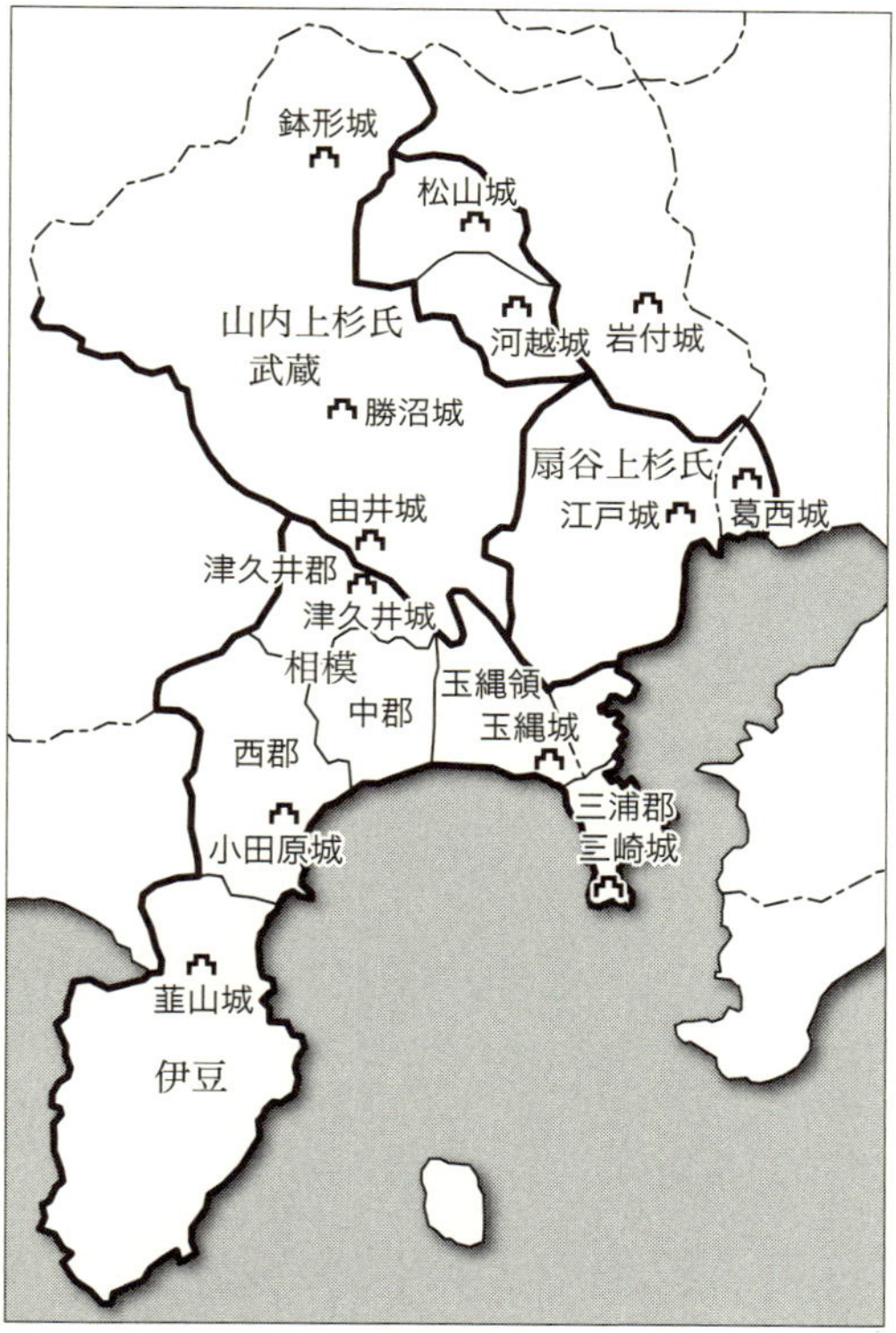

伊勢宗瑞領国図

国を経略した結果として、むしろそれを凌駕《りょうが》しつつあったといえるかもしれない。

三崎新井城の攻略から十日後の七月二十一日、宗瑞は伊豆三島社に対して、「度々合戦に大利を得るに依《よ》り」指刀を奉納している（戦北三二）。おそらく宗瑞は、合戦に臨むたびに、三島社などの領国内の有力神社に、戦勝を祈願していたことであろう。ここでの奉納は、その効果に報いるものであることは勿論《もちろん》、宗瑞にとっても、その感慨は一入《ひとしお》であったのではなかったろうか。そしてこの後において、宗瑞は三浦郡支配の拠点として、新たに三崎城を取り立て、同城に在城衆を派遣して、三浦郡の行政支配と対岸への防備にあたらせたと思われるが、この時期の状況は明らかではない。また三浦郡で取り立てた家臣は、「三崎十人衆」と称された三崎城周辺の土豪層、永島氏や小林氏などの郡内の土豪層がみられたにすぎない。こうしてみると、宗瑞が相模経略にともなって、在地の武士・土豪を家臣化した事例というのは、伊豆における場合とは異なって、かなり少数にとどまるものとなっている。

第七章　政治改革の推進

房総への渡海

三崎新井城を攻略し、相模一国の経略を遂げた後においても、宗瑞の軍事行動は続けられた。それまでの経緯からすると、扇谷上杉家領国の武蔵への侵攻となるようにも思われるが、実際にはそうではなかった。それから四ヶ月後となる永正十三年（一五一六）十一月に、宗瑞は、三浦郡とは東京湾を挟んで対岸に位置する上総国に渡海して、東上総の二宮庄藻原郷（千葉県茂原市）に侵攻し、同地に所在する妙光寺に、軍勢の乱暴狼藉《ろうぜき》の禁止を保障する禁制を出している（戦北四六〇三）。

当時、上総国では真里谷武田家と下総千葉家家臣の小弓原家との抗争が展開されていた。真里谷武田家は、上総国真里谷城を本拠に、西上総一帯を領国としていた有力な国衆であった。一方の小弓原家は、下総千葉家の執権《しっけん》で、下総国の東京湾沿いの南端に位置した小弓城を本拠に、下総国の東京湾沿いから上総国北部にわたって領国を展開していた国衆であった。両勢力は、上総国北部の領有をめぐって抗争を展開していた。

続いて翌同十四年十月十三日にも、宗瑞は同じく藻原に侵攻している。そこでも上総真里谷武田家を支援して、小弓原家方であった三上氏の真名《まんな》城（同茂原市）を攻略している（小Ⅰ三四七）。その二日後の十月十五日に、真里谷武田家が原家の本拠・小弓城を攻略していて、同家を下総小金城（同松戸市）に後退させるのであった。このことからみて、これは真里谷武田家との両面作戦であったとみなされる。

さらに翌閏《うるう》十月に、宗瑞の家臣伊奈弾正忠盛泰は、東京湾沿いの品川妙国寺（東京都品川区）に禁制を出しているとともに（戦北四六〇四）、同月十七日に真里谷武田方の軍勢が、原家方の小金領に進軍して合戦が生じていて、そこでも真里谷武田家との共同作戦の展開がうかがわれる。宗瑞は、上総から江戸地域にかけて、海上から両方面に対して軍事行動を展開したこと、しかもいずれについても真里谷武田家との共同作戦によるものであったとみなされる。

ここでの宗瑞による上総への侵攻は、いずれも真里谷武田家を支援してのものであった。宗瑞は、相模経略後にはこの真里谷武田家と小弓原家との抗争に介入し、そのまま対岸の上総に進出していったとみることができる。ところで真里谷武田家は、この時の当主信清（信嗣の子）の姉妹が三浦義意の妻となっていて、三浦家とは姻戚であったから、本来ならば三浦家を支援する立場をとるのが通常と思われる。しかし三浦家が宗瑞から攻撃されていた際に、援軍を派遣するなどの支援を行ってはいない。真里谷武田家にどのような思惑があったのかは明確ではないが、三浦家を滅亡させた宗瑞に対しては、その直後から味方に付けて、小弓原家との抗争に引き込んでいるものとなる。これは何よりも小弓原家との抗争を優先させてのものであったと考えられよう。

では宗瑞のほうはどのような思惑から、真里谷武田家と盟約したと考えられるであろうか。宗瑞は、三浦家とそれを従えている扇谷上杉家との抗争を展開していたが、真里谷武田家は、足利政氏方としてそれらと同じ政治的立場をとっていたものになる。通常であれば、扇谷上杉家の味方勢力であった真里谷武田家と盟約することは考えがたい。そこに真里谷武田家から盟約が申し入れられてきたのであろう。

宗瑞がそれに応えたのも、扇谷上杉家との抗争の展開よりも、東京湾における海上権益の問題を優先させたためと考えられよう。三浦郡の対岸にあたる西上総を領国とする同家との盟約は、伊豆から三浦半島までの海運の安全を確保するにあたって、大きな意味を持ったと考えられる。そのことはむしろ、こうした領域権力の抗争の展開が、在地における権益をめぐる動向を基底にしていたことを認識させるといえるであろう。

こうして宗瑞は、三浦家を滅亡させた直後に、今度は上総の真里谷武田家と盟約を結び、それへの支援を行って上総に進出していったのであった。その結果として、宗瑞は、藻原近辺の二宮庄の領有を遂げたとみなされる。同十六年四月二十八日付で四男菊寿丸（宗哲）に宛てた宗瑞の知行《ちぎよう》注文に（戦三七）、二宮庄年貢一〇〇〇貫文の記載がみられ、同地を所領として獲得していたことが知られる。

宗瑞が同庄を獲得したのは、ここにおける真里谷武田家への援軍の結果であろう。おそらく宗瑞は、小弓原家方から直接に二宮庄を経略したため、真里谷武田家からも、その領有を承認されたものであったとみられる。とはいえ同所を宗瑞方が直接に支配することは現実的ではないとみなされるので、おそらく実態は、真里谷武田家の家臣などによって代官支配が行われて、それから年貢分の納入がみられる、というものであったと推測される。

最後の軍事行動

宗瑞が三浦家を滅亡させ、続いて東上総への進軍を展開していた頃、上位権力であった足利政氏・空然と高基の抗争にも、大きな局面の変化がみられるようになっていた。

永正九年（一五一二）に、足利政氏は古河城から没落した後は、下野小山家の支援をうけて、その本拠の小山城に在城していた。政氏にとっての最大の支援者となっていたのがこの小山家であった。対して、政氏を追って古河城への入城を果たした高基にとっての最大の支援者は、外戚にあたる下野宇都宮家であった。そしてその後は、宇都宮家と、それに対抗しかつ政氏方となっていた常陸佐竹家・陸奥岩城《むついわき》家との抗争が展開されていった。

両勢力の抗争は、具体的には那須地域をめぐる攻防として表されたが、永正十三年六月の那須縄釣における合戦で、宇都宮家が勝利したことにより、宇都宮家の優勢が確立し、佐竹家らの勢力は後退することになった。そしてこの結果は小山家の動向に大きな影響をおよぼし、小山家では成長から政長への代替わりを契機として、高基方に与《くみ》してしまうのであった。

それにともなって小山城に在城していた政氏は、同城から出城せざるをえなくなって、同年十二月二十五日に、ついに同城から退去し、二日後の二十七日に、扇谷上杉建芳の案内をうけながら、武蔵岩付城に入城するのである。なおこれを契機にするように、政氏は出家し、以後は法名道長を称している。またそれと政治的に連携していた空然は、法名を宗済《そうさい》に改めたうえで、還俗《げんぞく》して実名義明を名乗るようになる。義明の還俗時期については明確ではないが、もしかしたら政氏の出家をうけて、その政治的後継者の地位を明確化するために、還俗したのかもしれない。

政氏が入城した岩付城は、政氏方の立場にあった、古河公方《くぼう》足利家の奉公衆・渋江右衛門大夫《えもんのだいぶ》（もと孫太郎）の居城であった。これは高基方に対する最前線にあたるとともに、その後背地域は、有力な政氏方であった扇谷上杉家の領国が展開するという状況にあった。同城への入城も、扇谷上杉建芳の保護のもとで行われていることからも、ここに政氏は、小山家に代わる最大の支持勢力として、扇谷上杉家を頼んだとみることができる。

その扇谷上杉家はそれまでは、武蔵東部から相模にかけての一帯を領国としていたが、すでに触れてきたように、永正九年八月から宗瑞によって相模への侵攻をうけて、この永正十三年には七月における三浦家の滅亡によって、相模における領国を喪失するという状態になっていた。上杉建芳はその後、宗瑞はそのまま武蔵の領国に侵攻してくるものとみていたが、翌同十四年三月になっても、その動きがみられないことをうけて、逆に宗瑞方への反撃を行うことを検討するようになっている（小I三四五）。しかし実際には、その動きは確認されていない。

宗瑞はといえば、先に述べたように、その同十四年閏十月までは、上総真里谷武田家と協同して、東上総および東京湾への軍事行動を展開したが、後者については当然、扇谷上杉方との抗争も生じたのではないかと推測されるものの、具体的な状況は明らかではない。むしろその行動は、真里谷武田家による下総小金領への侵攻を支援するものとみられたことからすると、直接的な衝突は起きてはいなかったのかもしれない。そもそも扇谷上杉家と真里谷武田家とは、ともに足利政氏方であったから、その関係から、宗瑞方の行動も、扇谷上杉家と協調関係にあった真里谷武田家の行動として、対立は回避されていたとも考えられる。

ちなみにその直前となる九月一日に、宗瑞は伊豆三島社に御服十二重を奉納している（戦北三三）。これは前年における指刀の奉納と同じく、戦勝に対する御礼としてのものと思われるが、奉納注文（リスト）は宗瑞の署判で作成されたうえで、それをあらためて宗瑞と氏綱の連署によって、十二重その他の奉納品のリストを納めるかたちをとっている。おそらく連署の部分は、実際に奉納品を奉納するにあたって記載されたものと推測されるが、こうした動向は、この頃から宗瑞が、領国内の有力寺社の保護を積極的に開始したことを示しているように思われる。対外侵攻も一応の区切りがつく状態になっていたため、領国支配の構築に傾注するようになっていたことをうかがわせる。ただし宗瑞はその後しばらくのうちに死去してしまうのであり、そうした有力寺社を再興する事業は、基本的にはその子氏綱に引き継がれるものとなる。

そして同十五年二月三日に、宗瑞は相模東郡北部の当麻宿に、軍勢の乱暴狼藉の禁止を保障する制札を出している（戦北三四）。このことからこの時、宗瑞が同地域に軍事行動したことがうかがわれる。具体的な状況は明らかではないが、その北部には山内上杉家の家老・大石家の領国であった由井領が展開していたことからすると、これはおそらくは由井領への侵攻を図ったものであったと思われる。

宗瑞が相模に侵攻した時に、当麻郷の土豪の関山氏が、宗瑞家臣の山角対馬《つしま》入道性徹を取次《とりつぎ》にして、宗瑞に家臣化したことが知られている（戦北二九六四）。そしてその時には、山内上杉方の大石家・三田家が敵対関係にあったという。ここでいわれている宗瑞の相模侵攻というのは、永正九年のことを指す可能性が高いが、大石家・三田家との対立状況はその後も継続されていたとみられるので、この同十五年二月における進軍も、おそらくはそれら大石家などとの抗争によるものであった可能性が高いと考えられる。

この結果がどのようなものであったのかは明らかではなく、大石家・三田家が北条家に従属するのは、子の氏綱の時のことと推測されるので、この時には具体的な成果はみられなかった可能性が高いように思われる。しかしこれによって宗瑞が、山内上杉家との抗争関係にあったことが確認できるものとなる。まさに宗瑞は、永正六年からの相模・武蔵侵攻の展開以来、一貫して両上杉家との抗争を展開するものであったのであり、宗瑞は両上杉家の領国を経略し、それに取って代わることを、政治課題として設定していたものとみなされる。

しかし実際には、この時の軍事行動が、宗瑞のそれとしては最後のものとなる。そうなった理由は明らかではないが、すでに六十三歳となっていたことからすると、体調的なことが理由であったように思う。そして両上杉家に取って代わるという課題は、子の氏綱、さらには孫の氏康に引き継がれ、これから三十四年も経った後に、氏康の手によってようやくに遂げられることになる。

嫡孫・伊豆千代丸への置文

ところで宗瑞には、永正十五年(一五一八)二月八日付で、「伊豆千代丸」に宛てた置文《おきぶみ》が伝えられている(小三九)。しかしこれについては、文章表現などから当時のものではなく、後世に作成されたものとみなされていて、あくまでも参考史料にとどまるものとはなるが、江戸時代における北条家の子孫となる狭山藩北条家に伝来され、すでに『寛永諸家系図伝』の段階には、これにともなう伝承も存在することから、全くの創作というわけでもなさそうである。何らかの根拠となる事柄が存在していた可能性はあるように思われる。

その内容であるが、「伊豆千代丸」に、守(護符)を伝授し、これを所持するものが家督であることを取り決めているものである。その守は、古代中国の漢の高祖に由来するもので、日本に伝来されて嵯峨《さが》天皇、源義家に伝来され、その後は義家の鎧《よろい》に関わる産衣《うぶぎ》とともに伝来されたものという。それが文明十九年(長享元年〈一四八七〉)六月に、伊勢貞宗が産衣についた虫を掃《はら》い、宗瑞は若年ではあったが、それに参加し、後日これを与えられたといい、その後は肌身離さず所持していて、これに纏《まつ》わる系図や義家の歯などは紛失したものの、守は所持し続けていて、これを「伊豆千代丸」に伝授するのであるという。

そもそもが伝承であるため、内容の信憑性《しんぴょうせい》を問うても意味はないが、そのなかで宗瑞が入手する経緯に、長享元年六月という年号や、伊勢氏本宗家の伊勢貞宗が関与しているということ、その時に宗瑞が「若年」であったとすることは、宗瑞の生涯と照らし合わせても、何らかの関係性があることが推測される。その時期は、まさに姉北川殿・甥《おい》今川竜王丸支援のために駿河に下向する時期にあたっている。そもそも狭山藩北条家では、宗瑞の駿河下向を、その長享元年として正しく伝承しており、それと大いに関わる事柄とみることができるように思われる。

これについて狭山藩北条家では、宗瑞はこの守を太刀とともに所持し、この永正十五年に両者を氏綱に授け、「今より後、北条家の宗領たるべき者」に伝授するものと取り決めた、と伝承している（『寛永諸家系図伝』）。ただしこの文書はあくまでも守についてだけにすぎず、太刀については触れられていない。太刀についても同様の置文があったとみなされる。そのうえで狭山藩北条家では、この時が宗瑞から氏綱への家督譲与にあたると理解するものとなっている。

さらに狭山藩北条家では、宛名の「伊豆千代丸」を、嫡子氏綱と認識しているが、この時はすでに仮名《けみょう》新九郎・実名氏綱を名乗っているのであるから、該当しない。「伊豆千代丸」という幼名は、その嫡子の氏康のものとして確認されており（戦北五六）、氏康は三年前の永正十二年に生まれていることから、ここにみえる「伊豆千代丸」は、この氏康に比定するのが適切となる。「子孫においてこれを得る者、家督たるべし」という文言は、必ずしもここでの家督譲与を意味するわけでなく、家督継承者として定めるとの意味である。したがってこれを、氏康を氏綱の嫡子に定めたことを示すものととらえれば、その内容は無理なく理解することができるようになる。

氏康はこれより三年前の永正十二年に、氏綱の長男として誕生していた。母は正妻の養珠院殿であった。幼名は伊豆千代丸といったが、これは伊勢家が伊豆を本拠にする戦国大名であることに因《ちな》んで名付けられたものと推測され、まさに伊勢家の後継者に相応《ふさわ》しい名とみなされる。そしてこの同十五年には、氏康はちょうど四歳を迎えた時ということになる。その時期に、宗瑞によって家督継承者、すなわち氏綱の嫡子に取り決められたことが、このようなかたちで伝承されたと考えられるのではなかろうか。

小弓公方足利義明に味方する

宗瑞の最後の軍事行動がみられてから二ヶ月後の、永正十五年（一五一八）四月二十一日に、扇谷上杉建芳が死去した。享年は明確ではないが、文明七年（一四七五）頃の生まれであったとすれば、四十四歳くらいであったとみなされる。宗瑞よりもまだ二十歳ほども若くしての死去であった。すでに家督は養嗣子の朝興に継承されていたとみなされるが、これまでは建芳が家長として、依然として采配を振ってきていたものであった。これによってようやくに、朝興が名実ともに扇谷上杉家の当主として行動していくものとなる。

しかし上杉建芳は、それこそ長享の乱の勃発以来、関東での戦乱において主役の一人となっていた有力者であったから、その死去がもたらす政治的な影響は大きかった。その直前には、岩付城に在城した足利道長（政氏）にとっての最大の支援者の立場にもあった。しかしそれゆえに、道長はここにいたって、ついに高基への抵抗の継続を断念し、太田庄久喜の甘棠院に隠遁《いんとん》し、その政治的生命を終えるのである。ここに政氏・高基の父子抗争を中核として展開された永正の乱は、終息をみた。

ところが両勢力の抗争そのものは終息をみたわけではなかった。道長の政治勢力の後継者の義明が存在していたのであり、彼はそれから三ヶ月後の七月には、真里谷武田家の要請をうけて上総に下って、前年に真里谷武田家が高基方の小弓原家から奪取していた下総小弓城に入部して、小弓公方足利家を創出し、高基に対抗していくのである。そうして上総北部をめぐる真里谷武田家と小弓原家の抗争は、にわかに古河公方足利家（高基）と小弓公方足利家（義明）との抗争という、大きな政治的枠組みのなかで展開されることになった。

とはいえ、道長の小山城や岩付城への退去や久喜への隠遁が、周囲の地域権力の動向に大きく規定されてのものであったように、この永正の乱を通じて、古河公方足利家の動向は、完全に地域における領主間抗争の展開に大きく規定されるものとなっている。このことは古河公方という立場が、もはや独自に関東の政治的統合を果たしうる存在ではなくなっていること、しかもその存在そのものが、そうした地域権力の動向に大きく左右されるものとなっていることを明確に示している。以後においても、古河公方足利家は関東政界における頂点に位置し続けるのではあるが、その在り方は、室町時代の鎌倉府政権におけるものとは明らかに質が異なり、統治主体という性格は失われ、古河公方足利家自体が、一個の地域権力としての性格を基本にしていくのであった。

そしてこの小弓公方足利家の成立は、宗瑞の政治的立場にも大きな影響をもたらすものとなった。すなわち宗瑞は、それにともなって、それ以前からの真里谷武田家との盟約関係をもとに、小弓公方足利家方の陣営に取り込まれたとみなされるのである。しかも同時に、宿敵ともいうべき扇谷上杉家も、その有力与党の一人であったから、これを契機にして、宗瑞と扇谷上杉朝興との間には一応の和睦が成立したとみなされるのである。翌同十六年七月には、両者は和睦関係にあったことが確認されており（『戦国遺文房総編』五四九号）、その間に宗瑞の軍事行動は確認されていないことからみて、その和睦は小弓公方足利家の成立にともなって、おそらくは真里谷武田家の斡旋《あっせん》によって成立されたものと推測される。

こうして宗瑞は、小弓公方足利家の政治勢力に属すことになり、それによって扇谷上杉家との間には、一応の和睦が成立するものとなった。しかしこのことは同時に、宗瑞の立場が、明確に関東の政治秩序のなかに組み込まれていくことを意味した。それまで宗瑞は、駿河今川家の一員という立場で伊豆経略を遂げ、相模への侵攻を展開してきたのであったが、これからは関東における政治勢力の一つとして位置するものとなった。そしてこれは宗瑞にとって、前後を画す大きな政治選択であった。すでに両上杉家に取って代わることを政治目標に据えていたことから、それにともなって関東政治秩序に自らを位置づけようとするものであったといえよう。

同時に、そのような宗瑞に対しては、敵対関係にあった古河公方足利家とそれと結んでいた山内上杉家からは、激しい嫌悪を示され、早くも翌同十六年七月の時点で、「他国の逆徒」すなわちよそ者の侵略者というレッテルを貼られている。そのため宗瑞と、続く子の氏綱にとっては、そうした関東勢力からの非難に対して、それをいかに回避し、関東における独自の政治的地位を確立していくのか、ということが大きな課題となるのであった。その克服は、氏綱の代に、これから二十年ほどの歳月の末に遂げられるものとなるのであった。

なお以前において、私はこの小弓公方足利家の成立にともない、その政治勢力に参加したことを契機に、宗瑞は隠居したのではないかと推測していた（拙著『戦国北条五代』など）。それはその直後にみられた永正十五年九月における政治改革が、氏綱の代替わりによるとする研究成果をもとにしたものであった。その政治改革の内容については次に詳しく取り上げるが、そこでは、新たな領国支配の体制の構築を意味する、虎《とら》朱印状・「調」朱印状が創設されていて、それを氏綱の代替わりにともなうものととらえる見解が通説になっていた。

もっとも虎朱印状の創設者を宗瑞とするか、氏綱とするかについては、早い段階から議論になっていた。氏綱説が通説化したのは、佐脇栄智《えいち》氏による、代替わりにともなうという虎朱印状の意味づけに説得力があり（同著『後北条氏の基礎研究』）、さらに佐藤博信氏によって、あらためてその意義が確認されたことによっている（同著『中世東国足利・北条氏の研究』）。しかしそもそも初見の虎朱印状の発給者を氏綱ととらえること自体について、明確な根拠が存在しているわけではなく、状況からの推定にとどまっている。

詳しいことは後に取り上げるが、あらためてそれから宗瑞の死去までの動向をみてみると、永正十六年四月までは宗瑞が当主として存在していたとみなされ、また氏綱が当主として確認されるのは同年七月が最初となっている。この状況からすると、宗瑞は遅くても六月頃までは当主の地位に有り続けていた可能性が高いとみなされる。それにともなって、永正十五年九月における虎朱印状・「調」朱印状を創出した政治改革についても、氏綱ではなく、宗瑞によるものとみるのが妥当となろう。

虎朱印状の創出

宗瑞は、小弓公方足利家が創立されてから二ヶ月後となる永正十五年（一五一八）九月、直轄領の村落に対する租税の賦課・徴収方法について、大きな制度変更を取り決め、翌十月にその内容を、直轄領の村落に通達した。それがすなわち、同年十月八日付の伊豆長浜（後筆）・木負《きしょう》（ともに静岡県沼津市）御百姓中、代官山角（対馬入道性徹）・伊東（右馬允家祐《いえすけ》）宛の文書（戦北三五）である。この文書がそれまでのものと異なっているのは、署判が宗瑞の花押《かおう》によるのではなく、「虎の印判」が押捺《おうなつ》されたものとなっていることである。九月における制度変更の第一は、租税の賦課・徴収に、この印判を使用することを取り決めたことにあった。

この「虎の印判」は、一辺七・五センチメートルの方形の上部にうずくまった虎を据え、「禄寿応穏」の印文を刻んだ朱印である。印文の出典については現在でも明らかになっていないが、これは「禄（財産）と寿（生命）は、応《まさ》に穏やか（平穏無事）なるべし」と読み、領民の生命と財産を保障して、平穏無事の社会にする、という意味になる。これは宗瑞の、領国支配におけるスローガンととらえることができるであろう。

しかもこの初見となる文書では、年紀の上部に印判の右端がかかる程度に押捺されている。以後にみられるもののほとんどは、印判の中央が年紀にかかって押捺されているが、新たに支配下に入った地域に対して初期に出されたものには、このように印影がよくみえるように押捺

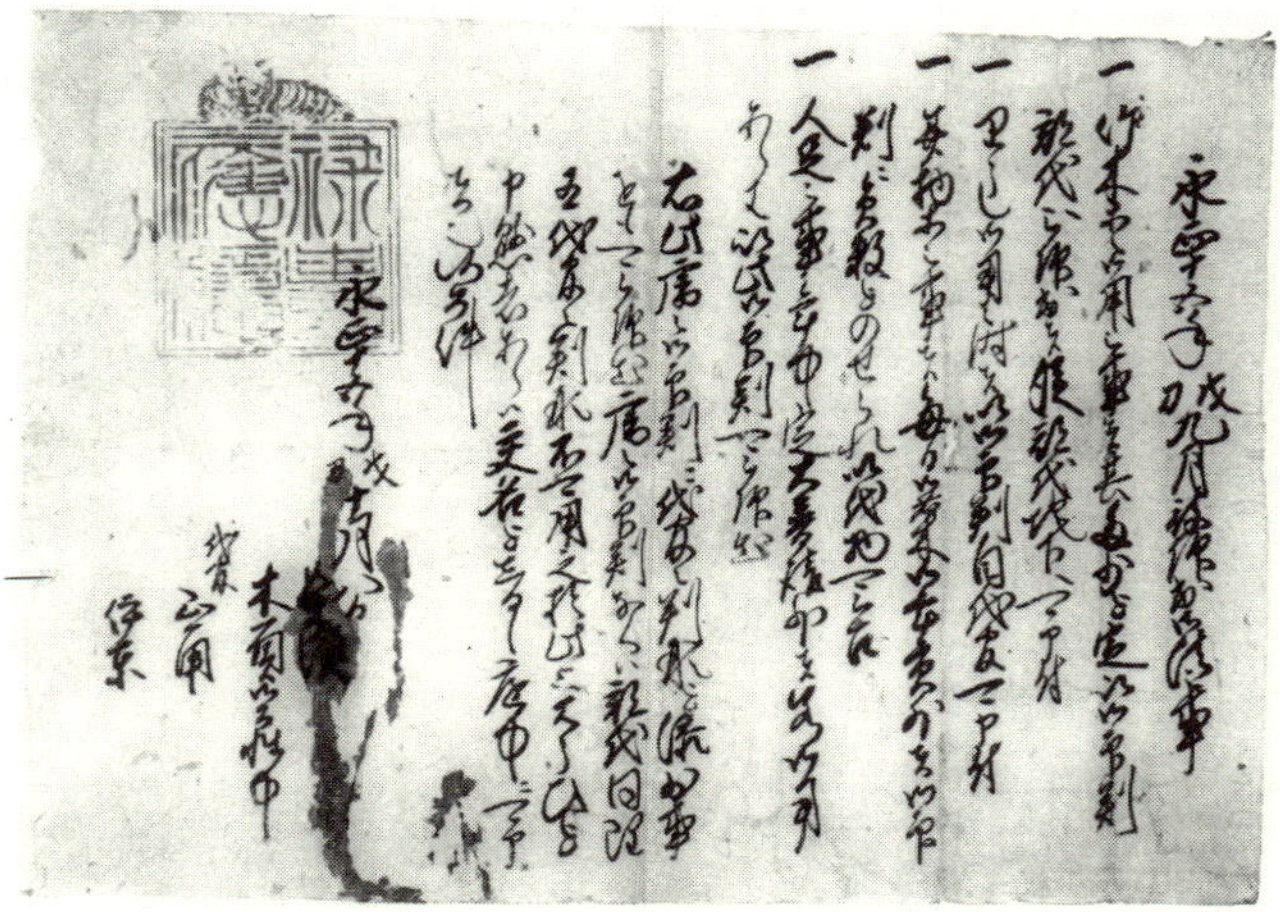

永正15年10月8日付　伊勢家朱印状

されている。同文書も印影がよくわかるように配慮されて押捺されているから、これは同所に対して初めて出された「虎の印判」であったとみなすことができる。

そしてこのように印判が押捺されて出された文書を、印判状《いんばんじょう》といい、そのうち朱肉で印判を押捺しているものを朱印状という。この印判状という文書様式は、戦国大名権力が領国における公権力として存立していたことを象徴するものとして、以後において他の東国の諸大名にも普及していくものとなるが、その最初の事例がこの文書であった。したがってこの印判状という新しい文書様式は、まさに宗瑞によって考案されたのであった。

さて同文書の内容についてみていこう。これは、前月に制定された「御法」に基づき、竹木等、りうし（漁師か、船による運送労役であろう）、美物（鮮魚など）等の公事《くじ》、あらかじめ定数化されている大普請役以外の人足役など、賦課量が定数化されていない公事・夫役の徴発にあたっては、「虎の印判」を押した文書を用いて、郡代・代官から行うことを規定したものである。いわば「虎の印判」の使用についての細則規定を公布したものといえる。同文書が宛てられた長浜・木負は、賦課される公事の内容から、伊勢家の直轄領であったことがわかる。おそらく他の直轄領の村落にも、同様の文書が一斉に発給されたとみなされる。

また同文書には、少しの公事についても、虎の印判状がなければ、郡代・代官の文書があっても、その負担に応じる必要のないこと、もし勝手に公事を賦課するものがあれば、その主人ではなく、伊勢家に直訴するように述べられている。これを「目安制」と称している。それまでは、伊勢家からの公事・夫役の賦課は、郡代・代官を通じて行われ、直接的には彼らの文書をもとに、その家来たちによって行われていた。これに対して、伊勢家からの賦課については、虎の印判状でその命令内容を明確に示すことによって、伊勢家の命令とは異なる内容の徴発などが行われることを排除しようとするものであった。

村落から直接に公事等を徴発するのは、郡代・代官の家来であり、おそらくそれらのなかには、伊勢家が命令した以上の徴発を行ったり、伊勢家が命令していないにもかかわらず、その命令によるといって徴発する場合があったのであろう。こうした状況に対して、負担する村落側から強い不満が出されていたことは間違いなかろう。宗瑞はこうした事態を重くうけとめ、役人による不当な公事賦課の排除を図り、その命令を直接、村落に示すこととしたと考えられる。

不当な公事賦課を行うものについて、伊勢家への直訴を認めているのは、この対策を実効あるものとするための措置である。それまでは、そうした家来たちの不正を訴える先は、彼らの主人であった。しかし主人たちは、自らの家来の処罰を十分には行わないことが多かったとみられる。宗瑞は、それらの不正についての訴訟を、直接に受け付け、対処することとしたのである。当然、それらは彼らの主人の頭越しに行われるから、これは結果として、彼らの家来に対する主人権を大きく制約することになっていく。

これらのことと表裏一体の事態ととらえられるのが、伊勢家が村落に直接、文書を発給する、ということである。それまで戦国大名が在地の村落・百姓に対して直接に文書を発給することは、基本的にはなかった。宗瑞においては、相模西郡の底倉村（神奈川県箱根町）に対してのみ、永正八年と同十年に、同村の諸役を免除する判物《はんもつ》が出されているが（戦北二三・二八）、これは何らかの特別な奉公に対する代償とみなされるので、特例にあたっている。通常の場合では、村落に対しては家臣らが文書を発給していた。

伊勢家においても、公事賦課の命令は基本的には郡代や代官の文書によって行われていた。それは文書発給における書札礼という、文書の出し方についての作法に依拠していた。それまで大名の発給文書としては、大名の花押が据えられたものしかなく、その場合、大名が目下の者に文書を出すことができたのは、対面性のある自らの家臣らに限定されていた。そうした書札礼における障壁を乗り越えるために、大名の人格を示す花押を用いず、その意思を示すものとして、印判を用いることによって、新たに村落・百姓を受給対象とすることができる文書様式が生みだされたのである。逆にいえば、戦国大名は、そうした村落・百姓に対して、自らの意思を直接示さなければならなかった状況が生じていたことを示している。

また宗瑞は、「虎の印判」とほぼ同時に、「調」の印判という別の印判も使用し始めていて、その初見は、十月二十八日付で鎌倉鍛冶の福本氏に出されたものになる（戦北三六）。印判は、「調」の一字を刻んだ一辺二・五センチメートルの方形の朱印で、そこでは袖に押捺されていて、鎌倉小代官《こだいかん》の後藤繁能と宗瑞の御馬廻衆《おうままわりしゅう》とみられる関氏が連署して出されて、今後における公事徴発は、この「調」朱印で行うことを通達するものとなっている。このことからみて、この「調」朱印は、主に職人・商人からの公事徴発にあたって用いられたようである。いわば「虎の印判」の職人・商人版といえよう。

宗瑞はこのように、領国支配のための文書様式を整備したのであり、それは新しい領国支配体制が整えられたことを示すものであった。そして「虎の印判」「調」の印判ともに、以後の歴代を通じて北条家の滅亡まで使用されることになる。とくに「虎の印判」は、次第にその機能を拡大させて、禁制や家臣・寺社宛の充行状《あてがい》・安堵状《あんど》・寄進状等にも用いられるようになり、まさに伊勢家＝北条家の権力を象徴するものとなっていった。一方の「調」の印判は、次第にその機能を虎の印判状等に吸収されて、のちには虎の印判状の紙継目印《かみつぎめいん》（複数の紙を張り合わせて用いた場合に、張り合わせ部分＝継目に押捺される印判）や、当主の花押代用印（花押が書けない事情などの場合に、その代わりとして押捺される印判）として用いられるようになり、その性格は次第に変化していく。

新しい領国支配の仕組み

このようにして宗瑞は、大名と村落や職人らとの間に介在する、家臣やその被官らによる不正を排除し、その行動を規制する改革を行ったのであった。不正をはたらいた役人について、その主人の頭越しに処罰することは、その主人権を大きく制約することになった。こうして大名と村落との直接的関係の在り方は、さらに進展がみられていった。それは、村請《むらうけ》の体制化のさらなる制度的展開といっていい。そしてそれをもたらしたのは、何よりも不当な公事賦課の排除を求める、村落からの要求にあったであろう。それなくして、そうした宗瑞の対応も生み出されなかったに違いない。

さらにこの新政策の背景には、見過ごすことのできない、重大な事情があった。前々年から洪水、地震、不作が続いており、この年から翌永正十六年にかけて、諸国は大飢饉《ききん》に陥っているのである。隣国甲斐では「天下人民餓死」「天下飢饉」といい、関東でも武蔵で「大飢饉」、上野で「諸国大飢饉」、常陸でも「其の飢饉、三、四年本復」といい、宗瑞の領国の伊豆でも、異常低温による飢饉という状態にあった（藤木久志編『日本中世気象災害史年表稿』）。

宗瑞には、こうした飢饉への対応が世間から求められたに違いない。村宛文書の創出、直轄領における公事賦課制度の改革、そこにおける役人の不正の排除、それを担保するための目安制の創出、といった一連の改革は、飢饉下にあった村々の「成り立ち」を図った、飢饉対策でもあった、とみることができる。むしろ、深刻な飢饉という非常事態であったからこそ、このような改革を行い得たとみられる。役人たちにとっては、ここで不正とされた事柄は、一種の役得として慣例化していたことでもあったとみられる。これを排除するには、彼らをも納得させるだけの、相当の理由が必要であろう。その理由たりえたのが、自らの存立をも大きく左右する、飢饉であった。

おそらく宗瑞としては、領国における大飢饉という危機を克服するために、懸命の対応であったと思われる。ちょうど軍事的にも小康状態に置かれていたことも幸いしていたとみられる。あるいはむしろ、そのような状態であったため、軍事行動を展開することができなくなっていたとも考えられる。いずれにしろこれによって、大名による「村の成り立ち」維持の姿勢が明確に示され、そのため大名は、さらに村落に直接、向き合うこととなった。同時に、大名と村落の間に介在する役人らの行動に規制がかけられ、それが制度化されることとなった。このようにして、以後における領国支配の在り方の基本が確立されるのであった。この後においての領国支配の展開は、そうした状況の拡大、充実化という意味あいになる。新たな体制は、深刻な危機克服の過程で生み出されたのである（拙著『戦国大名の危機管理』）。

大見三人衆への朱印状と判物

永正十六年（一五一九）正月二十日に、宗瑞は大見郷三人衆に宛てて朱印状を出して、同郷における直轄領分についての代官として妙倫を上使として派遣すること、前任の鵰首座《ちょうしゅそ》の時と同じように、年貢・公事を納入することを命じている（戦北四六〇六）。ちなみに同文書は写であるため署判は明確ではないが、宗瑞の判物については他では「御判」と記されているのに対し、同文書には何ら記されていないことからみて、朱印が押捺された朱印状であったと推定される。その朱印とは、前年十月から使用が開始された虎朱印にあたるとみて間違いないであろう。

その九日後となる正月二十九日に、それとは別に宗瑞の判物が、大見郷三人衆にあたる佐藤四郎兵衛尉・梅原六郎右衛門尉・佐藤兵衛太郎尉に宛てて出されている（戦北四六〇七）。内容は、直轄領分からの年貢納入に関するものであるから、先の文書をうけて出されたものとみなされる。そこでは、先年（明応六年〈一四九七〉）の柏窪合戦における三人の戦功によって、大見郷を三人に所領として与えたが、四〇貫四〇文分は直轄領として残していることを確認し、同分の代官が、それ以外に年貢を賦課してくるようなことがあれば、目安によって訴訟するよう促している。さらにそれ以外についても、郡代夫については免除であること、しかし「国役」の定公事については、「狩野に入谷の村」として負担すること、軍事行動の際に代官から賦課される「公方公役」についても負担すること、代官については将来にわたって直納として上使を任命することを通達している。

またこれに類似する内容が記されている後欠の書状があり、おそらくは同時に宗瑞が出したものと思われる（戦北四六一二）。そこでは、大見郷については先年の柏窪合戦において、後詰をはたらいて狩野勢を撃退した戦功により、三人衆に所領として与えたこと、伊豆奥郡の経略以前であったために、四〇貫文余分を直轄領として残したが、それ以外に負担はないこと、俗人が直轄領分について代官を務めることは差し障りがあるので、鵬首座を直務代官にして同地を支配させていたが、同人が死去した際に、妙倫首座が頻《しき》りに返上を申請してきたため、後任の上使を任命することにし、郡代の清水にそのことを指示したが、関東での戦乱に追われたため、上使の任命が決まらなかった、というようなことが記されている。

それらの文書は写であり、誤写とみられる部分が多く、そのため十分に文意をとれないところもあるが、おおよその内容は、大見郷における直轄領分の代官として新たに妙倫首座を任命したこと、同郷のその他の部分については大見郷三人衆に所領として与えていることから、基本的にはそれ以外の租税負担はないこと、しかし場合によっては免除されない負担があることなどについて確認するものとなっている。正月二十日付の朱印状は、妙倫首座への年貢・公事納入を命じるもので、その九日後に出された宗瑞の判物・書状は、あらためて同郷に賦課される租税の内容などについての確認と、妙倫首座を任命するまでの経緯について説明したものととらえられる。

ここで妙倫首座を代官に任命することが、関東での戦乱によって遅れていたことがみえている。ということはここでその任命が行われていることから、この頃には宗瑞自身、そうした戦乱への対応が一段落していたと認識していたことをうかがうことができる。実際にも先にみたように、宗瑞の軍事行動は前年二月におけるものが最後となっているし、それまで抗争関係にあった扇谷上杉家とは、一応の和睦が成立していたとみなされるから、そうした状況がそのような認識になっているものと思われる。

宗瑞の隠居

その後では宗瑞は、三月二十五日に、伊豆の某権現社に法華経《ほけきょう》一部を奉納している（戦北四八二四）。ただしこの文書についても、検討の必要性が示されているため、扱いには慎重になる必要があるものの、内容については信用してもよいように思われる。

そして四月二十八日に、四男の菊寿丸（のち宗哲）に、箱根権現社領四四六五貫文余の所領を与えている（戦北三七）。菊寿丸に与えた所領は、箱根権現社別当堪忍分二四八貫文余、箱根権現社領菊寿丸知行分三五〇〇貫文余、宗瑞譲与分九三五貫文余の三つの性格のものから構成されている。これは宗瑞が菊寿丸を、箱根権現社に入寺させ、別当の後継者に位置づけたことにともなうものとみなされる。当時の別当は大森氏一族の海実であったが、菊寿丸はその後継者に定められたとみなされ、箱根権現社領のうち三〇〇〇貫文以上を、所領として継承するものとなっている。

箱根権現社は、源頼朝以来、関東武家勢力にとっての有力な守護神であるとともに、駿河・伊豆から相模にわたる交通路を管轄し、小田原支配にも関わっていたという、地域社会において重要な役割を担っていた。宗瑞はその箱根権現社を、自身の四男に継承させることによって、伊勢家とそれとを一体化させようとしたのであった。それはそれまで、駿河御厨から相模西郡までを領国とした大森家による方法を踏襲するものでもあった。そうした地域の守護神を保護するのは、政治権力の役割であったから、ここに宗瑞は、地域の宗教権力と一体化することで、その保護者たることを示すとともに、それにより地域の統治者としての正統性を確保するものともなった。そしてこの後においては、箱根権現社については、菊寿丸すなわち宗哲とその子孫が管轄し続けていくのであり、北条家と同社との一体性は、北条家の滅亡まで続いていくものとなる。

また最後の宗瑞譲与分というのは、文字通りに宗瑞から譲られたものだが、そのなかで注目されるのが、伊豆大平《おおだいら》（静岡県伊豆市）一五〇貫文が「御しんさうさま（新造様）」の一期分とされていることである。「御新造様」というのは、妻、場合によっては母を指すが、これについては宗瑞の妻で菊寿丸の母と推測する見解と、菊寿丸の妻とする見解がある。私はこれまでは菊寿丸の妻とする見解をとっていたが、菊寿丸はこの時、十五歳前後とみられること、箱根権現社の後継者となっているから、まだ婚姻はしていない可能性が高いこと、菊寿丸の母（善修寺殿）は狩野氏の出身とみなされ、大平はその勢力下にあたる地であるとともに、同地には後にその菩提寺《ぼだいじ》が建立されることなどから、むしろ菊寿丸の母にあたるとみるのが妥当と考えられる。そして「御新造様」とあることからすると、それは宗瑞の妻として位置していたとみなされる。すでに嫡子氏綱の母である南陽院殿は死去していたから、その後はこの善修寺殿が妻の位置にあったことが推測される。

そしてその一期分の所領を、菊寿丸に譲っているということからすると、宗瑞はこの頃に隠居を予定していた可能性があると思われる。そうであるからこそ、この時点で、菊寿丸に対する所領を確定しているものととらえられる。そしてそれから二ヶ月後の六月二十日付で、雲見郷の高橋氏に書状を出していて、そこでは結肌《ゆはだ》の調達について指示しており、出産は雲見においてか小田原においてかと尋ねている。

出産が雲見郷でも予定されているということは、それは高橋氏に関するものとみなされるが、注目されるのは、小田原もその候補にあがっていることである。これは出産する高橋氏の関係者が、日常的に小田原に居住していたことをうかがわせる。ここで考えられるのは、高橋氏の関係者は小田原に出仕する状況にあり、それは小田原が伊勢家の本拠になっていて、すでに宗瑞は隠居して、嫡子の氏綱が伊勢家当主になっていた、ということである。そうであれば宗瑞は、四月二十八日からこの六月二十日までの間に隠居した可能性が想定されるものとなる。

翌月の七月には、氏綱が、小弓公方足利義明・真里谷武田信清支援のために、上総に渡海し、藻原まで侵攻し、妙光寺に禁制を与えている（戦北四六〇八）。これは氏綱が、伊勢軍の総大将となっていたことを示し、それは氏綱が伊勢家の当主となっていたためと理解される。すなわちこれが氏綱が伊勢家当主であることを示す初見史料となる。前月に真里谷武田家領内の上総佐貫《さぬき》郷（千葉県富津《ふっつ》市）において「大乱」が起きており、翌八月には、古河公方足利高基による小弓公方足利方の上総椎津《しいづ》城（同市原市）攻撃がみられている。氏綱の渡海も、そうした古河公方足利家と小弓公方足利家との抗争という、大きな政治的対抗関係のなかにおけるもので、小弓公方足利家・真里谷武田家への援軍としてのものであったととらえられる。

そしてこれは、小弓公方足利家の成立後に、初めて伊勢家が小弓公方足利方として軍事行動を行ったものであった。それはまた、扇谷上杉家と初めて同じ政治勢力として行動したものでもあった。そこにおいて氏綱が当主としてみえていることからすると、宗瑞の隠居も、まさにこの軍事行動にともなうものと推測することも可能であろう。宗瑞はその一ヶ月後に死去することを踏まえると、すでに軍事行動を取りえない状態になっていた可能性もあろう。また政治的に意味づけるならば、扇谷上杉家と協同するにあたって、それまで決定的に対立してきた宗瑞の存在は後景に退かされ、新たな当主をもって新たな政治関係の構築を図るためと理解することもできる。いずれにしても現存史料に基づいてみると、宗瑞の隠居は、遅くてもこの七月以前のことであったことは間違いないとみなされる。

宗瑞の死去

宗瑞がこの年の四月末から六月末の間に隠居したとして、その後における宗瑞の居所を明示する史料はみられていない。そうしたなか「異本小田原記」などの軍記物などには、韮山城に在城し続けたように記されていることから、隠居後もそのまま韮山城に在城したものと考えられている。そして新たな当主となった氏綱は、それ以前から小田原城に在城していたととらえられて、そのまま同城が伊勢家の本拠となり、この代替わりによって伊勢家の本拠は、韮山城から小田原城に移ったかたちになったと考えられている。

その六月二十日以降において、宗瑞の動向を伝える当時の史料はみられていない。そうしたなか江戸時代の編纂《へんさん》物となる「異本塔寺長帳」に、「三浦三崎舟遊興、七月二日也、是より煩う也」という記事がみられる。何を典拠としたものなのかは明らかではなく、そのためこの内容も事実であるのかどうか定かではない。ただもしそうであったとしたら、この七月というのは、先にみたように、ちょうど氏綱が上総に渡海する時期にあたっていることからすると、あるいはそれに関連して、宗瑞は三浦まで赴いていたということも考えられるかもしれない。そうしたなかで病気となったのかもしれない。

そしてそれから一ヶ月半ほど後になる八月十五日に、宗瑞は韮山城で死去し、その波瀾《はらん》に満ちた生涯を閉じた（小Ⅰ三四九）。享年は六十四であった。法名は早雲寺殿天岳宗瑞大禅定門とおくられた。遺骸は伊豆修禅寺で葬送して荼毘《だび》に付され、遺言により相模湯本に菩提寺として早雲寺が創建されて、同寺に埋葬されたという（「異本小田原記」など）。ただし早雲寺の建立は、これよりしばらく後となる天文年間（一五三二～五五）になってからの可能性が高いので、それまでは伊豆韮山の寺院で埋葬されていた可能性があるように思われる。

そして死去の一ヶ月後に、氏綱を施主として無遮会《むしゃえ》（大法会）が営まれた。その導師を勤めた芳林乾幢《けんとう》が詠んだ祭文《さいぶん》（小Ⅰ三五〇）のなかで、宗瑞は「豆・相州」の「賢太守」「天下の英物」と評されている。一代で伊豆・相模二ヶ国の戦国大名にのしあがった、まさに「天下の英物」の死去であったといえよう。またそこには、宗瑞が室町幕府に出仕していたこと（「相府に出入りす」）、京都建仁寺（「東山」）で禅を学んだこと、そこで鎌倉時代の禅僧である南浦紹《なんぽじょう》明《みょう》の法流を継いでいることなどについて記されている。宗瑞が京都の出身で、そこで参禅していたことが、その事績として強く認識されていたことがうかがわれる。

ちなみに生前の宗瑞の人物像を伝えるものとして、二つの史料がある。一つは、越前の戦国大名・朝倉家の有力一門衆である朝倉宗滴《そうてき》の談話であり（小I三五二）、「伊豆の相（早）雲は、針をも蔵に積むべきほどの蓄え仕《つかまつ》り候いつる、然《しか》りと雖《いえど》も武者辺につかう事は、玉をも砕つべう見えたる仁に候由、宗長常に物語り候」とある。今川氏親に庇護《ひご》されていた連歌師《れんがし》宗長が語った内容として、宗瑞は針も貯め込む蓄財家であったが、戦争に際しては玉を砕いてしまうような人であった、というのである。

連歌師宗長は、永正元年における氏親・宗瑞の武蔵出陣に同行していたように、宗瑞とも十分な面識のあった人物であるから、その人物評は信頼できるものといえる。これによれば宗瑞は、倹約家でありながら、戦時には財産を惜しみなく投じるような人物とみられていたことがうかがわれる。

もう一つは、嫡子の氏綱によるもので、氏綱が自身の死去の一ヶ月半ほど前に、その嫡子の氏康に与えた五ヶ条の遺言状のなかで（戦北一八〇）、「亡父入道殿は、小身より天性の福人と世間に申し候、さこそ天道の冥加にてこれ在るべく候えども、第一は倹約を守り、華麗を好み給わざる故也」とある。宗瑞は小身から身を興した福者と世間ではみられているが、それは天道の加護によるものであるものの、本当の理由は、倹約に努め華美を慎んだことによるものである、というのである。ここにも宗瑞が、倹約家であったことがみえている。そして氏綱は、そのことが、小身の身から二ヶ国の戦国大名へと成長した本当の理由である、とみていたことがうかがわれる。

奇《く》しくも当時における宗瑞評としては、ともに倹約家であることが伝えられていた。宗瑞をよく知る人物にとって、宗瑞のそのような側面が強く印象づけられていたことがうかがわれる。

早雲寺殿廿一箇条と伊勢宗瑞十七箇条

なお最後に、宗瑞が制定したものとして伝えられている、二つの事柄について触れておくことにしたい。

宗瑞が制定したとされるものとして、「早雲寺殿廿一箇条」（小Ⅰ三五三）がある。これは戦国大名の家訓の典型として広く知られている。しかしその制定者や時期について確証があるわけではなく、その意味では、本家訓が宗瑞によって制定されたというのは、あくまで所伝の域を出るものではない。本家訓の内容は、武家奉公における様々な心得について、具体的かつ多岐にわたって説いたものである。しかしその内容の多くは、中世から近世にかけて一般的に行われていた武家奉公の在り方を説く社会思想が反映されたものとみなされており、その意味で、本家訓の制定者が北条家関係者であるとは限らない。

しかし本家訓の存在が確認される最も早い史料は、江戸時代初期の成立とされる「北条五代記」であり、当初から北条家と密接に関係あるものとして存在していたことは間違いない。しかも内容の多くは戦国時代成立の他の家訓に共通しており、とりわけ伊勢氏系の教訓・故実書との共通性が認められている。これらのことからみて、本家訓が戦国時代の成立で、しかも北条家関係者によって制定されたものとみても、全く矛盾はしないと理解されている（横田光雄『戦国大名の政治と宗教』）。

もっとも内容が武家奉公での心得を説いている点からみると、「主君」である宗瑞の可能性はないとみられる。北条家関係者といっても、一族・家臣の立場にあったものによって制定されたとみるのが自然であろう。なお制定者をあくまでも宗瑞とすることを前提にして、宗瑞の子のなかで他家に出仕する立場のものとして、駿河今川家に従う葛山家を継承した、三男氏広が存在していることから、その氏広に与えられたものではないかという推測も出されている（森幸夫『小田原北条氏権力の諸相』）。興味深い推測ではあるが、これが「北条五代記」など北条家側の軍記物にみえているものであることからすると、伝来の観点からは容易にはなり立ちがたいようにみられる。

ちなみに本家訓とは別に、かつての研究のなかで、宗瑞が制定したものとして、「伊勢宗瑞十七箇条」と仮称されているものがある。これは家訓ではなく、領国支配のための基本法としての家法（分国法）として取り上げられたものであった。これについては複雑な研究史があり、その過程についてここで取り上げてもあまり意味がないと思われるので、触れることはしないでおく。

結論からいえば、「早雲寺殿御代より定め来たる」とあることから、宗瑞制定の「十七箇条」の法令の存在そのものについては事実として確認することができるものの（戦北一二三六）、その内容は、領国支配のための基本法ではなく、伊豆三島社に対する個別法度《はっと》である（山口博「『伊勢宗瑞十七ヶ条』の制定者とその実態」拙編『伊勢宗瑞』所収）。したがって分国法としての「十七箇条」は存在しなかった。その内容についても、「十七ヶ条に三島御祭銭御法度初文に遊ばされ候」(戦北一八七九)、「三島御神事銭の事」(戦北一二三六)としか確認できず、三島社に与えた条目が十七ヶ条から成るもので、その第一条において、おそらくは伊豆一国の各村落からの祭礼銭の徴収を認めるものであったことがうかがわれるにすぎない。

残念ながらそれを交付した時期についても明らかではない。三島社に対する基本的な姿勢を定めたものととらえられるので、伊豆経略を遂げた直後にあたる、明応八年(一四九九)初めの可能性があると思われるが、それについては、今後における新たな関連史料の出現に期待したい。

「戦国大名の魁《さきがけ》」の実像

伊勢宗瑞は、三十二歳の時の長享元年(一四八七)に、すでに室町幕府官僚としての立場にあったなかで、姉北川殿の求めに応じてであろう、駿河に下向して、甥竜王丸の存立をもたらした。その後は帰京して、再び幕府官僚として仕事をしていたところに、三十六歳の時に、またもや北川殿の求めによるとみられるが、竜王丸をめぐる情勢変化への対応のために、再び駿河に下向し、竜王丸の存立に尽力した。そして二年後には、幕府における明応の政変に呼応するかたちで、堀越公方足利家との抗争を開始し、それによって同時に、それまでの幕府直臣《じきしん》の立場を捨てて、駿河今川家の一員となる覚悟を固めたとみなされる。時に三十八歳。これが宗瑞の人生の転換を決定づけるものとなった。

堀越公方足利家との抗争にともなって、関東における山内・扇谷両上杉家の抗争と関わりを持つようになっていった。そして明応七年（一四九八）における伊豆経略によって、伊豆一国を領国とする戦国大名の立場をも獲得することになった。獲得した領国を独自に統治するかたちとなったことが、宗瑞の戦国大名としての在り方をもたらすものとなった。そしてその領国化の過程で、宗瑞は、新しい領域権力という在り方を確立させていった。それは戦争の恒常的展開のなかで、納税主体である村落を基盤にした統治権力の在り方を構築するものであった。

しかし宗瑞自身は、その後も基本的には今川氏親（竜王丸）の「後見役」として、氏親を補佐する役割を果たしていったが、相模西郡の領国化を遂げた後に、それまで盟約関係にあった扇谷上杉家や三浦家との間で、領国間における在地の権益などをめぐる紛争をもとに、ついに山内・扇谷両上杉家との決裂を選択し、両上杉家領国への侵攻を開始するのである。それは領国をめぐる在地紛争の解決のために、相手方の領国を経略することで果たそうとするものであった。宗瑞はこの時になってようやく、両上杉家領国の経略を明確に政治目標に据えるものとなった。

そしてその関東での軍事行動は、そのまま際限のないものへと突入していき、それによって今川氏親を補佐するという役割を果たすことができなくなり、事実上、今川家とは別個の政治権力としての性格を強めるものとなっていった。それが可能であったのは、領国統治を別個に展開していたことによる。そうして永正十三年（一五一六）には、ついに相模一国の経略を遂げて、伊豆・相模二ヶ国を領国とする戦国大名として確立をみるものとなる。すでに伊豆経略以来、服属してきた武士・土豪による家臣団を編成し、それによる領国統治を展開していた。

その後も、武蔵の山内上杉領国への侵攻や、真里谷武田家と盟約して西上総への侵攻を展開するというように、その軍事行動はますます拡大していくものとなっている。そして同十五年の小弓公方足利家の成立にともなって、その政治勢力に参加したことにより、ついに宗瑞は関東における政治勢力としての立場を決定的なものとし、関東における政治抗争の渦中に身を投じるものとなっている。その政治的方向性は、家督を譲った氏綱に明確に継承されるものとなり、伊勢家は真に、関東の政治勢力として存立していくものとなった。

宗瑞自身は、あるいは最後まで、今川氏親の補佐役としての立場を維持しようと思っていたかもしれない。宗瑞は駿河において姉北川殿の所領の代官を務めていたが、その立場がなくなるのは、死の直前のことであった。姉北川殿との関係は、最後まで続いていたことがうかがわれる。しかし氏綱に継承されていた政治権力としての伊勢家の存在は、もはや今川家の構成員ではなく、関東における自立したものへと転換を遂げており、それは後戻りできないものとなっていたと考えられる。

隠居してから死去するまでの二、三ヶ月の間、そうした状況を宗瑞はどのようにとらえていたのであろうか。永正九年に、再度の相模侵攻を開始した時に、宗瑞自身も、関東での政治行動に専心する決意を固めたとみなされるから、それは覚悟のうえでのことであったかもしれない。しかしそれまでにおける伊豆経略、相模西郡の経略、そしてそこからの相模経略とそれ以後の行動は、いずれも自身を取り巻く政治状況への対応の結果であったとみなされる。そこには、倹約を基本にしつつ、戦争の際には大胆に財力を投じるという個性の効用もあったといえようが、二ヶ国の戦国大名としての確立は、あくまでも結果論であったというほかはない。

そしてそのように、伊勢家が関東における二ヶ国の戦国大名として存在するようになったことで、後を受け継いだ氏綱とその子孫は、その立場を出発点にして、新たな動向を展開していくのであった。しかし宗瑞にとっては、その展開がどのようなものになっていくのかについては、おそらく想像がつかないものであったに違いない。しかしながら、宗瑞はその死去にあたって、箱根湯本に菩提寺を建立するようにと遺言したと伝えられており（「異本小田原記」）、もしそれが事実であったとすれば、小田原の背後にあって、東に展開していくであろう子孫の動向を、ともかくも見守り続けようとしたのかもしれない。

主要参考文献

家永遵嗣『室町幕府将軍権力の研究〈東京大学日本史学研究叢書1〉』（東京大学日本史学研究室、一九九五年）
同「明応二年の政変と伊勢宗瑞（北条早雲）の人脈」（『成城大学短期大学部紀要』二七号、一九九六年）
同「伊勢盛時（宗瑞）の父盛定について」（『学習院史学』三八号、二〇〇〇年）
同「北条早雲研究の最前線」（北条早雲史跡活用研究会編『奔る雲のごとく―今よみがえる北条早雲―』北条早雲フォーラム実行委員会、二〇〇〇年）
同「甲斐・信濃における「戦国」状況の起点」（『武田氏研究』四八号、二〇一三年）
池享・矢田俊文編『増補改訂版　上杉氏年表　為景・謙信・景勝』（高志書院、二〇一三年）
池上裕子『北条早雲〈日本史リブレット人42〉』（山川出版社、二〇一七年）
榎原雅治『日本中世地域社会の構造』（校倉書房、二〇〇〇年）
大石泰史『今川氏滅亡〈角川選書604〉』（KADOKAWA、二〇一八年）
同編『今川氏年表　氏親・氏輝・義元・氏真』（高志書院、二〇一七年）
大塚勲『今川氏と遠江・駿河の中世〈岩田選書・地域の中世5〉』（岩田書院、二〇〇八年）
小和田哲男『後北条氏研究』（吉川弘文館、一九八三年）
同『北条早雲とその子孫』（聖文社、一九九〇年）
同『中世の伊豆国〈小和田哲男著作集第五巻〉』（清文堂出版、二〇〇二年）
黒田基樹『戦国大名北条氏の領国支配〈戦国史研究叢書1〉』（岩田書院、一九九五年）
同『戦国大名領国の支配構造』（岩田書院、一九九七年）

同『戦国期東国の大名と国衆』（岩田書院、二〇〇一年）
同『扇谷上杉氏と太田道灌』〈岩田選書・地域の中世1〉』（岩田書院、二〇〇四年）
同『戦国の房総と北条氏』〈岩田選書・地域の中世4〉』（岩田書院、二〇〇八年）
同『図説太田道灌』（戎光祥出版、二〇〇九年）
同『戦国期山内上杉氏の研究〈中世史研究叢書24〉』（岩田書院、二〇一三年）
同『戦国大名　政策・統治・戦争〈平凡社新書713〉』（平凡社、二〇一四年）
同『戦国大名の危機管理〈角川ソフィア文庫20663〉』（KADOKAWA、二〇一七年）
同『戦国北条家一族事典』（戎光祥出版、二〇一八年）
同『北条氏康の家臣団〈歴史新書y81〉』（洋泉社、二〇一八年）
同『今川氏親と伊勢宗瑞〈中世から近世へ〉』（平凡社、二〇一九年）
同『戦国北条五代〈星海社新書〉』（星海社、二〇一九年）
同「甲斐の統一」（『山梨県史通史編2』第七章第一節、山梨県、二〇〇七年）
同「小田原城主大森氏」（『おだわらの歴史』所収、小田原市、二〇〇七年）
同「古河・小弓両公方家と千葉氏」（『佐倉市史研究』二四号、二〇一一年）
同「関東動乱と三浦氏」（『新横須賀市史通史編自然・原始・古代・中世』古代・中世第四章、横須賀市、二〇一二年）
同「岩付衆『松野文書』の検討」（『埼玉地方史』七〇号、二〇一四年）
同編『武蔵大石氏〈論集戦国大名と国衆1〉』（岩田書院、二〇一〇年）
同『長尾景春〈シリーズ・中世関東武士の研究1〉』（戎光祥出版、二〇一〇年）
同『武田信長〈シリーズ・中世関東武士の研究2〉』（戎光祥出版、二〇一一年）
同『扇谷上杉氏〈シリーズ・中世関東武士の研究5〉』（戎光祥出版、二〇一二年）
同『伊勢宗瑞〈シリーズ・中世関東武士の研究10〉』（戎光祥出版、二〇一三年）

同　『北条氏年表　宗瑞・氏綱・氏康・氏政・氏直』（高志書院、二〇一三年）
同　『岩付太田氏〈論集戦国大名と国衆12〉』（岩田書院、二〇一三年）
同　『武蔵上田氏〈論集戦国大名と国衆15〉』（岩田書院、二〇一四年）
同　『北条氏綱〈シリーズ・中世関東武士の研究21〉』（戎光祥出版、二〇一六年）
同　『今川氏親〈シリーズ・中世関東武士の研究26〉』（戎光祥出版、二〇一九年）
佐藤博信『古河公方足利氏の研究』（校倉書房、一九八九年）
同　『続中世東国の支配構造』（思文閣出版、一九九六年）
同　『中世東国足利・北条氏の研究〈中世史研究叢書7〉』（岩田書院、二〇〇六年）
同　『中世東国政治史論』（塙書房、二〇〇六年）
同　『中世東国の権力と構造』（校倉書房、二〇一三年）
佐脇栄智『後北条氏の基礎研究』（吉川弘文館、一九七六年）
同　『後北条氏と領国経営』（吉川弘文館、一九九七年）
同編『後北条氏の研究〈戦国大名論集8〉』（吉川弘文館、一九八三年）
柴辻俊六編『武田信虎のすべて』（新人物往来社、二〇〇七年）
下山治久『北条早雲と家臣団〈有隣新書57〉』（有隣堂、一九九九年）
同　『戦国北条氏五代の盛衰』（東京堂出版、二〇一四年）
同　『戦国大名北条氏〈有隣新書73〉』（有隣堂、二〇一四年）
杉山博『北条早雲〈小田原文庫4〉』（名著出版、一九七六年）
同　『戦国大名後北条氏の研究』（名著出版、一九八二年）
同編『北条早雲のすべて』（新人物往来社、一九八四年）
武田氏研究会編『武田氏年表　信虎・信玄・勝頼』（高志書院、二〇一〇年）
長倉智恵雄『戦国大名駿河今川氏の研究』（東京堂出版、一九九五年）

則竹雄一『戦国大名領国の権力構造』（吉川弘文館、二〇〇五年）
同　『古河公方と伊勢宗瑞〈動乱の東国史6〉』（吉川弘文館、二〇一三年）
平山優『穴山武田氏〈中世武士選書5〉』（戎光祥出版、二〇一一年）
藤木久志編『日本中世気象災害史年表稿』（高志書院、二〇〇七年）
真鍋淳哉『三浦道寸〈中世武士選書36〉』（戎光祥出版、二〇一七年）
丸島和洋『郡内小山田氏〈中世武士選書19〉』（戎光祥出版、二〇一三年）
同編『甲斐小山田氏〈論集戦国大名と国衆5〉』（岩田書院、二〇一一年）
森幸夫『小田原北条氏権力の諸相〈日本史史料研究会研究選書5〉』（日本史史料研究会、二〇一二年）
森田真一『上杉顕定〈中世武士選書24〉』（戎光祥出版、二〇一四年）
盛本昌広『中世南関東の港湾都市と流通〈岩田選書・地域の中世6〉』（岩田書院、二〇一〇年）
同　「『温故集録』収録の龍華寺棟札写」（『金沢文庫研究』三三五号、二〇一五年）
山口博『北条氏五代と小田原城〈人をあるく〉』（吉川弘文館、二〇一八年）
湯山学『藤沢の武士と城―扇谷上杉氏と大庭城―〈藤沢文庫3〉』（名著出版、一九七九年）
同　『関東上杉氏の研究〈湯山学中世史論集1〉』（岩田書院、二〇〇九年）
同　『三浦氏・後北条氏の研究〈湯山学中世史論集2〉』（岩田書院、二〇〇九年）
同　『伊勢宗瑞と戦国関東の幕開け』（戎光祥出版、二〇一六年）
同　『北条氏綱と戦国関東争奪戦』（戎光祥出版、二〇一六年）
横田光雄『戦国大名の政治と宗教〈国学院大学大学院研究叢書文学研究科4〉』（国学院大学大学院、一九九九年）
米原正義『戦国武士と文芸の研究』（桜楓社、一九七六年）

関連年表

和暦	西暦	伊勢宗瑞の動向	年齢
康正2	一四五六	宗瑞生まれる。父は伊勢盛定、母は伊勢貞国の娘。	1
文明2	一四七〇	この頃、元服するか。仮名新九郎、実名盛時を称す。	15
文明3	一四七一	6・2備中国荏原郷法泉寺に禁制を与える。発給文書の初見。	16
文明6	一四七四	父盛定の終見、法名正鎮でみえる。	19
文明10	一四七八	2・28足利義政・義尚の細川聡明丸亭御成に供奉。「八郎盛時」でみえる。	23
文明13	一四八一	9・18渡辺帯刀丞への借銭に対して室町幕府から徳政を認められる。	26
文明15	一四八三	11・11足利義尚の申次衆になる。	28
文明17	一四八五	11月荏原郷での伊勢盛頼と祥雲寺の所領相論に、祥雲寺側で証言する。	30
文明18	一四八六	この頃、小笠原政清の娘(南陽院殿)と結婚するか。	31
長享1	一四八七	4・14甘露寺親長への申次を務める。義尚申次衆としての活動の最後。9月以降か、駿河に下向し、竜王丸の蜂起を主導するか。この年嫡子氏綱生まれる。	32
長享2	一四八八	9・28竜王丸の命をうけて熊野那智山社に山東長田庄内の寺領を安堵する打渡状を出す。	33
延徳3	一四九一	5・7足利義材の申次衆として、北野社への申次を、伊勢盛種の代理で務める。その後、駿河に下向。8・10室町幕府奉行人奉書が北野社から伊勢貞遠を通じて送られる。8・27弟弥次郎盛興、足利義材の近江進軍に従軍する。	36
明応1	一四九二	甲斐に侵攻するか。この頃、幕府の奉公衆になるか。	37
明応2	一四九三	伊豆に侵攻する。竜王丸から葛山備中守を援軍として派遣されたといい、後にその娘と結婚する。	38

明応3	一四九四	8月遠江三郡に侵攻。9・23扇谷上杉家支援のため相模に進軍、三浦家を攻略。28武蔵久目川に進軍、10・2高見原に進軍。その後、高坂に後退、岩付城攻撃の姿勢を取った後、11・14に退陣、15荏原郡馬込で敗戦、その後に帰国。	39
明応4	一四九五	2・5伊東伊賀入道に所領を充行う。法名宗瑞の初見。この年、堀越公方足利茶々丸を大島に退去させる。韮山城を構築、本拠を移すか。8月伊豆から甲斐郡内に侵攻。	40
明応5	一四九六	7月扇谷上杉家への援軍として弟弥次郎を相模小田原城に派遣。4日山内上杉家の攻撃を受けて敗北。足利茶々丸が武蔵から甲斐郡内を経て駿河御厨に侵攻。12・27家臣高橋に柿木郷での戦功を賞する。	41
明応6	一四九七	1・27伊豆大見三人衆に戦功により大見郷半分を所領として与えるか。4・25大見三人衆に柏窪一戦の戦功を賞する。7・2敵が伊東に侵攻。12・5弟弥次郎・大道寺発専を通じて大見三人衆の籠城を賞する。	42
明応7	一四九八	8月足利茶々丸を自害させ、堀越公方足利家を滅亡させる。狩野氏を攻略し、伊豆を経略する。その後に狩野氏娘と結婚するか（善修寺殿）。伊豆下田の御簾真敷を八丈島代官に任じ、派遣する。25日明応地震、28日台風襲来。	43
明応8	一四九九	3・28修禅寺東陽院に所領寄進などを行う。3月伊豆韮山北条寺に禁制を出す。5・17京都から駿河に下向中の飛鳥井雅康に宗瑞の書状が到着、駿府館への訪問については延期を要請。11月三島に配流されてきた「王」を相模に送る。	44
明応9	一五〇〇	6・4相模湾地震。その後に小田原城を攻略、大森家を滅亡させ、相模西郡を経略したか。11・20伊豆三島行学院に諸役を免除する。	45

和暦	西暦	伊勢宗瑞の動向	年齢
文亀1	一五〇一	3・28伊豆走湯山に相模西郡の所領の替地を与える。西郡支配の初見。閏6・2信濃諏訪家に甲斐武田家攻めの連携を働きかける。7月から9月氏親に従い遠江に進軍。この頃嫡子氏綱は元服するか。仮名新九郎を称す。実名は氏親からの偏諱か。	46
文亀2	一五〇二	9・18伊豆から甲斐郡内に侵攻。20日に合戦。22日家臣神田祐泉に同合戦での戦功について感状を与える。10・3武田信縄が進軍してきたため甲斐から退陣。	47
永正1	一五〇四	1・7この頃武蔵椚田城に向かい進軍の動きをみせている。3・晦椚田城攻撃の動きをみせていたか。7月遠江に進軍。8・1大沢氏に雄奈郷を安堵する判物を与える。2日穴山武田信懸は宗瑞から借りた「太平記」写本を書写する。9・6扇谷上杉家への援軍として出陣、相模江島に禁制を与える。15日武蔵益形山に着陣。20日氏親と合流、25日立河原に進軍し扇谷上杉家と合流、27日立河原合戦を戦う。勝利し氏親とともに帰陣。10・4鎌倉に到着。22日頃、韮山城に氏親を迎える。	49
永正3	一五〇六	1・14家老遠山直景、所領相模西郡松田郷の延命寺に寺領を寄進、検地施行の結果とみなされる。7・18妻小笠原氏（南陽院殿）死去。8月氏親に従い三河に向けて進軍。9・21信濃小笠原定基に連携を働きかける。10・18小笠原定基家臣関春光の書状が到着。19日小笠原定基に出陣の喜びを伝える。閏11・7三河吉良義信家臣巨海越中守に書状を出し、吉良義信に返信する。その後に帰陣か。この年相模西郡に検地を行う。	51
永正4	一五〇七	この年将軍足利義澄から忠節を求める御内書を送られ、とりあえず返信する。この頃遠江浜名神戸代官を務め、検地を行う。この年、武蔵神奈川郷の八丈島代官奥山忠督が下田に出仕す	

		る。	52
永正5	一五〇八	この年8月か、遠江浜名神戸に対して年貢・公事徴収に際して譴責を行う。10月氏親の「名代」として三河に進軍、19日に合戦。岩津松平家を攻略したか。11・7京都で駿河・伊豆勢敗北と伝聞。11日今川家臣伊達忠宗・三河吉良義信家臣巨海越中守に前月19日の合戦での戦功について氏親に報告した事を伝える。12・5以降甲斐郡内小山田平三・工藤氏が韮山城に出仕する。この年冬、東渓宗牧から「天山」の道号を与えられる。この年奥山忠督・朝比奈弥三郎は下田から八丈島に帰還しようとしたところ、拘束し、神倉島に抑留する。	53
永正6	一五〇九	8・14以前山内・扇谷両上杉家に敵対し、相模に侵攻、中郡高麗寺要害・住吉要害を取り立て、武蔵神奈川権現山城の上田氏を従属させる。29日以前扇谷上杉家の本拠武蔵江戸城近辺まで進軍する。その後も関東に在陣を続ける。	54
永正7	一五一〇	3月初め関東から帰陣。その後駿府を訪問、24日頃に韮山城に帰還。26日信濃小笠原定基に、氏親の三河進軍に関して書状を出す。4月奥山忠督・朝比奈弥三郎に八丈島帰還を認める。5月武蔵に進軍し、椚田城を攻略。扇谷上杉方三浦道寸は家臣北村秀助に八丈島を攻めさせる。7・11扇谷上杉朝良から権現山城を攻撃される、19日攻略される。その後三浦道寸に中郡に進軍され、上杉朝良・三浦道寸は合流して津久井領に進軍する。山内上杉方により椚田城も奪回されたか。10・19以前上杉朝良に小田原城まで攻められる。大道寺発専は戦死したか。上杉朝良は一旦退陣、12・9上杉朝良に再び西郡に進軍され、鴨沢要害を攻撃される。	55
永正8	一五一一	8・4西郡底倉村に諸公事を免除する。11・8以前扇谷上杉朝良と和睦、この日駿府に滞在、遠江情勢に関して氏親と協議。	56

和暦	西暦	伊勢宗瑞の動向	年齢
永正9	一五一二	1月長尾伊玄を駿府に滞在させる。8・7扇谷上杉家との和睦が破棄され、相模中郡に侵攻、三浦道寸方の岡崎城を攻撃。12日岡崎台合戦に勝利し、嫡子氏綱と連署で家臣伊東氏に感状を与える。氏綱の発給文書の初見。13日岡崎城を攻略し、中郡を経略。東郡に進軍し鎌倉を経略。19日東郡当麻に制札を出す。10月東郡の軍事拠点として玉縄城を構築。12・4越後弾正忠に中郡で所領を与える。6日氏綱と連署で武蔵久良岐郡本目郷に制札を出す、久良岐郡南部を経略。	57
永正10	一五一三	1・29鎌倉近辺で三浦道寸と合戦、藤沢清浄光寺が焼亡する。三浦道寸は三浦郡三崎新井城に後退。4・17以前三崎新井城を攻撃。7・7三浦方住吉要害を攻略する。17日西郡底倉村に諸公事を免除する。この年までに三男氏広は母方実家の駿河葛山家を継承、今川氏御一家として駿府に居住する。	58
永正11	一五一四	5月扇谷上杉朝良の家宰太田永厳が相模西郡に侵攻してくる。6月から9月の間か、久良岐郡北部の神奈川郷を攻撃。8月以前伊豆奈古屋で宝珠を掘り韮山城に納め、弁才天社を建立する。12・26相模鎌倉本覚寺に諸公事を免除する。	59
永正12	一五一五	2・10嫡子氏綱、相模東郡鎌倉三ヶ寺に諸公事を免除する判物を出す。氏綱単独の発給文書の初見。宗瑞は袖判を加える。5・8姉北川殿所領の駿河沼津郷所在の妙海寺に、北川殿の代官としてか、諸公事を免除する。この年氏綱の嫡子氏康生まれる。幼名は伊豆千代丸。	60
永正13	一五一六	6月頃か扇谷上杉朝興が相模中郡に進軍してきたがそれを撃退する。その後三崎新井城攻撃に転じ、7・11三崎新井城を攻略、三浦家を滅亡させ、三浦郡を経略。相模一国の経略を遂げ	

		る。21日伊豆三島社に勝利の御礼として指刀を奉納する。11月上総真里谷武田信嗣を支援し上総藻原に進軍。	61
永正14	一五一七	9・1氏綱とともに伊豆三島社に十二一重を奉納する。10月真里谷武田信嗣支援のため上総に進軍、真名城攻略に参加する。閏10月家臣伊奈盛泰は東京湾に進軍し武蔵品川妙国寺に禁制を与える。	62
永正15	一五一八	2・3相模東郡北部に進軍、当麻宿に制札を与える。最後の軍事行動。8日嫡孫伊豆千代丸（氏康）に置文を与えるか。9月虎朱印を創出、その使用規定などを制定する。10・8虎朱印の使用規定などを伊豆木負村に交付する。虎朱印使用の初見。18日家臣後藤繁能・関某は「調」朱印の使用規定を鍛冶に交付する。「調」朱印使用の初見。	63
永正16	一五一九	1・20伊豆大見三人衆に直轄領分年貢の納入を命じる。29日伊豆大見三人衆に戦功の忠節に対しうる諸役免除などの特権をあらためて保障する判物を出す。3・25伊豆某権現社に法華経を奉納するか。4・28四男菊寿丸（宗哲）に所領を譲与する。6・20伊豆雲見郷高橋氏に結肌に関して書状を出す。宗瑞の発給文書の終見。7月氏綱は軍勢を率いて上総藻原に進軍し妙光寺に制札を与える。これ以前に宗瑞は隠居し、氏綱が家督を継いだ。2日相模三浦郡三崎で舟遊びするという。その後病態にあるという。28日以前氏綱は扇谷上杉朝興と和睦している。8・15韮山城で死去。遺骸は伊豆修禅寺で葬送し荼毘に付される。9・15氏綱を施主、芳林乾幢を導師に無遮会が行われる。	64

あとがき

本書では、伊勢宗瑞の生涯について、当時の史料を中心にしながら、できるだけ詳しく取り上げてきた。これまで私は、宗瑞については、『戦国北条五代』（星海社新書）における宗瑞についての章、『今川氏親と伊勢宗瑞』（平凡社）、拙編『伊勢宗瑞』（戎光祥出版）における「総論　伊勢宗瑞論」などにおいて、多少ながらも取り上げてきていたが、本書はそれらの内容を基礎にしながらも、あらためて宗瑞の生涯の全容を、最新の研究成果をもとに描き出すことをこころがけた。

宗瑞に関する史料は、その後の北条家歴代と比べれば、著しく少ない状況にある。あわせて新史料が確認されることも、極めて稀《まれ》な状況にある。しかしながら、宗瑞に関する史料がすべて、十分に検討されたものとなっているかといえば、そうとはいえない状況にあった。あらためて丹念に史料を検討してみると、これまで十分に解釈されていなかった事柄や、見過ごされてきた事柄が、いくつも存在しているのであった。そうした状況に気づかされたのは、今年初めに刊行した『今川氏親と伊勢宗瑞』を著した際のことであった。

北条家に関する研究は、数ある戦国大名に関する研究のなかでも、質量ともに群を抜く状況にある。しかしながらそのなかでは、実は宗瑞に関する研究は決して豊富とはいえないものとなっている。それは偏《ひとえ》に、関係史料の少なさからきているものとなる。私自身においても、北条家に関する研究のなかで、宗瑞について取り上げることは、それほど多いものとはなっていない。

そうしたなか、『今川氏親と伊勢宗瑞』を著したことで、あらためて現状における、宗瑞の生涯の全容をまとめておく必要を感じたのであった。それは現在、宗瑞に関する世間での関心の高まりを、歴史漫画の連載や歴史番組での取り上げなど、様々な方面から感じるようになっていることが背景にある。最新の歴史研究の成果に基づいた宗瑞の生涯を提示しておくことは、北条家について研究するものとして、そのような世間の関心に応えるものとなると考えるからである。

現在の宗瑞像において大きな前提となっている事柄に、室町幕府の有力官僚の出身であったという出自の問題と、かつての通説よりも二回りも若かったという年齢の問題があろう。このうち前者は、それこそ戦後における宗瑞研究の蓄積による成果であるし、後者は私自身がかつて二十年ほど前に提示したものであった。そこから宗瑞像は大きく転回するものとなったといって過言ではない。その後においても、宗瑞に関する研究はわずかずつではあるものの、堅実に進展をみるものとなっていた。この機会に、それらを集大成し、最新の宗瑞像をまとめておこう、というのが本書のねらいとなっている。

本書を成したうえで、宗瑞を一人の人間としてとらえて、その生涯を振り返ってみると、そこには偶然がもたらした人生の転機がいくつもあったことがみえてくる。そのなかであえて二つをあげるとすれば、一つは、東国に下向し、以後における東国生活の端緒となった、長享元年（一四八七）であろう。それは姉・北川殿との関係に大きく規定されたものであったとみなされるし、ちょうど人生の後半への転機となったものであった。

もう一つは、関東政界への仲間入りを決定づけることになる、両上杉家領国への侵攻を開始した、永正六年（一五〇九）であろう。そこでは関東政界における風雲児ともいうべき長尾景春（伊玄）との親交がみられたのであったし、その決断が、以後八十年にわたって北条家の政治的方向性を規定するものとなった。しかもそれは、五十四歳の時のことであったから、いわば晩年においての新天地への挑戦であったといっていい。

それらに際して、宗瑞がどのような想いを抱いていたのかは知るよしもない。そうした人生の転機なるものは、現在の私たちにおいても、おおよそどの人間も経験するものであろうし、それは大抵、後から振り返ってみた際に、それとして認識できるものであろう。当事者は、目前の事態に対応していただけのことが、結果としてそのようなものになっていた、という場合が少なくないように思う。しかしそうではあっても、先の見通しも立たず、何かあてがあるわけではないなかで、大きな転進をすすめていくことには、やはり強い意志が求められよう。しかも死去の前年まで軍事行動をしていたことからすると、老年にさしかかっても衰えることのない、心身の壮健さや、意欲の旺盛《おうせい》さなどを感じずにはいられない。

また本書にはもう一つの目的がある。それは宗瑞が最初期の戦国大名であることからくる、宗瑞を題材にして、戦国大名の成立事情を追究するというものである。そのような観点からすると、宗瑞には史料があるほうだといえるのである。北条家歴代のなかでは、極めて史料は少ないが、最初期の戦国大名のなかでは、史料に恵まれているほうになる。そこは史料残存に恵まれている北条家ならではの特徴といえるであろう。そもそも私は、戦国大名研究を研究主題にしていることから、宗瑞を取り上げるにあたって、この側面の分析をなおざりにはできないという事情もある。

そしてそこでは、土豪層の被官化、寄親・寄子制による家臣団編成、村への検地と国役の課税、国役の賦課・徴収の仕組み、それに基づく地域行政制度など、その後の戦国大名の領国支配の在り方の基本が、すでに伊豆侵攻の段階から構築されていっていたことがわかるのであった。しかもそれらはいずれも、恒常的な戦争の遂行にともなって、構築されたものであったと把握されるのである。戦国大名がどのような経緯で成立したのかについては、現在においても大きな研究上の課題である。この宗瑞の事例は、それを具体的に認識することができる、数少ないものとなる。これまでの戦国大名研究では、その成立の構造については、他の領主層への支配展開に重点を置いてきたように思われる。

しかしこの宗瑞の事例をみるならば、やはりその本質は、村への支配展開にあったことがみえてくるものとなろう。もちろんそれは、宗瑞が他国から移住してきて、征服していったということからくる、宗瑞固有にみられる特徴となる。そこには、宗瑞が旧来の領主勢力ではなく、また本来の家臣団も存在していなかったという大きな事情がある。そのため領国支配は、他の領主層の編成に比重はおかれず、村への支配構築に特徴付けられるものになったとみなされる。それはまた、その後の戦国大名北条家における領国支配の特徴ともなっている。

北条家の戦国大名としての特徴は、早くも宗瑞の段階から構築されていたものであり、そしてそれは、宗瑞の戦国大名化に際しての、宗瑞を取り巻いていた独特の事情によるところが大きい。とはいえそれは、史料への残り方、史料での見え方の問題にすぎないといえるように思う。別に検討した太田道灌や三浦道寸の場合をみれば、領主編成と村支配の構築は関連した事態とみなされるからである。したがって宗瑞の事例というのは、そのなかでも村支配構築の状況を、当時としては珍しく具体的に認識できるというところに、大きな特徴をみることができるものとして位置づけられる。

私が北条家に関する一般向けの書籍を刊行するようになってから、すでに十四年が経つものとなるが、ここにようやく、始祖である伊勢宗瑞についての本格的な評伝書を出すものとなった。私自身が北条家に関する一般書で取り上げてきた内容を見渡してみると、まだ取り組んでいないのは、その後の関東戦国史の基本的な政治秩序を構築した、二代氏綱についての本格的な評伝書の執筆となるように思う。いずれ何らかの機会を得て取り組むことにしたいと考えている。

本書の刊行もまた、KADOKAWA文芸局学芸ノンフィクション編集部の竹内祐子さんのお世話になった。角川選書というレーベルとしては二年ぶりの刊行となる。末筆ながら、御礼を申し上げます。

二〇一九年六月

黒田基樹

黒田基樹（くろだ・もとき）
1965年東京生まれ。早稲田大学教育学部社会科地理歴史専修卒業。博士（日本史学）。専門は日本中世史。駿河台大学教授。著書は『真田信之』『羽柴を名乗った人々』『井伊直虎の真実』（角川選書）、『関東戦国史』『戦国大名の危機管理』（角川ソフィア文庫）、『百姓から見た戦国大名』（ちくま新書）、『戦国北条五代』（星海社新書）、『戦国大名』（平凡社新書）、『北条氏康の妻 瑞渓院』『今川氏親と伊勢宗瑞』（平凡社）、『北条氏政』（ミネルヴァ書房）、『小田原合戦と北条氏』（吉川弘文館）、『図説　戦国北条氏と合戦』（戎光祥出版）、『北条氏康の家臣団』（洋泉社歴史新書y）などがある。

角川選書 624

戦国大名《せんごくだいみょう》・伊勢宗瑞《いせそうずい》

令和元年8月23日　初版発行

著　者　黒田基樹《くろだもとき》
発行者　郡司　聡
発　行　株式会社 KADOKAWA
東京都千代田区富士見 2-13-3　〒102-8177
電話 0570-002-301（ナビダイヤル）
装　丁　片岡忠彦　　帯デザイン　Zapp!
印刷所　横山印刷株式会社　　製本所　本間製本株式会社

●お問い合わせ
https://www.kadokawa.co.jp/（「お問い合わせ」へお進みください）
※内容によっては、お答えできない場合があります。
※サポートは日本国内のみとさせていただきます。
※Japanese text only

定価はカバーに表示してあります。

ISBN978-4-04-703683-3 C0321

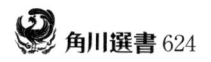

この書物を愛する人たちに

詩人科学者寺田寅彦は、銀座通りに林立する高層建築をたとえて「銀座アルプス」と呼んだ。
戦後日本の経済力は、どの都市にも「銀座アルプス」を造成した。
アルプスのなかに書店を求めて、立ち寄ると、高山植物が美しく花ひらくように、
書物が飾られている。

印刷技術の発達もあって、書物は美しく化粧され、通りすがりの人々の眼をひきつけている。
しかし、流行を追っての刊行物は、どれも類型的で、個性がない。
歴史という時間の厚みのなかで、流動する時代のすがたや、不易な生命をみつめてきた先輩たちの発言がある。
また静かに明日を語ろうとする現代人の科白がある。これらも、
銀座アルプスのお花畑のなかでは、雑草のようにまぎれ、人知れず開花するしかないのだろうか。
マス・セールの呼び声で、多量に売り出される書物群のなかにあって、
選ばれた時代の英知の書は、ささやかな「座」を占めることは不可能なのだろうか。
マス・セールの時勢に逆行する少数な刊行物であっても、この書物は耳を傾ける人々には、
飽くことなく語りつづけてくれるだろう。私はそういう書物をつぎつぎと発刊したい。
真に書物を愛する読者や、書店の人々の手で、こうした書物はどのように成育し、開花することだろうか。
私のひそかな祈りである。「一粒の麦もし死なずば」という言葉のように、
こうした書物を、銀座アルプスのお花畑のなかで、一雑草であらしめたくない。

一九六八年九月一日

角川源義

羽柴を名乗った人々
黒田基樹

秀吉は、旧織田家臣や旧戦国大名に羽柴名字を与えることで「御一家」と位置づけた。羽柴家の論理による秩序化である。全く新しい武家の政治序列の方法を創出した、秀吉の野望と類い稀な政治手腕を描く。

578 | 264頁

978-4-04-703599-7

真田信之
真田家を継いだ男の半生
黒田基樹

戦いから平和への時代転換の中で、真田信之はいかにして真田家の存続を図ったか。政治的な動向と領国支配の実態を明らかにしつつ、沼田城から上田城に本拠を移すまでの半生を史料に基づき丹念に追いかける。

569 | 240頁

978-4-04-703584-3

井伊直虎の真実
黒田基樹

遠江国井伊谷領を領国とした国衆・井伊家最後の当主である一方、実像は殆ど知られていない直虎。わずかに現存する古文書から、解読が難しい「井伊谷徳政」の実態とともに、直虎の実像と領国経営を明らかにする。

586 | 216頁

978-4-04-703621-5

武田氏滅亡
平山優

甲相越三国和睦構想、御館の乱、高天神城攻防戦という長篠敗戦後の転換点を主軸に、史料博捜と最新研究から、詳述されてこなかった勝頼の成果と蹉跌を徹底検証。戦国史研究に新たなる足跡を刻む決定版！

580 | 752頁

978-4-04-703588-1

真田信繁
幸村と呼ばれた男の真実
平山 優

諱は幸村か信繁か。真田丸はどんな形態をしていたのか。大坂の陣における東西両軍の意外な事情とは――史料を博捜し諸説を根底から再検証。真田研究の第一人者が「不思議なる弓取」の真実を照らし出す！

563 | 384頁

978-4-04-703563-8

装いの王朝文化
川村裕子

衣服は、いつの時代も、着用している人物の位や性格など、様々な情報を示してきた。『源氏物語』『枕草子』などの記述を手がかりに装束の記号性を読み解き、作品の新たな解釈と古典を読む楽しみを味わう！

573 | 192頁

978-4-04-703575-1

長崎奉行の歴史
苦悩する官僚エリート
木村直樹

松平定信が「長崎は日本の病の一つ」と言うほど治めるのが難しかった長崎。各集団のパワーバランスに注目し、海防やキリシタン禁制、長崎の文化・政治的な葛藤と軋轢について長崎奉行を軸に明らかにする。

574 | 208頁

978-4-04-703574-4

日本思想の言葉
神、人、命、魂
竹内整一

古い言葉をじっくりと読み味わうことで、我々は先人の叡智や、消えゆくものへの静かな眼差しに触れることができる。今日という時代を生きるよすがとなる、美しい言葉の数々が織りなす、日本思想史の新たな地平。

575 | 264頁

978-4-04-703590-4

徳川家臣団の謎
菊地浩之

家康が率いた軍団は、本当に組織的だったのか――。松平・徳川家の歴史をていねいにたどり、「忠節・徳川家臣団」という定説がどのような創作に満ちていたのかを、豊富な史料を用いながら検証する。

576 | 312頁
978-4-04-703598-0

風土記
日本人の感覚を読む
橋本雅之

七一三年の官命によって編纂された「風土記」。全国各地の産物や土地、神話などを記す古代の貴重な資料である。その地誌としての性格をふまえ「風土記」を読み解き、日本人に通底する心のありようを知る。

577 | 208頁
978-4-04-703582-9

コロンブスの不平等交換
作物・奴隷・疫病の世界史
山本紀夫

「コロンブスの交換」が後の歴史に与えた衝撃は計り知れない。交換により生じた様々なドラマを取り上げ、「コロンブスの交換」とは何であったのか、現代世界にどのような影響を与え続けているのかに迫る。

579 | 248頁
978-4-04-703592-8

「国民主義」の時代
明治日本を支えた人々
小林和幸

国民の困難を見ず専制的な政治にかたよる藩閥政府に対峙し、民権派や政党の利己的な行動を非難する政治勢力「国民主義」。彼らが担ってきた役割を検証し、近代国家建設期の日本の多様な姿を描き出す。

581 | 264頁
978-4-04-703573-7

殺生と戦争の民俗学
柳田國男と千葉徳爾
大塚英志

「異端」ゆえに「正統」な、柳田國男の弟子・千葉徳爾。狂気にも似たその研究に迫る渾身の評論。「青年運動」「殺生」「残虐性」など斬新な切り口で柳田の民俗学を捉え直し、現代社会の問題点へも切り込む意欲作。

582　392頁
978-4-04-703607-9

足利尊氏
森茂暁

これが「尊氏研究」の最前線！「英雄」と「逆賊」の間を揺れ動き、南北朝動乱を招いた中心人物として解明が進まなかった足利尊氏を徹底研究。発給文書一五〇〇点から見えてくる新しい尊氏像とは。

583　256頁
978-4-04-703593-5

感じる言葉　オノマトペ
小野正弘

わくわく、どきどき、ふわふわ――。感覚を伝える擬音語・擬態語「オノマトペ」。古典から現代に至るまでの使用例を挙げながら、言葉の意味の変遷をたどり、曖昧な意味の根本にある共通点を解き明かしていく。

561　256頁
978-4-04-703561-4

源実朝
歌と身体からの歴史学
五味文彦

甥の公暁に暗殺された悲劇の鎌倉三代将軍・実朝。その実朝は何を信じ、発心して、どう行動したか。それらを『金槐和歌集』『吾妻鏡』『愚管抄』などによって詳細に跡づけ、歴史背景とともに実像を明らかにする。

562　264頁
978-4-04-703562-1

洛中洛外図・舟木本を読む
黒田日出男

この圧倒的な絵画空間は、いつ誰の注文によって描かれたのか。それを紺暖簾、能舞台の演目、家紋、公家の姿、武家行列、二条城での裁判、若松図などの細部から読解。華麗な岩佐又兵衛ワールドを解き明かす！

564 | 272頁

978-4-04-703564-5

戦争と諜報外交
杉原千畝たちの時代
白石仁章

日本が大戦へと向かう中、頭脳で世界と渡り合い、闘った外交官たちがいた。彼らは一体何を見、何を試み、日本をどんな未来へ導こうとしたのか？　外務省に眠る四万冊の資料から、その足跡をあぶり出す。

565 | 192頁

978-4-04-703565-2

怪しいものたちの中世
本郷恵子

社会事業や公共事業を請け負った勧進聖、祈祷師や占い師、芸能者、ばくち打ちや山伏――。夢見る喜びや生きる意味を考える機会を与えた中世の宗教者の知られざる役割を、豊富な事例で解き明かす新しい中世史。

566 | 200頁

978-4-04-703566-9

国際交易の古代列島
田中史生

弥生時代以来、東アジア海域で広域的・重層的に行われた国際交易により、古代社会はどう変わったのか。その実態を、首長層の交易ネットワーク、海商の登場、国家の交易管理と唐物偏重の背景などから探る。

567 | 256頁

978-4-04-703567-6

戦争と広告
第二次大戦、日本の戦争広告を読み解く
森　正人

太平洋戦争中、雑誌には多くの戦意高揚記事が掲載され、また、日本各地で戦争博覧会が開催された。それらは誰の、どんな意図によって作られ、人々はいかに影響を受けたのか。視覚イメージから戦争を読む。

568　272頁

978-4-04-703583-6

忍者の歴史
山田雄司

一口に忍者といっても、時代によってその姿を変えてきた歴史がある。真の忍者とはいかなる者か？　今まで解明されることのなかった「忍者」の歩みを、忍術書「万川集海」をはじめとする資料から読み解く。

570　272頁

978-4-04-703580-5

日本美術のことばと絵
玉蟲敏子

ことばや文芸、とりわけ和歌は美術にどのように影響を及ぼしたか。文字が絵の中に侵入する蘆手絵、色紙形が貼り交ぜられる書画屏風、宗達の下絵に書かれる光悦の書など日本美術のことばとイメージの交響。

571　272頁

978-4-04-703587-4

武士はなぜ歌を詠むか
鎌倉将軍から戦国大名まで
小川剛生

戦乱の中世、武士は熱心に和歌を詠み続けた。武家政権の発祥地・関東を中心に、鎌倉将軍宗尊親王、室町将軍足利尊氏、江戸城を築いた太田道灌、今川・武田・北条の大名を取り上げ、伝統の足跡をたどる。

572　296頁

978-4-04-703589-8